KB275386

도전! 토익 990 만들기

TOEIC Test Score 990

Takeshi Hitosugi 편저

SAMJI BOOKS

CD로 듣고 외우는
영단어 시리즈

'읽기'만으로 결코 언어를 익힐 수 없다. 우리가 한국어를 습득할 수 있었던 것은 아기 때부터 한국어를 반복적으로 들어왔기 때문이다. 〈TOEIC Test Score 990〉은 이 '당연한' 것에 충실한 영단어·숙어집이다. 읽고는 잊고, 잊고는 읽는 악순환에서 이제는 벗어난다. 듣고서 외우고, 읽고 이해한다. 더불어 활용하면서 익히는 영어습득을 위한 새로운 첫걸음을 이 책으로 내딛는다.

Preface

Preface TOEIC 990점 돌파에 필요한 단어와 숙어가 이 책 한 권으로 완벽하게 공부한다!
TOEIC 최고 레벨에서 만점=990점을 목표로! 이 한 권으로 영어 최상급자로 성큼 다가선다.

이 책은 'Non-Native로서 충분히 커뮤니케이션이 가능하다'는 평가를 받는 860점=레벨 A에 도달하고, 한 걸음 더 나아가 만점=990점을 획득하기 위한 단어·숙어집이다. 이 레벨이 되면, 일상회화는 물론 신문·잡지·라디오·텔레비전을 비롯한 모든 미디어가 제공하는 정보를 이해하는 힘을 갖게 된다. 그렇다면 레벨 A에 도달하기 위해 필요한 단어·숙어는 어떤 것일까?

'충분한 커뮤니케이션'에 필요한 5000개에 이르는 일상 표현을 꼽을 수 있는데, 그것만으로는 부족하다. 레벨 A가 되어 다시 990점에 다가가기 위해서는 expire(기한이 끝나다), premium(보험료)를 비롯한 1만 개의 어휘 외에도 reimbursement(상환), itinerary(여행계획)를 비롯한 1만 개의 어휘를 추가로 알아야 할 필요가 있다. 그렇다면 이런 표현은 무엇을 기준으로 선정되는 것일까?

화제의 코퍼스를 철저하게 분석! 출제빈도가 높은 단어·숙어를 출제빈도순으로 간단히 암기할 수 있다!

우선 꼽을 수 있는 것은 TOEIC의 공식문제다. TOEIC에 정통한 현지인에 의한 모의시험 데이터도 참고가 된다. 그러나 여전히 양적으로 부족하다. 이 책에서는 여기에 더하여 방대한 양의 문장과 회화에서 사용하는 단어를 모은 데이터베이스 '코퍼스'를 컴퓨터로 분석하여 단어와 숙어를 엄선하였기 때문에 레벨 A를 돌파하고 990점에 도달하기 위해서 필요한 표현을 출제빈도순으로 익힐 수 있다.

'충분한 커뮤니케이션이 가능한' 수준이라 해도 그것은 Native Speaker의 영역과는 약간의 차이가 있다고 할 수 있다. 990점에 다가간다는 것은 이 '차이'를 좁히는 것이다. 990점을 획득해도 Native Speaker와 대등하게 대화를 나누기에는 혹독한 학습이 필요하다. 이 책에서 익힌 영어력을 근간으로 여러분이 Native Speaker를 상대로 세계를 무대로 하여 활약하기를 마음으로부터 기원한다.

Contents

하루 16개의 단어 · 숙어×10주로 TOEIC 990점을
돌파하기 위한 1120개의 단어 · 숙어를 마스터!

Chapter 1

명사 : 초필수 240
Page 13 ▶ 75

Chapter 2

동사 : 초필수 112
Page 77 ▶ 107

Chapter 3

형용사 : 초필수 112
Page 109 ▶ 139

Contents

Chapter 9

형용사구 · 부사구

[기호 설명]

· 명, 동, 형, 부, 전, 접 : 순서대로 명사, 동사, 형용사, 부사, 전치사, 접속사를 가리킨다.
· 색인 중의 [ ] : 대체 가능한 표현.
· 색인 중의 ( ) : 생략 가능한 표현.
· 색인 중의 A, B : 주로 명사 · 대명사가 들어간다.
· 색인 중의 be : be동사가 들어간다. be동사는 주로 인칭 · 시제에 따라 변한다.
· 색인 중의 do : 동사가 들어간다.
· 색인 중의 doing : 동명사가 들어간다.
· 색인 중의 oneself : 재귀대명사가 들어간다. 주어에 따라 재귀대명사는 달라진다.
· 색인 중의 one's : 명사 · 대명사의 소유격이 들어간다.
· 색인 중의 ~ : 절(주어＋동사)이 들어간다.
· 색인 중의 Part~, 비즈니스 문제 : 해당하는 TOEIC의 파트, 비즈니스 관련문제에서 등장할 가능성이 높은 단어 · 숙어.
· 정의 중의 ( ) : 보충설명.
· 정의 중의 [ ] : 대체 가능한 표현.
· ❗ : 발음, 악센트, 정의에 주의해야 할 단어.
· ➕ : 보충설명
· ≒ : 같은 의미 · 유의어 [숙어]를 나타낸다.
· ⇔ : 반대 의미 · 대조어 [숙어]를 나타낸다.

이 책의 특징 4가지

1
공식문제 · 모의시험, 여기에 코퍼스 데이터를 철저히 분석하였다!

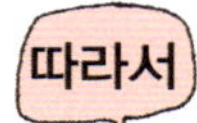

TOEIC에 출제된다! 일상생활에서 사용할 수 있다!

TOEIC을 위한 단어 · 숙어집인 이상 TOEIC에 나오는 것은 당연하다. 이 책의 목적은 앞으로 '실용영어'에 대응할 수 있는 단어 · 숙어력을 얼마나 갖추는가에 있다. 단어와 숙어의 선정에 있어 TOEIC의 공식문제 · 어휘연구가 낳은 코퍼스* 데이터를 철저하게 분석하여, 목표 점수에 도달하는 것은 물론 앞으로 영어를 구사하며 세계적으로 활약하기 위한 토대가 될 단어 · 숙어를 선정하였다.

*코퍼스 : 실제로 말하고 쓰이는 단어를 대량으로 수집한 '언어교재 · 데이터베이스'를 가리킨다. 코퍼스를 분석하면 어떤 단어 · 숙어가 어느 정도의 빈도로 사용되는지를 객관적으로 알 수 있기 때문에 사전을 만들 때에 자주 활용된다.

2
눈만이 아니라 귀와 입도 활용하여 암기한다!

CD로 단어를 들으면서 확실히 익힌다!

언어는 읽기만 해서는 결코 자신의 것으로 만들 수 없다. 우리가 한국어를 습득한 것은 '듣고 말해' 왔기에 가능했다. 너무도 당연한 이 점을 간과해서는 안 된다. 이 책에서는 리듬을 타면서 단어 · 숙어를 학습할 수 있는 CD가 준비되어 있다. 눈과 귀로 동시에 단어 · 숙어를 익히고 다시 입으로 말하기 때문에 암기할 수 없다는 불안을 단숨에 날려버린다. 독해 · 청취력도 덩달아 상승!

《CD로 듣고 외우는 영단어 TOEIC Test Score 990》에서는 TOEIC의 공식문제·모의시험 데이터와 최신 어휘연구의 성과인 코퍼스를 근거로 하여 단어·숙어를 엄선하여 수록하였기 때문에, TOEIC에 출제될 뿐 아니라 일상생활에서 매우 활용도가 높은 것들이다. 게다가 이 책은 '얼마만큼 효율적으로 단어·숙어를 정착시킬 것인가'를 무엇보다 우선시하였다. 여기서는 왜 출제되는지, 활용할 수 있는지, 그리고 어째서 절대적으로 암기할 수 있는지에 관한 이 책의 특징을 소개한다.

3
하루 16개×10주,
9개 챕터의
일정으로 학습!

어렵지 않게
마스터할 수 있다!

꾸준한 학습은 힘이 된다. 이 사실을 알면서도 실천하기는 매우 힘들다. 그것은 전부 암기할 수 없을 만큼 어마어마한 양의 단어와 숙어를 억지로 머릿속에 집어넣으려고 하기 때문이다. 이 책에서는 '반드시 암기'하는 전제로 하루 학습량을 16개로 설정하였다. 게다가 단어는 품사마다 '출제빈도' 순으로, 숙어는 '표현형'별로 모두 9개의 Chapter로 나누었기 때문에 효율적으로 마스터할 수 있다.

4
하루 최소 2분,
길어도 6분에
세 가지 모드로 학습한다!

좌절하지 않고
마지막까지 공부할 수 있다!

기존의 단어·숙어집을 공부하면서 '하루에 어느 정도의 양을 공부하면 좋을까?'에 대해 고민했을 것이다. 단어, 숙어, 문구, 예문…… 바쁠 때는 이 모든 것을 한 번 훑어보는 것도 힘들다. 이 책은 check 1(단어·숙어 + 정의)→check 2(관용구)→check 3(문장)으로 3가지 포인트마다 학습할 수 있는 '모드 학습'을 준비했다. 생활 스타일이나 그날 바쁜 정도에 따라 학습량을 조절할 수 있다.

생활 스타일에 맞춰 선택하는
check 1 ▶ 2 ▶ 3의 '모드 학습'
이 책과 CD의 이용법

Check 1

해당 CD 트랙을 불러내어 '영어→한국어→영어'의 순서대로 수록되어 있는 리듬을 통해 단어·숙어와 그 의미를 확인한다. 시간에 여유가 있는 사람은 굵은 글자 이외의 정의도 살펴본다.

Check 2

check 1에서 '단어·숙어→정의'를 살펴보았다면 그 단어·숙어가 포함된 관용구를 체크한다. 관용구의 용례를 확인하면서 단어·숙어 정착도는 더욱 높아진다(문장을 공부하는 날도 있다).

Check 3

check 2 관용구에서 한 걸음 더 나아가 check 3에서는 문장의 실천적인 예를 다룬다. 여기까지 학습하면 단어·숙어를 '소리'와 '문자'로 최소 6번은 접하기 때문에 정착도는 현저히 높아진다.

단어 · 숙어

하루 학습량의 단어·숙어는 16개다. 책장을 펼치면 왼쪽에 단어·숙어가 게재되어 있다. 리듬은 위부터 아래로 순서대로 단어·숙어가 등장한다. 처음의 8개가 나오면 책장을 넘겨 다음 8개로 진행된다.

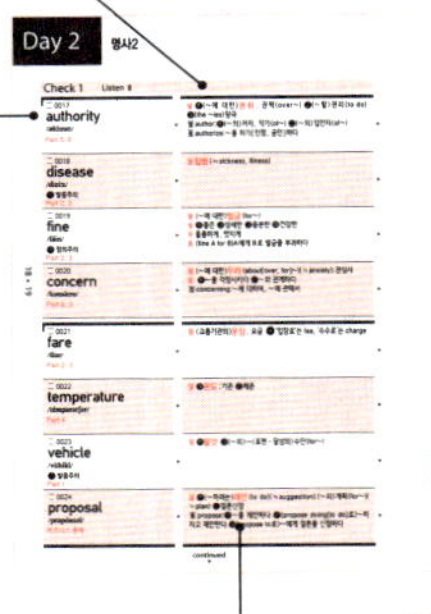

체크 시트

이 책의 부록인 체크 시트는 복습할 때 활용한다. check 1에서는 단어·숙어의 정의를 기억하는지, check 2와 check 3에서는 제시된 의미를 참조하면서 체크시트로 가려진 단어·숙어를 순간적으로 떠올릴 수 있는지를 확인한다.

정의

단어·숙어의 정의가 게재되어 있다. 단어·숙어에 따라서 다수의 의미를 가지는 경우도 있기 때문에 제1의미 이외의 정의도 가급적이면 기억한다.

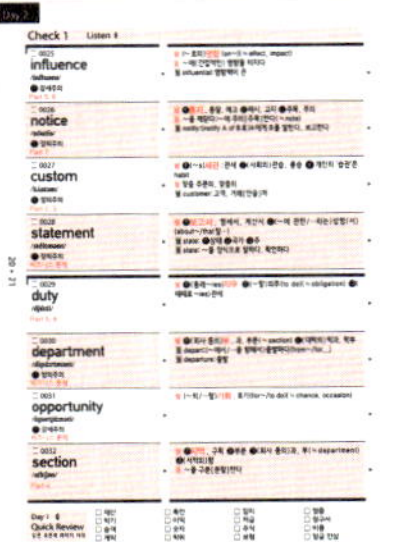

Quick Review

전날 학습한 단어·숙어를 체크한다. 왼쪽 페이지에 한국어, 오른쪽 페이지에 영어가 게재되어 있다. 시간적으로 여유가 있을 때는 해당 CD 트랙에서 리듬도 들어보자.

하루 학습량은 4페이지, 학습단어·숙어의 수는 16개. 각각의 단어·숙어의 정의를 배우는 check 1, 관용구로 배우는 check 2, 문장으로 배우는 check 3의 3가지 모드 학습이 준비되어 있다. 먼저 해당 CD 트랙을 불러와 리듬에 따라 단어·숙어와 정의를 귀와 눈으로 훑어본다. 시간적으로 여유가 있는 사람은 check 2와 check 3에도 도전한다!

이런 당신에게 추천!
3가지 학습 모드

듣기 모드
Check 1
학습시간 : 하루 2분

너무 바빠서 짧은 시간에 단어·숙어 학습을 끝내고 싶은 사람에게 추천하는 방법은 check 1만의 '듣기 모드'다. 해당 CD 트랙에서 리듬을 흘려듣기만 해도 OK. 시간적으로 여유가 있을 때는 check 2와 check 3의 학습도 잊지 말자!

앞으로 해외근무를
목표로 하는 B씨에게는!

확인 모드
Check 1 ▶ Check 2
학습시간 : 하루 4분

그럭저럭 영어는 좀 하는 편이지만, 더욱 영어실력을 향상시킬 필요가 있다고 느끼는 사람에게 권하는 방법은 check 1과 check 2를 학습하는 '확인 모드'다. 소리 내어 관용구를 읽으면 정착도도 더욱 높일 수 있다.

3
자타공인의
완벽주의 C씨에게는!

완벽 모드
Check 1 ▶ Check 2 ▶ Check 3
학습시간 : 하루 6분

의욕적이고 완벽하지 않으면 마음이 개운하지 않은 사람에게는 '완벽 모드'를 추천. 게다가 학습시간도 단 6분으로 충분하다. 가능하다면 모든 사람들이 '완벽 모드'로 완벽하게 학습하는 것을 목표로 하자!

*학습시간은 어디까지나 목표. 시간적으로 여유가 있을 때는 리듬을 반복하여 듣거나 관용구나 문장을 반복하여 소리 내어 읽어 가급적 여러 번 학습단어·숙어와 접촉한다.
*CD에는 단어·숙어와 정의만 수록되어 있다.

CHAPTER 1

명사 : 초필수 240

Chapter 1 시작! 이 Chapter 에서는 TOEIC 초필수 명사 240을 공부한다. 앞으로 갈 길은 멀지만 조바심내지 말고 서두르지 말고 공부하자!

TOEIC식 격언

A man becomes learned by asking questions.

묻는 것은 잠깐의 창피, 묻지 않는 것은 일생의 창피.
직역) 사람은 줄문하는 것으로 지식을 익힌다.

Check 1   Listen))

□ 0001 premium
/príːmiəm/
비즈니스문제

명 ❶보험료 ❷할증료, 프리미엄 ❸하이오크 가솔린
형 ❶고급의 ❷프리미엄이 붙은

□ 0002 beverage
/bévəridʒ/
Part 1

명 (물 이외의)음료

□ 0003 itinerary
/aitínərèri/
Part 2, 3

명 여행 계획, 여정(표)
형 여행의 ; 여정의

□ 0004 shipment
/ʃípmənt/
비즈니스문제

명 ❶적하물, 발송품 ❷출하, 발송
명 shipping : ❶발송, 출하 ❷(집합적으로)선박 ❸해운업
동 ship : (상품)을 발송[출하]하다 ; ~을 운송하다

□ 0005 brochure
/brouʃúər/
❗발음주의
Part 2, 3

명 팸플릿, 소책자(≒pamphlet, booklet)

□ 0006 inventory
/ínvəntɔ̀ːri/
비즈니스문제

명 ❶재고품, 상품을 갖추는 것 ; 재고품목 ❷재고조사

□ 0007 pedestrian
/pədéstriən/
Part 1

명 보행자(≒walker)
형 (도로 등이)보행용의

□ 0008 invoice
/ínvɔjs/
비즈니스문제

명 (명세기입)청구서, 인보이스, 송장
동 ❶~에 청구서를 보내다 ❷~의 청구서를 작성하다

continued
▼

□ 듣기 모드　Check 1
□ 확인 모드　Check 1 ▶ 2
□ 완벽 모드　Check 1 ▶ 2 ▶ 3

Check 2　Phrase

□ **car insurance premiums**(자동차보험의 보험료)
□ **at a premium**(프리미엄이 붙어, 액면 이상으로)

□ **alcoholic beverages**(알코올 음료)

□ **plan an itinerary**(여행 계획을 세우다)

□ **a large shipment of wheat**(대량 밀가루 적하물)
□ **be ready for shipment**(출하준비가 되다)

□ **a travel brochure**(여행 팸플릿)

□ **the volume of inventories**(재고량)
□ **take inventory**(재고조사를 하다)

□ **pedestrians crossing the road**(도로를 횡단하는 보행자들)

□ **enclose an invoice**(청구서를 동봉하다)

Check 3　Sentence

□ **I paid over $3,000 in annual life insurance premiums.**(-는 연간 생명보험의 보험료에 3,000달러 이상을 지불했다)

□ **The waiter is serving beverages.**(웨이터가 음료를 내오고있다)

□ **We had to change the itinerary because of bad weather.**(악천후 때문에 우리들은 여행 계획을 변경해야했다)

□ **A shipment of urgent water and food supplies is expected to arrive tomorrow.**(긴급 식수와 식량 물자가 내일 도착할 예정이다)

□ **This brochure includes detailed information about the product.**(이 팸플릿에는 그 제품의 상세한 정보가 들어 있다)

□ **We have a large inventory of quality used automobiles.**(우리 점포에서는 양질의 중고차를 대량으로 갖추고 있다)

□ **There are a lot of pedestrians on the sidewalk.**(보도에는 많은 보행자가 있다)

□ **Invoices must be paid by the last day of each month.**(청구서는 매월 말일까지 지불하지 않으면 안 된다)

continued
▼

Check 1　　Listen 》

□ 0009
subsidiary
/səbsídièri/
비즈니스문제

명 **자회사**
형 ❶보조적인 ❷(~에)부속[종속]된(to~)

□ 0010
refund
/ríːfʌnd/
비즈니스문제

명 **환불**(금)(≒reimbursement)
동 (/rifʌnd/)(요금 등)을 환불하다
형 refundable:환불 가능한

□ 0011
dividend
/dívədènd/
비즈니스문제

명 (주식의) **배당**(금)(≒capital bonus)

□ 0012
warehouse
/wéərhàus/
Part 1

명 **창고**

□ 0013
merchandise
/mə́ːrtʃəndàiz/
비즈니스문제

명 (집합적으로) **상품**, 제품(≒goods)
동 ~을 매매하다, 장사하다
명 merchandising:상품화 계획
명 merchant:상인;상점주

□ 0014
bid
/bíd/
비즈니스문제

명 ❶(공장 등의) **입찰**(for~) ❷(~을 위한)계획, 시도(for~)
동 ❶(bid for로)~에 입찰하다 ❷(bid A for B로)(경매 등에서) A(값)를 B(물건)에 붙이다
명 bidder:입찰자, 경쟁자

□ 0015
warranty
/wɔ́ːrənti/
비즈니스문제

명 (품질 등의/…에 대한) **보증**;보증서(on~/against…)(≒ guarantee)

□ 0016
detour
/díːtuər/
❗ 발음주의
Part 4

명 **우회로**, 돌아가는 길(⇔shortcut:지름길)
동 우회하다

Check 2　Phrase

- ☐ a fully-owned **subsidiary** (완전소유 자회사)

- ☐ ask for [get] a **refund** (환불을 요구하다[받다])

- ☐ a stock **dividend** (주식 배당)
- ☐ **dividend** on [off] (유[무]배당)

- ☐ a vacant **warehouse** (빈 창고)

- ☐ defective **merchandise** (결함상품)

- ☐ make a **bid** of $10,000 for ~ (~에 1만 달러를 입찰하다)
- ☐ in a **bid** to do ~ (~하려고 해서)

- ☐ be still under **warranty** (보장기간 중이다)

- ☐ make [take] a **detour** (우회하다)

Check 3　Sentence

- ☐ The company is a **subsidiary** of a London-based oil company. (그 회사는 런던에 본사가 있는 석유회사의 자회사다)

- ☐ You can return any purchase within 7 days for a full **refund** or exchange. (7일 이내라면 전액 환불 또는 교환으로 구입품을 반품할 수 있다)

- ☐ The **dividends** will be paid to shareholders on April 1. (배당금은 4월 1일에 주주들에게 지불될 예정이다)

- ☐ The products are stored in the **warehouse**. (제품이 창고에 보관되어 있다)

- ☐ The US exported $248.9 billion of **merchandise** to Canada in 2007. (2007년에 미국은 2,489억 달러의 상품을 캐나다로 수출했다)

- ☐ The builder won the **bid** for the construction of the new city hall. (그 건설회사는 신 시청사의 건설을 낙찰받았다)

- ☐ The computer comes with a one-year **warranty** against defects. (그 컴퓨터는 결함에 대한 1년의 보증이 붙어 있다)

- ☐ He took a **detour** to avoid the heavy traffic. (그는 교통정체를 피하기 위해 우회했다)

Day 2   명사2

☐ 0017
specification
/spèsəfikéiʃən/
Part 7

명 (통례~s)**사양**, 설명서(≒spec)
명 specific:(~s)상세
형 specific:❶특정의 ❷명료한 ❸(~에)특유[고유]의(to~)
동 specify:~을 명확히 말하다, 명기하다

☐ 0018
applicant
/ǽplikənt/
비즈니스문제

명 (~의)**지원자**, 응모자(for~)
명 application:❶(~의)지원(서), 신청(서)(for~) ❷(~의)이용, 적용(to~)
동 apply:❶(apply for로)~을 신청하다 ❷(apply to로)에 지원하다;~에 적용되다

☐ 0019
subscription
/səbskrípʃən/
Part 7

명 (~의)**정기구독**(료)(to~)
명 subscriber:(~의)정기구독자(to~);(전화 등의)rkdlqwk
동 subscribe:(subscribe to로)❶~을 정기구독하다 ❷(통례 의문·부정문에서)~에 동의하다

☐ 0020
intersection
/íntərsèkʃən/
Part 1

명 **교차점**(≒junction, crossing)
동 intersect:(노선 등이)교차하다

☐ 0021
merger
/mə́:rdʒər/
비즈니스문제

명 (~와의)(기업의)**합병**(with~)
동 merge:❶(merge with로)(회사 등이)~와 합병하다 ❷(회사 등)을 (…에) 합병하다(into…)

☐ 0022
agenda
/ədʒéndə/
비즈니스문제

명 **의제**, 협의사항

☐ 0023
supervisor
/sú:pərvàizər/
비즈니스문제

명 **감독자**, 관리자
명 supervision: 감독, 관리, 지휘
동 supervise:~을 감독[관리]하다
형 supervisory: 감독[관리] 상의

☐ 0024
transit
/trǽnzit/
Part 4

명 ❶**수송**, 운송;수송기관 ❷통과, 통행
명 transition:(~에서/…로)이행, 변천;과도기(from~/to…)
형 transitional:과도기의

---

continued
▼

Check 2　Phrase

☐ **specifications** for a new computer (새 컴퓨터의 사양)

☐ **applicants** for scholarships (장학금 지원자)
☐ job **applicants** (구직자)

☐ take out a **subscription** to ~ (~을 정기구독하다)

☐ turn left at the next **intersection** (다음 교차로에서 왼쪽으로 꺾다)
☐ a **T-intersection** (T자로)

☐ **mergers** and acquisitions (〔기업의〕인수합병) ⊕ 줄여서 M&A

☐ the first item on the **agenda** (의제의 첫 항목)
☐ be high on the **agenda** (가장 중요한 의제다)

☐ a production **supervisor** (제조 감독자)

☐ public **transit** (공공수송기관)
☐ a **transit** passenger (통과여객)

Check 3　Sentence

☐ **Please** read the **specifications** carefully before making a purchase. (구입 전에 설명서를 충분히 읽어주세요)

☐ There are more than 100 **applicants** for the job. (그 일에는 100명이 넘는 지원자가 있다)

☐ A renewal notification will be sent to you 7-8 weeks before your **subscription** expires. (정기구독이 끊기는 7,8주 전에 갱신 통지가 보내진다)

☐ There are no vehicles at the **intersection**. (교차로에는 차가 1대도 서 있지 않다)

☐ The **merger** of the two companies has created the world's biggest pharmaceutical company. (두 회사의 합병에 의해 세계 최대 제약회사가 탄생했다)

☐ Let's move on to the next item on the **agenda**. (의제의 다음 항목으로 넘어가겠습니다)

☐ He was promoted to accounting **supervisor** last year. (그는 작년 회계관리자로 승진했다)

☐ The goods were damaged in **transit** due to carrier negligence. (상품은 운송회사의 과실로 운송 중에 손상을 입었다)

continued
▼

Check 1   Listen))

□ 0025
appliance
/əpláiəns/
Part 2, 3

명(가정용의)**기구**, 기기

□ 0026
vendor
/véndər/
Part 1

명**노점상**, 행상인
동vend:(통례 길거리 등에서)~을 팔다

□ 0027
inconvenience
/ìnkənví:njəns/
Part 7

명**불편**, 애로, 폐
동~에 폐[불편]을 끼치다
형inconvenient:(~에)불편한, 귀찮은(to[for]~)

□ 0028
supplier
/səpláiər/
비즈니스문제

명**공급[납품]업자**
명supply:❶(통례 ~ies)비품;필수품;재고 ❷공급 ❸공급물
동supply:(supply A with B로)A에게 B를 공급하다

□ 0029
advocate
/ǽdvəkət/
Part 5, 6

명(~의)**지지자**, 주장자, 제창자(of[for]~)
동(/ǽdvəkèit/)~을 지지[주장, 옹호]하다
명advocacy:(~의)지지, 변호, 옹호(of~)

□ 0030
landmark
/lǽndmà:rk/
Part 7

명❶(육상의)**표시**, 목표물 ❷획기적인 사건;(형용사적으로)획기적인

□ 0031
audit
/ɔ́:dit/
비즈니스문제

명**회계검사**, 감독
동(회계·장부)을 검사[감독]하다
동auditor:(회계검사관, 감사역)

□ 0032
morale
/mərǽl/
❶ 발음주의
Part 5, 6

명(집단 등의)**사기**, 패기 ➕ moral(도덕상의)과 혼동하지 않도록 주의한다

Day 1))
Quick Review
답은 오른쪽 페이지 아래

□ 보험료
□ 음료
□ 여행 계획
□ 적하물

□ 팸플릿
□ 재고품
□ 보행자
□ 청구서

□ 자회사
□ 환불
□ 배당
□ 창고

□ 상품
□ 입찰
□ 보증
□ 우회로

20 ▶ 21

Check 2 Phrase

☐ electrical appliances (전자기기)

☐ a newspaper vendor ([노점의] 신문판매)
☐ a street vendor (가두판매)

☐ put ~ to inconvenience = cause inconvenience to ~ (~에 불편[폐]를 끼치다)

☐ an automotive parts supplier (자동차 부품 공급업자)

☐ an advocate of peace (평화론자)

☐ a historical landmark (역사적인 건물)
☐ landmark discovery (획기적인 발견)

☐ an audit report (회계검사 보고서)
☐ external [internal] audit (외부[내부]검사)

☐ boost [improve] the morale of ~ (~의 사기를 높이다)

Check 3 Sentence

☐ The store carries a wide variety of household appliances. (그 가게는 여러 가지 가정용 기기를 다루고 있다)

☐ The vendor is selling some vegetables. (노점상은 야채를 팔고 있다)

☐ We apologize for any inconvenience caused by the delay. (늦어 폐를 끼친 데 대하여 사과드립니다)

☐ The company is a leading supplier of semiconductors. (그 회사는 주도적 반도체 공급업자다)

☐ She is an influential advocate of education reform. (그녀는 교육개혁의 영향력이 있는 지지자다)

☐ The Eiffel Tower is the most recognizable landmark in Paris. (에펠탑은 파리에서 가장 찾기 쉬운 건물이다)

☐ Companies are required to establish an audit committee. (기업은 감사위원회를 설치할 필요가 있다)

☐ The management is concerned about low employee morale. (경영진은 직원의 사기 저하를 걱정하고 있다)

Check 1   Listen 》

☐ 0033
stationery
/stéiʃənèri/
Part 5, 6

명❶(집합적으로) **문구류**, 사무용품 ❷편지지 ➕ stationary(정지된)와 혼동하지 않도록 주의

☐ 0034
altitude
/ǽltətjùːd/
Part 4

명**고도**, 표고, 해발(≒elevation)

☐ 0035
chore
/tʃɔ́ːr/
Part 2, 3

명**잡무**, 시시한 일

☐ 0036
venue
/vénjuː/
Part 4

명(대회 등의) **개최지**, 회장

☐ 0037
liability
/làiəbíləti/
Part 7

명❶(~에 대한) **법적 책임**(for~)(≒responsibility) ❷(~ies) 부채, 채무(⇔asset)
형liable: ❶(be liable to do로)~해야 할 법적 책임이 있는;~하기 일쑤인 ❷(be liable for로)~에 대하여 법적 책임이 있다

☐ 0038
predecessor
/prédəsèsər/
비즈니스문제

명**전임자**(⇔successor:후임자);전의 것

☐ 0039
affiliate
/əfíliət/
비즈니스문제

명**계열**[관련] **회사**, 부속기관
동(/əfílièit/)(be affiliate with[to]로)~의 계열 아래 있다, ~에 부속되어 있다

☐ 0040
malfunction
/mælfʌ́ŋkʃən/
Part 7

명(기계의) **부조**, 고장;(기관의)기능부전
동(기계가)제대로 기능하지 않다, 고장나다

continued
▼

Check 2 — Phrase

☐ a **stationery** store (문방구)
☐ **personalized stationery** (이니셜이 새겨진 편지지)

☐ **mountains with altitudes over 8,000 meters** (해발 8000미터를 넘는 산들)

☐ **boring chores** (지루한 잡무)
☐ **household chores** (가사)

☐ **an ideal venue for international conferences** (국제회의의 이상적인 개최지)

☐ **joint liability** (공동 책임)
☐ **have liabilities of $2 million** (200만 달러의 부채가 있다)

☐ **take over a job from a predecessor** (전임자로부터 업무를 인계받다)

☐ **a foreign affiliate** (해외 계열사)

☐ **an engine malfunction** (엔진고장)

Check 3 — Sentence

☐ **She works in the stationery section of a department store.** (그녀는 백화점 문구매장에서 일하고 있다)

☐ **We are currently cruising at an altitude of 30,000 feet.** (우리 비행기는 현재 고도 3만 피트를 순항중입니다) ➕ 기내 안내방송

☐ **Husbands should share household chores with their wives.** (남편은 아내와 가사를 분담해야 한다)

☐ **London is the venue for the Olympic Games in 2012.** (런던은 2012년 올림픽 개최지다)

☐ **The defendant denied any liability for the accident.** (피고는 그 사고에 대한 법적 책임을 부정했다)

☐ **The new iPad is thinner than its predecessors.** (새로운 iPad는 이전의 것보다 얇다)

☐ **Daihatsu is an affiliate of Toyota.** (다이하츠는 도요타의 계열회사다)

☐ **The pilot reported a mechanical malfunction soon after takeoff.** (파일럿은 이륙 후 곧 기계의 오작동을 보고했다)

continued ▼

Check 1 　Listen))

□ 0041
workplace
/wə́ːrkplèis/
비즈니스문제

명 **직장**, 일터

□ 0042
bankruptcy
/bǽŋkrʌptsi/
비즈니스문제

명 **도산**, 파산
명 bankrupt:파산자
동 bankrupt:~을 파산시키다
형 bankrupt:파산한

□ 0043
pharmacy
/fáːrməsi/
Part 2, 3

명 **약국**(≒ drugstore, chemist's)
명 pharmacist:약제사
명 pharmaceutical:(~s)❶(집합적으로)의학 ❷제약회사
형 pharmaceutical:제약의;약학의;약제의

□ 0044
expenditure
/ikspéndit∫ər/
비즈니스문제

명 ❶(~로의) **지출**(on~)(≒ spending) ❷(~에 대한)경비
(on~)(≒ cost, expense)
동 expend:(돈)을 (…에) 쓰다, 사용하다(on...)

□ 0045
renewal
/rinjúːəl/
Part 7

명 ❶**갱신** ❷재생, 재건
동 renew:❶~을 갱신하다 ❷~을 재개하다
형 renewable:❶재생[회복, 부활]한 ❷갱신[계속, 연장]한

□ 0046
incentive
/inséntiv/
Part 7

명 (~하는) **기회**(to do);(~로의)자극(to~)(≒ motive, motivation, inducement)

□ 0047
subordinate
/səbɔ́ːrdənet/
비즈니스문제

명 **부하**(⇔ boss, superior:상사)
형 (~보다)하위의(to~)

□ 0048
discretion
/diskré∫ən/
Part 7

명 ❶**자유재량**, 판단[행동, 선택]의 자유 ❷사려깊음, 신중함, 분별
형 discreet:신중한;(~에 대하여)입이 무거운(about~)

Day 2)) Quick Review 답은 오른쪽 페이지 아래	□ 사양 □ 지원자 □ 정기구독 □ 교차점	□ 합병 □ 의제 □ 감독자 □ 수송	□ 기구 □ 노점상 □ 불편 □ 공급업자	□ 지지자 □ 표시 □ 회계검사 □ 사기

Check 2 Phrase

- □ **stress in the workplace**(직장에서의 스트레스)
- □ **declare bankruptcy**(파산을 선고하다)
- □ **file for bankruptcy**(파산을 신청하다)
- □ **an owner of a pharmacy**(약국의 주인)
- □ **annual expenditure**(세출)
- □ **expenditure on education**(교육비)
- □ **renewal of a contract**(계약갱신)
- □ **an economic renewal**(경제의 재건)
- □ **have little incentive to do ~**(~할 동기가 거의 없다)
- □ **economic incentives**(경제적 자극)
- □ **praise [reprimand] one's subordinate**(부하를 칭찬하다[꾸짖다])
- □ **at the discretion of ~**(~의 재량[판단]으로)
- □ **act with discretion**(신중하게 행동하다)

Check 3 Sentence

- □ **Gender discrimination in the workplace is prohibited.**(직장에서의 성차별은 금지되어 있다)
- □ **The number of bankruptcies in small businesses has been rising.**(중소기업의 도산건수가 증가하고 있다)
- □ **I went to the pharmacy to have a prescription filled.**(나는 처방약을 조제하기 위해 약국으로 갔다)
- □ **We need to reduce unnecessary expenditure.**(우리들은 불필요한 지출을 줄일 필요가 있다)
- □ **The fee for renewal of a driver's license is $30.**(운전면허증의 갱신료는 30달러다)
- □ **Bonuses give employees an incentive to work harder.**(보너스는 보다 열심히 일할 동기를 종업원에게 준다)
- □ **Subordinates must obey superiors.**(부하는 상사를 따르지 않으면 안 된다)
- □ **The decision was left to the CEO's discretion.**(결단은 CEO의 재량에 맡겼다)

Day 2))
Quick Review
답은 왼쪽 페이지 아래

- □ specification
- □ applicant
- □ subscription
- □ intersection
- □ merger
- □ agenda
- □ supervisor
- □ transit
- □ appliance
- □ vendor
- □ inconvenience
- □ supplier
- □ advocate
- □ landmark
- □ audit
- □ morale

Check 1　Listen 🔊

□ 0049
surplus
/sə́:rplʌs/
비즈니스문제

명 ❶흑자(⇔deficit) ❷여분;과잉
형 여분의;남은

□ 0050
petition
/pətíʃən/
Part 7

명 (~을 요구하는/…에 반대하는)청원(서), 탄원(서)(for~/against…)(≒request)
동 (~을 구하여/…하도록)청원하다(for~/to do)

□ 0051
renovation
/rènəvéiʃən/
Part 5, 6

명 ❶개장;수리 ❷갱신, 혁신
동 renovate:~을 개장하다;~을 수리[복원]하다

□ 0052
entrepreneur
/ɑ̀:ntrəprəné:r/
❗ 발음주의
비즈니스문제

명 기업가, 사업가

□ 0053
tuition
/tju:íʃən/
Part 5, 6

명 ❶수업료(≒tuition fee) ❷수업, 지도(≒teaching)

□ 0054
breakthrough
/bréikθrù:/
Part 7

명 ❶(교섭의)진전, 타개(in~) ❷(연구의)대발견, 대약진(in~)
동 break through:❶크게 전진하다 ❷대발견을 하다

□ 0055
souvenir
/sù:vəníər/
❗ 강세주의
Part 2, 3

명 (~의)기념품, 특산물(of~)

□ 0056
questionnaire
/kwèstʃənéər/
❗ 강세주의
Part 7

명 설문(용지)

continued
▼

Check 2　Phrase

☐ a trade **surplus** (무역흑자)
☐ in **surplus** (여분[과잉]에)

☐ a **petition** for healthcare reform (의료개혁을 요구하는 청원)
☐ draw up a **petition** (청원서를 작성하다)

☐ extensive **renovations** (대규모 개장[복구])
☐ technological **renovation** (기술혁신)

☐ a talented **entrepreneur** (유능한 기업가)

☐ **tuition** increases (수업료의 인상)
☐ private **tuition** (개인지도)

☐ a **breakthrough** in the negotiation (교섭의 진전)
☐ make a **breakthrough** in ~ (~에 있어 큰 발견을 하다)

☐ a **souvenir** shop (특산물 가게)

☐ fill out [in] a **questionnaire** (설문지에 기입하다)

Check 3　Sentence

☐ When revenue is higher than spending, the government budget is in **surplus**. (세입이 세출보다도 많은 경우 정부예산은 흑자가 된다)

☐ Over 50 percent of the residents signed a **petition** against the closure of the local hospital. (50퍼센트가 넘는 주민들이 동네 병원의 폐쇄어 반대하는 청원서에 서명했다)

☐ The department store is temporarily closed for **renovation**. (그 백화점은 개장을 위해 일시휴업하고 있다)

☐ Bill Gates is one of the most successful **entrepreneurs**. (빌 게이츠는 가장 성공한 기업가 중 한 사람이다)

☐ **Tuition** for the private school is $12,500 per year. (그 사립학교의 수업료는 연간 1만2,500달러다)

☐ The scientist made a major **breakthrough** in cancer treatment. (그 과학자는 암치료를 크게 진전시켰다)

☐ What did you buy as a **souvenir** of your trip to Australia? (오스트레일리아 여행 기념품으로 무엇을 샀습니까?)

☐ Please fill out the **questionnaire** and send it to the address below. (설문지에 기입하여 하기의 주소로 보내주세요)

continued ▼

Check 1　　Listen 》

□ 0057
surcharge
/sə́ːrtʃàːrdʒ/
Part 7

명 **추가요금**, 추징금
동 ~에 추가요금을 청구하다

□ 0058
mortgage
/mɔ́ːrgidʒ/
❗ 발음주의
비즈니스문제

명 **주택대출**(≒ home loan)
동 ~을 저당 잡히다

□ 0059
lawsuit
/lɔ́ːsùːt/
Part 2, 3

명 **소송**(≒ suit)

□ 0060
dedication
/dèdikéiʃən/
Part 4

명 (~에) **헌신**(to~)(≒ devotion)
동 dedicate: ❶(dedicate A to B로)A를 B에 바치다 ❷(be dedicated to로)~에 전념[열중]하다
형 dedicated: ❶열심인, 헌신적인, 전념하는 ❷(장치가)어떤 특정 목적용의, 전용의

□ 0061
sanction
/sǽŋkʃən/
Part 5, 6

명 ❶(~s)(~에 대한) **제재**(조처)(against [on]~) ❷허가(≒ permission, approval, acceptance)
동 ❶~을 허가[공인]하다 ❷~에 대하여 제재조치를 취하다

□ 0062
bulk
/bʌ́lk/
비즈니스문제

명 ❶(the~)(~의) **대부분**(of~) ❷(형용사적으로)대량의, 대규모의
형 bulky: 큰, 부피가 큰

□ 0063
vaccination
/vǽksənéiʃən/
Part 7

명 (병에 대한) **예방**[백신] **접종**(against[for]~)
명 vaccine: 백신

□ 0064
hazard
/hǽzərd/
Part 5, 6

명 **위험**(≒ danger);(~의) 위험요소(to~)
동 ~을 위험에 노출하다(≒ risk)
형 hazardous:(~에 있어)위험한;위해한(to~)

| Day 3 》
Quick Review
답은 오른쪽 페이지 아래 | □ 문구류
□ 고도
□ 잡무
□ 개최지 | □ 법적 책임
□ 전임자
□ 계열회사
□ 부조 | □ 직장
□ 도산
□ 약국
□ 지출 | □ 갱신
□ 기회
□ 부하
□ 자유재량 |

Check 2 — Phrase

- ☐ impose a **surcharge** on ~ (~에 추가요금[추징금]을 부과하다)

- ☐ take out a **mortgage** (주택대출을 받다)
- ☐ **mortgage** interest rates (주택대출의 이율)

- ☐ file [bring] a **lawsuit** against ~ (~에 대하여 소송을 일으키다)

- ☐ her **dedication** to volunteer work (봉사활동에 대한 그녀의 헌신)

- ☐ impose [lift] **sanctions** on ~ (~에 대해 제재조치를 취하다[~에 대한 제재조치를 해소하다])
- ☐ give **sanction** to ~ (~을 허가하다)

- ☐ the **bulk** of the cost (경비의 대부분)
- ☐ **bulk** buying [production] (대량구입[생산])

- ☐ **vaccination** against measles (홍역 예방접종)

- ☐ pose a **hazard** to ~ (~에 대하여 위험을 초래하다)
- ☐ a fire **hazard** (화재의 원인이 되는 것)

Check 3 — Sentence

- ☐ Economy class passengers will pay lower fuel **surcharges** than those travelling in first class. (이코노미클래스의 승객이 지불하는 유류할증료는 퍼스트클래스 승객보다 낮다)

- ☐ I paid off my **mortgage** last year. (나는 작년 주택대출금을 모두 상환했다)

- ☐ The residents have filed a **lawsuit** to stop the construction of the mall. (주민들은 그 쇼핑센터의 건설을 중지시키기 위한 소송을 제기했다)

- ☐ I would like to thank you all for your **dedication** to the project. (프로젝트에 대한 모든 분들의 헌신에 감사합니다)

- ☐ Economic **sanctions** against the country will be lifted as soon as a peace accord is implemented. (평화협정이 실시되면서 그 나라으 경제제재는 해제될 예정이다)

- ☐ Compact and mid-size cars account for the **bulk** of car sales. (소형차와 중형차는 자동차 판마의 대부분을 차지하고 있다)

- ☐ Children are recommended to receive **vaccinations** against flu. (아이들에게 인플루엔자의 예방접종을 권하고 있다)

- ☐ Snow and ice on sidewalks is a **hazard** to pedestrians. (인도의 눈이나 얼음은 보행자에게 위험하다)

Day 3 🔊
Quick Review
답은 왼쪽 페이지 아래

☐ stationery
☐ altitude
☐ chore
☐ venue

☐ liability
☐ predecessor
☐ affiliate
☐ malfunction

☐ workplace
☐ bankruptcy
☐ pharmacy
☐ expenditure

☐ renewal
☐ incentive
☐ subordinate
☐ discretion

☐ 0065
recipient
/risípiənt/
Part 7

명 (~의)**수취인**, 수령자(of~)

☐ 0066
bulletin
/búlətən/
Part 1

명**제시**, 공고

☐ 0067
payroll
/péiròul/
비즈니스문제

명**종업원 명부**[총수];급료지불명부

☐ 0068
turbulence
/tə́:rbjuləns/
Part 4

명 ❶**난기류** ❷(사회적)소란
형 turbulent:❶불온한, 요동치는 ❷(기후가)험악한

☐ 0069
bias
/báiəs/
Part 5, 6

명 (~에 대한)**편견**;선입견(against~)(≒ prejudice)
동 ~에 편견[선입견]을 갖게 하다
형 biased:(의견이)(~로)기운, 편견을 가진(against[toward, in favor of]~)

☐ 0070
revision
/rivíʒən/
Part 2, 3

명**수정**, 개정
동 revise:~을 수정[개정]하다

☐ 0071
supplement
/sʌ́pləmənt/
Part 5, 6

명 ❶**보급제**, 영양보조식품 ❷(~의)보충;(서물 등의)보유, 부록 (to~)(≒ appendix)
동 (/sʌ́pləmènt/)(supplement A with B로)A를 B로 보충하다
형 supplementary:(~의)보충[부록]의(to~)

☐ 0072
integrity
/intégrəti/
❗ 강세주의
Part 4

명 ❶**성실**, 정직(≒ honesty) ❷무상의[완전한] 상태

---

continued
▼

Check 2　Phrase

□ **pension recipients**(연금수급자)
□ **the recipient of the Nobel Prize**(노벨상의 수상자)

□ **a bulletin board**(게시판)
□ **an election bulletin**(선거공고)

□ **be on the payroll**(취업하다)

□ **encounter turbulence**(난기류와 만나다)
□ **political turbulence**(정치적 동요)

□ **bias against women**(여성에 대한 편견)

□ **make an upward [a downward] revision to** ~(~을 위쪽[아래쪽]으로 수정하다)
□ **revision of prices**(가격의 개정)

□ **vitamin C supplements**(비타민 C 보급제)
□ **a Sunday supplement**([신문의]일요판)

□ **with integrity**(성실하게, 정직하게)
□ **territorial integrity**(영토의 보전)

Check 3　Sentence

□ **The number of welfare recipients is on the rise.**(생활보호를 받는 사람의 수는 늘어나고 있다)

□ **Notices are posted on the bulletin board.**(전단지가 게시단에 붙어 있다)

□ **The company will add 100 employees to its payroll next year.**(그 회사는 내년 사원을 100명 즈가할 예정이다)

□ **Please fasten your seat belts; there is turbulence ahead.**(안전벨트를 착용해주세요. 진행방향어 난기류가 있습니다) ➕ 기내 안내방송

□ **Racial bias still exists in our society.**(인종적 편견은 우리 사회에 여전히 존재하고 있다)

□ **The budget needs significant revision.**(그 예산안은 상당한 수정이 필요하다)

□ **The doctor told me to take calcium supplements every day.**(의사는 칼슘의 보조제를 매일 복용할 것을 나게 말했다)

□ **He is a man of high integrity.**(그는 매우 성실한 인물이다)

continued ▼

Check 1　Listen 》

□ 0073
wholesale
/hóulsèil/
비즈니스문제

명**도매** (⇔retail: 소매)
형 도매의
명 wholesaler: 도매업자

□ 0074
directory
/diréktəri/
Part 2, 3

명**주소록**, 명부

□ 0075
pharmacist
/fáːrməsist/
Part 2, 3

명**약제사**
명 pharmacy: 약국
명 pharmaceutical: (~s)❶집합적으로)의약 ❷제약회사
형 pharmaceutical: 제약의 ; 약학의 ; 약제의

□ 0076
condominium
/kàndəmíniəm/
Part 5, 6

명**분양맨션 콘도** ➕ 단축형인 condo도 자주 사용된다. man-sion은 대저택

□ 0077
indicator
/índikèitər/
비즈니스문제

명❶**지표** ❷(눈금판의)지침 ; 게시기
명 indication : (~의/…라는)조짐, 표시(of~/that절…)
동 indicate : ~을 표시하다, 나타나다
형 indicative : (be indicative of로)~을 나타내고 있다

□ 0078
contingency
/kəntíndʒənsi/
Part 7

명**불의의 사고**, 우발사건(≒accident)
형 contingent:(be contingent on[upon]로)~여부에 따른, ~을 조건으로 한

□ 0079
semester
/siméstər/
❗ 강세주의
Part 7

명 (2학기제의)**학기** ➕ 3학기제의 '학기'는 term, trimester, 4학기제의 '학기'는 quarter

---

□ 0080
radiation
/rèidiéiʃən/
Part 7

명❶**방사선** ❷방사
동 radiate:❶(~에서)방사[방출]하다(from~) ❷(기쁨)을 발산시키다

Check 2 Phrase

- ☐ at [by] **wholesale** (도매로)

- ☐ a hotel **directory** (호텔의 주소록)
- ☐ a business **directory** (상공인 성명록(명부))

- ☐ a **pharmacist**'s office (약국)

- ☐ a resort **condominium** (리조트 콘도)

- ☐ an economic **indicator** (경제지표)
- ☐ a speed **indicator** (속도계)

- ☐ prepare for **contingencies** (불의의 사고에 대비하다)
- ☐ **contingency** plans (비상사태계획)

- ☐ the first [second] **semester** (전[후]기)

- ☐ a high level of **radiation** (높은 수준의 방사선)
- ☐ ultraviolet **radiation** (자외선방사)

Check 3 Sentence

- ☐ **Wholesale** is much cheaper than retail. (도매는 소매보다 훨씬 싸다)

- ☐ Can you look up the restaurant's number in the telephone **directory**? (그 레스토랑의 전화번호를 전화부에서 찾아주시겠어요?)

- ☐ My goal is to become a **pharmacist**. (나의 목표는 약제사가 되는 것이다)

- ☐ A 30-story **condominium** is being built near the station. (30층 콘도가 역 근처에 건설 중이다)

- ☐ Various **indicators** show that the economy is already on track to recovery. (경제가 이미 회복단계에 있다는 것을 여러 지표가 나타내고 있다)

- ☐ We have to be prepared to deal with **contingencies**. (우리들은 불의의 사고에 대처할 준비가 되어 있지 않으면 안 된다)

- ☐ Submit your thesis by the last day of class in the second **semester**. (논문은 2학기 마지막 날까지 제출할 것)

- ☐ Many workers were exposed to dangerous levels of **radiation** in the accident. (그 사고로 많은 작업원이 위험 수준의 방사선에 피폭되었다)

Day 4 》)
Quick Review
답은 왼쪽 페이지 아래

☐ surplus	☐ tuition	☐ surcharge	☐ sanction
☐ petition	☐ breakthrough	☐ mortgage	☐ bulk
☐ renovation	☐ souvenir	☐ lawsuit	☐ vaccination
☐ entrepreneur	☐ questionnaire	☐ dedication	☐ hazard

Check 1　Listen))

□ 0081
autograph
/ɔ́ːtəgræf/
Part 2, 3

명 (유명인의) **서명** ➕ 서류에 '사인, 서명'은 signature
동 ~에 사인하다 ➕ '(서류)에 사인[서명]하다'는 sign

□ 0082
subsidy
/sʌ́bsedi/
비즈니스문제

명 **보조**[조성]**금**
동 subsidize: ~에 보조[조성]금을 주다

□ 0083
expertise
/èkspərtíːz/
❗ 강세주의
비즈니스문제

명 (~에 관하다) **전문적 지식**[기술](in~)
명 expert: (~의)전문가, 숙련자(on[in, at]~)
형 expert: ❶숙련한 ❷전문적인

□ 0084
arbitration
/àːrbətréiʃən/
Part 7

명 **중재**, 조정(≒mediation)
명 arbitrator: 중재[조정]자
동 arbitrate: ❶~을 중재[조정]하다 ❷(~사이의)중재[조정]을 하다(between~)

□ 0085
outlet
/áutlet/
비즈니스문제

명 ❶**직판점**, 아울렛 ❷(전기의)콘센트(≒socket) ❸(감정의)배출구(for~)

□ 0086
refill
/ríːfil/
Part 2, 3

명 ❶(음식물의) **한 그릇 더** ❷보충품, 리필제품
동 (/rifíl/)(용기 등)을 보충하다

□ 0087
duplicate
/djúːplikət/
Part 7

명 **복제**, 복사(≒copy)
동 (/djúːpləkèit/)~을 복제[복사]하다

□ 0088
specialty
/spéʃəlti/
Part 4

명 ❶(가게의) **특선요리** ❷전문, 전공
명 special: ❶(레스토랑의)특별요리;특매품 ❷특별방송
형 special: 특별한
동 specialize:(specialize in로)~을 전문으로 하다

---

continued ▼

□ 듣기 모드　Check 1
□ 확인 모드　Check 1 ▸ 2
□ 완벽 모드　Check 1 ▸ 2 ▸ 3

Check 2　Phrase

□ the autograph of a famous movie star (유명한 영화배우의 사인)
□ sign an autograph (사인하다)

□ education subsidies (교육보조금)

□ expertise in psychology [sewing] (심리학의 전문적인 지식[재봉의 전문적 기술])

□ go to arbitration ([쟁의가]중재에 붙여지다)
□ refer a dispute to arbitration (분쟁을 중재에 회부하다)

□ a retail outlet (소매판매점)
□ insert a plug into an outlet (플러그를 콘센트에 꽂다)

□ free refill ([게시판에서]무제한 리필)
□ fountain pen refills (만년필 잉크의 카트리지)

□ a duplicate of the key (복제 열쇠)
□ in duplicate ([정본]2통으로)

□ chef's specialty ([메뉴에서]셰프가 추천한 요리)
□ make a specialty of ~ (~을 전문으로 하다)

Check 3　Sentence

□ The soccer player was signing autographs for kids. (그 축구선수는 아이들에게 사인하고 있었다)

□ The government is planning to increase solar panel subsidies. (정부는 태양전지패널의 보조금을 늘릴 예정이다)

□ She has experience and expertise in accounting. (그녀는 회계의 경험과 전문적인 지식을 가지고 있다)

□ The two companies have agreed to refer the dispute to arbitration. (두 회사는 분쟁을 중재하는 데 합의했다)

□ The pizza chain has about 500 outlets in the US. (그 피자체인점은 미국에 약 500개의 판매점을 가지고 있다)

□ Would you like a refill on the coffee? (커피를 리필해 드릴까요?)

□ Applicants are advised to keep duplicates of their submissions. (응모자는 제출물의 사본을 보관하도록 하고 있다)

□ French provincial cuisine is a specialty of the house. (프랑스 향토식이 그 가게의 특별요리다)

continued
▼

Check 1 Listen 🔊

☐ 0089
attachment
/ətǽtʃmənt/
비즈니스문제

명❶(전자메일의) **첨부파일** ❷(~에 대한)애착, 애정(to[for]~)(≒love) ❸부속품
⑧attach:(attach A to B로)A를 B에 첨부하다, 붙이다 ▶

☐ 0090
coincidence
/kouínsidəns/
Part 5, 6

명❶**우연의 일치** ❷(~의)일치(of~)
⑧coincide:(coincide with로)❶~와 동시에 일어나다 ❷(의견이)~와 일치하다
⑲coincident:(~와)동시에 일어나다(with~)
⑲coincidental:우연의

☐ 0091
plumber
/plʌ́mər/
❶ 발음주의
Part 1

명**배관공**

☐ 0092
flaw
/flɔ́:/
Part 2, 3

명❶(~의) **결함**, 결점(in~)(≒defect, fault) ❷(수속·의논이) 불만, 결함(in~)
⑲flawed:결점[결함]이 있다
⑲flawless:결점이 있는, 나무랄 데 없는

☐ 0093
reimbursement
/rì:imbə́:rsmənt/
비즈니스문제

명**상환** (≒refund) 변제
⑧reimburse:(reimburse A for B로)A에게 B(경비)를 반제하다 ▶

☐ 0094
courier
/kə́:riər/
Part 2, 3

명**택배업자**;(소포의)배달자

☐ 0095
shareholder
/ʃéərhòuldər/
비즈니스문제

명**주주** (≒stockholder)
명share:❶(~s)주, 주식 ❷시장점유율 ❸배당
⑧share:~을 (…와) 공유하다(with…)

☐ 0096
epidemic
/èpədémik/
Part 5, 6

명❶(병의) **유행**, 만연 ❷전염병(≒plague) ➕ endemic는 '풍토병', pandemic은 '전국[세계]적 유행병)
⑲(병이)유행[전염]성인

Day 5 🔊
Quick Review
답은 오른쪽 페이지 아래

☐ 수취인
☐ 제시
☐ 종업원 명부
☐ 난기류

☐ 편견
☐ 수정
☐ 보급제
☐ 성실

☐ 도매
☐ 주소록
☐ 약제사
☐ 분양맨션 콘도

☐ 지표
☐ 불의의 사고
☐ 학기
☐ 방사선

<table>
<tr><td>

Check 2   Phrase

□ **send ~ as an attachment** (~을 첨부파일로 보내다)

□ **form an attachment to [for] ~** (~가 좋아지다)

□ **by pure [sheer] coincidence** (모든 우연의 일치로)

□ **a coincidence of opinion** (의견의 일치)

□ **call a plumber** (배관공을 부르다)

□ **a character flaw** (성격상의 결점)

□ **a fatal flaw** (치명적인 결함)

□ **reimbursement for travel expenses** (교통비의 환급)

□ **a motorcycle courier** (오토바이 배달원)

□ **a shareholders' meeting** (주주총회)

□ **a cholera epidemic** (콜레라의 유행)

□ **prevent epidemics** (전염병을 막다)

</td><td>

Check 3   Sentence

□ **Don't open any suspicious e-mails or attachments.** (수상한 e메일이나 첨부파일은 열지 말아주세요)

□ **It was a coincidence that I met an old friend of mine in Australia.** (오스트레일리아에서 옛날 친구를 만났던 것은 우연의 일치였다)

□ **The plumber is fixing a sink.** (배관공은 개수대를 수리하고 있다)

□ **The home inspector found serious flaws in the house.** (주택조사원은 그 집에 심각한 결함이 있는 것을 발견했다)

□ **Employees can receive reimbursement for work-related expenses.** (종업원은 일에 관련한 경비를 돌려받을 수 있다)

□ **He sent the documents by courier.** (그는 그 서류를 택배로 보냈다)

□ **A majority of shareholders approved a proposed takeover of the company.** (주주의 과반수가 그 회사의 매수안을 승인했다)

□ **The school has been closed due to a flu epidemic.** (그 학교는 인플루엔자가 유행하고 있기 때문에 폐쇄되어 있다)

</td></tr>
</table>

Day 5 》
Quick Review
답은 왼쪽 페이지 아래

□ recipient	□ bias	□ wholesale	□ indicator
□ bulletin	□ revision	□ directory	□ contingency
□ payroll	□ supplement	□ pharmacist	□ semester
□ turbulence	□ integrity	□ condominium	□ radiation

Check 1　Listen 》

□ 0097
mileage
/máilidʒ/
Part 7

명❶**연비** ❷마일리지

□ 0098
rebate
/ríːbeit/
비즈니스문제

명(지불금의 일부를)**환불** ➕ refund와 reimbursement는 '(전액의)환불'

□ 0099
fluctuation
/flʌ̀ktʃuéiʃən/
비즈니스문제

명(~의)**변동**(in[of]~)(≒change)
동fluctuate:변동하다

□ 0100
bribery
/bráibəri/
비즈니스문제

명**뇌물수수**, 수뢰(≒payoff)
명bribe:수뢰
동bribe:~에게 뇌물을 주다

□ 0101
paycheck
/pétiʃək/
비즈니스문제

명**급료**(≒salary, wage);급료 지불수표

□ 0102
tendency
/téndənsi/
Part 5, 6

명(~에/…하는)**경향**(to[toward]~/to do)(≒trend, inclination)
동tend:(tend to do로)~하기 일쑤다, ~하는 경향이 있다

□ 0103
disorder
/disɔ́ːrdər/
Part 7

명❶**질병**, 질환(≒disease, illness) ❷(사회적)무질서, 혼란(≒unrest) ❸난잡(≒confusion)
형disordered:❶난잡한, 흐트러진 ❷질병의, 부조의
형disorderly:❶불법인, 난폭한 ❷무질서한, 혼란스러운

□ 0104
commerce
/káməːrs/
❗ 강세주의
비즈니스문제

명**상업**(≒business);통상, 무역(≒trade)
명commercial:광고
형commercial:상업의;통상[무역]의

continued ▼

38 ▸ 39

☐ 듣기 모드 　Check 1
☐ 확인 모드 　Check 1 ▶ 2
☐ 완벽 모드 　Check 1 ▶ 2 ▶ 3

Check 2　Phrase

☐ **get good [poor] mileage** (연비가 좋다[나쁘다])
☐ **a car with low mileage** (주행 마일리지가 적은 차)

☐ **a tax [rent] rebate** (세금[임대료]의 환불)

☐ **fluctuations in temperature [stock prices]** (기온[주가]의 변동)

☐ **be vulnerable to bribery** (뇌물에 약하다)
☐ **a bribery scandal** (뇌물수수 사건)

☐ **a weekly paycheck** (주급)
☐ **deposit one's paycheck** (급료를 예금하다)

☐ **have a tendency to do ~** (~하는 경향이 있다)
☐ **the downward [upward] tendency of prices** (물가 하강[상승] 경향)

☐ **a stomach disorder** (위장병)
☐ **be in a state of disorder** (혼란 상태에 있다)

☐ **commerce and industry** (상공업)
☐ **foreign commerce** (외국무역)

Check 3　Sentence

☐ **Hybrid cars get good mileage.** (하이브리드 차는 연비가 좋다)

☐ **Eighty percent of those who received a tax rebate saved the money.** (세금 환급을 받은 사람의 80퍼센트는 그 돈을 저금했다)

☐ **This study analyzes the nature and causes of business fluctuations.** (그 연구는 경기변동의 특질과 원인을 분석하고 있다)

☐ **The CEO has denied the bribery accusations.** (그 CEO는 뇌물수수 혐의를 부인하고 있다)

☐ **His paycheck is around $50,000 a year.** (그의 급료는 연간 약 5만 달러다)

☐ **There is a tendency for the economy to slow down.** (경기는 감속추세에 있다)

☐ **The patient suffers from a serious heart disorder.** (그 환자는 중한 심장병을 앓고 있다)

☐ **The government should take immediate steps to promote domestic commerce.** (정부는 국내 상업을 촉진하는 조치를 곧 취해야 한다)

CHAPTER 2
CHAPTER 3
CHAPTER 4
CHAPTER 5
CHAPTER 6
CHAPTER 7
CHAPTER 8
CHAPTER 9

continued ▼

Check 1　Listen 》

□ 0105
outfit
/áutfit/
Part 1

몡**복장**[의상](-유니폼)(≒clothes, clothing, attire, apparel)
동~에 (…을) 장비를 갖추다(with...)

□ 0106
tag
/tǽg/
Part 1

몡**꼬리표**
동~에 꼬리표를 달다

□ 0107
retailer
/rí:tèilər/
비즈니스문제

몡**소매업자**(⇔wholesaler:도매업자)
몡retail:소매
동retail:(~의 값으로)소매로 팔리다(for[at]~)
부retail:소매(가격)로

□ 0108
extinction
/ikstíŋkʃən/
Part 5, 6

몡**멸종**
형extinct:멸종한

□ 0109
cubicle
/kjú:bikl/
Part 1

몡(사무실의)**작은 방**

□ 0110
installation
/ìnstəléiʃən/
Part 7

몡❶(기계의)**설치** ❷취임[임명](식) ➕ installment는 '분할지불'
동install:❶~을 설치하다 ❷~을 (…으로) 임명하다(as...) ❸~을 인스톨하다

□ 0111
undergraduate
/ʌ̀ndərgrǽdʒuət/
Part 7

몡**대학생**, (대학의)학부학생(⇔postgraduate:대학원생) ➕ graduate는 '졸업생'
형학부학생의

□ 0112
patronage
/péitrənidʒ/
비즈니스문제

몡(가게를)**애용**, 단골고객
몡patron:❶고객, 단골고객 ❷후원자

Day 6 》
Quick Review
답은 오른쪽 페이지 아래

□ 서명
□ 보조금
□ 전문적 지식
□ 중재

□ 직판점
□ 한 그릇 더
□ 복제
□ 특선요리

□ 첨부파일
□ 우연의 일치
□ 배관공
□ 결함

□ 상환
□ 택배업자
□ 주주
□ 유행

<table>
<tr><td colspan="2">

Check 2   Phrase

</td><td colspan="2">

Check 3   Sentence

</td></tr>
</table>

□ a bride's **outfit** (신부의상)

▶ □ The man is in a cowboy **outfit**. (남성은 카우보이 의상을 입고 있다)

□ a name **tag** (명찰)

▶ □ The price **tags** are on the store's shelves. (가게 선반에 가격표가 붙여져 있다)

□ a clothing **retailer** (의료품 소매업자)

▶ □ The company is the second largest **retailer** of electronics in the US. (그 회사는 미국에서 두 번째로 큰 전자기기 소매업자다)

□ be in danger of **extinction** (멸종위기에 처하다)
□ the **extinction** of the dinosaurs (공룡의 멸종)

▶ □ One third of the world's amphibian species are in danger of **extinction**. (세계의 양서류의 3분의 1든 멸종위기에 처해 있다)

□ **cubicles** separated by partitions (칸막이로 나눠진 작은 방)
□ a shower **cubicle** (샤워실)

▶ □ The man is working in a **cubicle**. (그 남자는 방에서 일을 하고 있다)

□ the **installation** of an air conditioner (에어컨 설치)
□ the **installation** of the new president (새 대통령의 취임식)

▶ □ The **installation** of electrical cables must be done by experts. (전기 케이블의 설치는 전문가에 의해 이뤄져야 한다)

□ an economics **undergraduate** (경제학부 학생)

▶ □ She is an **undergracuate** at Columbia University. (그녀는 콜롬비아 대학의 학생이다)

□ give ~ one's **patronage** (~을 애용하다)

▶ □ We would like to thank you for your **patronage** over the years. (오랜 세월에 걸쳐 애용해주셔서 감사합니다)

Day 6))
Quick Review
답은 왼쪽 페이지 아래

□ autograph	□ outlet	□ attachment	□ reimbursement
□ subsidy	□ refill	□ coincidence	□ courier
□ expertise	□ duplicate	□ plumber	□ shareholder
□ arbitration	□ specialty	□ flaw	□ epidemic

Check 1　　Listen 🔊

□ 0113
aptitude
/ǽptətjù:d/
Part 5, 6

명 (~의)**재능**, 능력, 소질(for[in]~)(≒talent);적성 ➕ attitude(태도)와 혼동하지 않도록 주의

□ 0114
emission
/imíʃən/
비즈니스문제

명 ❶(열·빛·가스의)**방출** ❷배기;방출물
동 emit:(열·빛·가스)을 방출[방사]하다, 발사하다

□ 0115
freight
/fréit/
❗ 발음주의
Part 1

명 ❶**운송화물**(≒cargo) ❷운송료, 운임
동 ~을 운송하다

□ 0116
setback
/sétbæk/
Part 7

명 (진보의)**후퇴**, 방해, 좌절
동 set back:(계획)을 방해하다, 늦추다

□ 0117
friction
/fríkʃən/
Part 5, 6

명 ❶(~사이의)**알력**, 언쟁, 불화(between~) ❷(~에 대한)마찰(on[against]~)

□ 0118
ballot
/bǽlət/
Part 7

명 ❶**투표**(≒voting) ❷투표용지 ❸투표수
동 ❶투표하다 ②~을 투표로 결정하다

□ 0119
accuracy
/ǽkjurəsi/
Part 5, 6

명 **정확함**, 정밀함(≒precision)(⇔inaccuracy)
형 accurate:❶정확한 ❷정밀한
부 accurately:정확[정밀]하게

□ 0120
prototype
/próutətàip/
비즈니스문제

명 (~의)**시제품**(of[for]~)

---

continued
▼

Check 2　Phrase

☐ **have an aptitude for** ~ (~의 재능이 있다)
☐ **an aptitude test** (적성검사)

☐ **the emission of carbon dioxide** (이산화탄소의 방출)
☐ **an emission control** (배기가스 규제)

☐ **freight trains** (화물열차)
☐ **freight paid** (선불)

☐ **suffer [experience] a setback** (장애물과 만나다;좌절하다;[병이] 도지다)

☐ **friction between labor and management** (노사간의 알력)
☐ **minimize friction** (마찰을 최소한으로 억제하다)

☐ **elect ~ by ballot** (~을 투표로 선택하다)
☐ **cast a ballot** (투표하다)

☐ **with accuracy** (정확히)

☐ **a prototype of a new electric car** (새로운 전기자동차의 시제품)

Check 3　Sentence

☐ **She has a wonderful aptitude for music.** (그녀에게는 뛰어난 음악적 재능이 있다)

☐ **It is said that the emission of greenhouse gases is linked to global warming.** (온실가스의 방출은 지구온난화와 관련되어 있다고 한다)

☐ **They are loading freight onto an aircraft.** (그들은 비행기 에 화물을 싣고 있다)

☐ **The world is facing a serious economic setback.** (세계는 심각한 경기후퇴에 직면해 있다)

☐ **Trade conflicts have generated friction between the two countries.** (무역마찰이 양국간의 알력을 낳고 있다)

☐ **All elections must be conducted by secret ballot.** (모든 선거는 무기명 투표로 행해지지 않으면 안 된다)

☐ **Speed and accuracy are essential to the media industry.** (스피드와 정확성은 미디어산업에 있어 불가결하다)

☐ **A prototype of a new aircraft will be test-flown by the company's own test pilots.** (새로운 비행기의 시제품은 그 회사의 테스트파일럿에 의해 시험 비행될 예정이다)

continued
▼

Check 1　　Listen))

□ 0121
tariff
/tǽrif/
비즈니스문제

명 (~에 드는)**관세**(율)(on~)

□ 0122
auditorium
/ɔ̀:ditɔ́:riəm/
❗ 강세주의
Part 1

명**강당**

□ 0123
divorce
/divɔ́:rs/
Part 2, 3

명**이혼**(⇔marriage)
동 ~와 이혼하다

□ 0124
subscriber
/səbskráibər/
Part 4

명 (~의)**정기구독자**(to~);(전화의)가입자
명 subscription:(~의)정기구독(료)(to~)
동 subscribe:(subscribe to로)❶~을 정기구독하다 ❷(통례의 문·부정문에서)~에 동의하다

□ 0125
fitness
/fítnis/
Part 4

명 ❶**건강**(상태)(≒health) ❷(~에 대한)적합성(for~)
동 fit:(의복이)~에 (크기·형태가) 맞다
형 fit:❶(~에)적합한(for~) ❷건강한, 활기찬

□ 0126
allergy
/ǽlərdʒi/
❗ 발음주의
Part 2, 3

명 (~에 대한)**알레르기**(to~)
형 allergic:(be allergic to로)❶~에 대하여 알레르기가 있는 ❷~가 매우 싫은

□ 0127
immigration
/ìməgréiʃən/
Part 5, 6

명 ❶**이주**, 이민 ❷입국관리[심사]
명 immigrant:(외국에서 온)이민, 이주자
동 immigrate:(~에서/…로)이주하다(from~/to…)

□ 0128
commuter
/kəmjú:tər/
Part 1

명**통근자**
명 commute:통근
동 commute:(~에서/…로)통근하다(from~/to…)

Day 7))
Quick Review
답은 오른쪽 페이지 아래

□ 연비　　□ 급료　　□ 복장　　□ 작은 방
□ 환불　　□ 경향　　□ 꼬리표　　□ 설치
□ 변동　　□ 질병　　□ 소매업자　　□ 대학생
□ 뇌물수수　　□ 상업　　□ 멸종　　□ 애용

□ **tariffs** on imported goods (수입품에 부과되는 관세)

▶ □ The United States lowered **tariffs** on Australian beef. (미국은 호주산 소고기에 부과하는 관세를 낮췄다)

□ the school **auditorium** (학교 강당)

▶ □ The **auditorium** is full of people. (강당은 사람들로 가득하다)

□ get a **divorce** (이혼하다)
□ file for **divorce** (이혼을 신청하다)

▶ □ **Divorce** is on the increase. (이혼은 증가 경향에 있다)

□ a **subscriber** to the magazine (그 잡지의 정기구독자)

▶ □ The publisher is trying to increase the number of **subscribers**. (그 출판사는 정기구독자의 수를 늘리려 노력하고 있다)

□ a **fitness** boom (건강붐)
□ one's **fitness** for a job (일에 대한 적성)

▶ □ Regular exercise is good for both mental and physical **fitness**. (정기적인 운동은 심신 모든 건강에 좋다)

□ an **allergy** to eggs = an egg **allergy** (계란 알레르기)

▶ □ I have an **allergy** to cedar pollen. (나는 삼나무 꽃가루 알레르기가 있다)

□ illegal **immigration** (불법이주)
□ an **immigration** officer (입국심사관)

▶ □ Japan has strict controls on **immigration**. (일본에는 이주에 대한 엄격한 규제가 있다)

□ rush-hour **commuters** (러시아워의 통근자)
□ a **commuter** train (통근전차)

▶ □ The train is packed with **commuters**. (열차는 통근자로 가득 차 있다)

Day 7 》
Quick Review
답은 왼쪽 페이지 아래

□ mileage	□ paycheck	□ outfit	□ cubicle
□ rebate	□ tendency	□ tag	□ installation
□ fluctuation	□ disorder	□ retailer	□ undergraduate
□ bribery	□ commerce	□ extinction	□ patronage

Check 1   Listen 》)

☐ 0129
photocopier
/fóutoukàpiər/
Part 1

명 복사기, 사진복사기
명 photocopy:복사
동 photocopy:~을 복사하다

☐ 0130
waste
/wéist/
비즈니스문제

명 ❶폐기물 ❷(~의)낭비(of~)
동 (돈·시간)을 (…로) 낭비하다, 헛되게 하다(on...)
형 wasteful:낭비가 많은, 낭비적인

☐ 0131
intermission
/ìntərmíʃən/
Part 2, 3

명 ①(극장의)휴식시간, 막간(≒interval) ❷휴지, 틈(≒pause, break)

☐ 0132
acknowledgment
/æknálidʒmənt/
Part 5, 6

명 ❶(~을)인정하는 것, (~의)자백, 자인, 승인(of~) ❷감사 ❸(~s)감사 ❹수령통지서
동 acknowledge:❶(과거)를 인정하다 ❷(편지)를 받았다고 인정하다

☐ 0133
gadget
/gǽdʒit/
Part 7

명 약간의 도구[장치]

☐ 0134
congestion
/kəndʒéstʃən/
Part 7

명 ❶(교통의)혼잡 ❷울혈
형 congested:❶혼잡한 ❷코가 막힌

☐ 0135
attire
/ətáiər/
Part 7

명 복장, 의상(≒clothes, clothing, outfit, apparel)

☐ 0136
reminder
/rimáindər/
Part 5, 6

명 (~을)상기시키는 것, (~의)추억(of~);독촉장 ➕ remainder(나머지)와 혼동하지 않도록 주의
동 remind:(remind A of[about] B로)A에게 B를 떠올리게 하다, 깨닫게 하다

---

continued
▼

46 ▶ 47

☐ 듣기 모드　Check 1
☐ 확인 모드　Check 1 ▸ 2
☐ 완벽 모드　Check 1 ▸ 2 ▸ 3

Check 2　Phrase

☐ a color **photocopier**(칼라복사기)

☐ **nuclear waste**(핵폐기물)
☐ a **waste** of time [money, energy](시간[돈, 에너지]의 낭비)

☐ the **intermission** of a concert(콘서트의 휴식시간)
☐ without **intermission**(끊임 없이)

☐ **acknowledgment** of an error(잘못을 인정하는 것)
☐ in **acknowledgment** of ~(~에 감사하고)

☐ **kitchen gadgets**(부엌용 소도구)
➕ 껍질을 벗기는 도구 등

☐ **traffic congestion**(교통정체)
☐ **nasal congestion**(코막힘)

☐ **business attire**(비즈니스 정장)

☐ **serve** as a **reminder** that ~([주어가]~라는 것을 떠올리게 하다)
☐ a **reminder** of childhood(어린 시절의 추억)

Check 3　Sentence

☐ The man is fixing a **photocopier**.(그 남자는 복사기를 수리하고 있다)

☐ The factory generates more than 1,000 tons of industrial **waste** each year.(그 공장은 매년 1000톤을 넘긴 산업폐기물을 배출하고 있다)

☐ We will now have a 10-minute **intermission**.(지금부터 10분간 휴식하겠습니다)
➕ 극장의 안내방송

☐ **Acknowledgment** of wrongdoing is the first step toward reconciliation.(과오를 인정하는 것이 화해로 가는 첫걸음이다)

☐ The store carries a wide variety of **gadgets**.(그 가게는 여러 가지 작은 도구를 취급하고 있다)

☐ Traffic **congestion** during rush hour is terrible in Los Angeles.(로스 앤젤레스의 러시아워 교통정체는 대우 심하다)

☐ Guests attending the party are required to wear formal **attire**.(그 파티에 출석하는 고객은 정장을 입어야 한다)

☐ A mark on the calendar served as a **reminder** that it was my wife's birthday.(그 날이 아내의 생일이라는 것을 달력에 해둔 표시를 보고 떠올렸다)

continued ▼

Check 1   Listen 》

□ 0137
takeover
/téikòuvər/
비즈니스문제

명 **기업매수**, 인수(≒buyout);(지배·경영권의)탈취
동 take over : 인수하다, 넘겨받다

□ 0138
reunion
/rìːjúːnjən/
Part 4

명 ❶ **동창회** ❷ (~와의)재회(with~)

□ 0139
fabric
/fǽbrik/
Part 5, 6

명 ❶ **직물**, 천(≒cloth, textile) ❷ (건물·사회의)구조, 골조(≒structure)

□ 0140
delegate
/déligət/
Part 7

명 (정치적 회의의) **대표자**, 사절
동 (/déligèit/) ❶ (임무)을 (…)에 위임하다(to…) ❷ ~을 (…하도록) 대표로 세우다(to do)
명 delegation:(집합적으로)대표[파견]단

□ 0141
suite
/swíːt/
❗ 발음주의
Part 7

명 ❶ (호텔의) **스위트룸**, 특별실 ❷ (물건의)한 쌍

□ 0142
vacancy
/véikənsi/
Part 2, 3

명 ❶ **공실**, 빈집 ❷ (일자리의)결원, 빈자리(≒opening)
형 vacant:❶ (집·좌석이)비어 있는 ❷ (일자리가)결원[빈자리]인

□ 0143
contractor
/kántræktər/
비즈니스문제

명 **건설업자**, 청부업자

□ 0144
resignation
/rèzignéiʃən/
비즈니스문제

명 ❶ **사직**, 사임 ❷ 사표
동 resign:❶ (지위를)사임[사직]하다(from~) ❷ (지위 등)을 그만두다

Day 8 》
Quick Review
답은 오른쪽 페이지 아래

□ 재능
□ 방출
□ 운송화물
□ 후퇴

□ 알력
□ 투표
□ 정확함
□ 시제품

□ 관세
□ 강당
□ 이혼
□ 정기구독자

□ 건강
□ 알레르기
□ 이주
□ 통근자

☐ a hostile takeover (적대적 매수)
☐ a takeover bid ([매수를 위한]주식 공개매입) ➕ TOB

☐ The company managed to avoid a foreign takeover. (그 회사는 외국기업에 의한 매수를 회피할 수 있었다)

☐ a class reunion (동창회)
☐ have a reunion with ~ (~와 재회하다)

☐ I attended my 20-year high school reunion yesterday. (나는 어제 20주년 고교 동창회에 출석했다)

☐ cotton [silk] fabrics (면[견]직물)
☐ the fabric of society (사회구조)

☐ She made a quilt with scraps of fabric. (그녀는 헝겊조각을 이용하여 퀼트를 만들었다)

☐ a US delegate to the UN (미국의 UN대표)

☐ Delegates from 187 countries met to begin framing a new global warming treaty. (새로운 지구온난화 조약의 입안을 시작하기 위해 187개국 대표자들이 모였다)

☐ stay in a suite (스위트룸에 묵다)
☐ a suite of furniture (가구 한벌)

☐ The hotel has 25 luxury suites with an ocean view. (그 호텔에는 바다가 보이는 호화로운 스위트룸이 25개 있다)

☐ a vacancy rate (공실률, 구인률)
☐ fill the vacancy for ~ (~의 결원을 보충하다)

☐ I tried to reserve a hotel room but there were no vacancies. (나는 호텔 방을 예약하려고 했지단 공실이 없었다)

☐ a general contractor (종합건설청구업자, 종합건설회사)

☐ Seven contractors bid for the project. (건설회사 7곳이 그 프로젝트에 입찰했다)

☐ the resignation of a cabinet (내각 총사퇴)
☐ hand in one's resignation (사표를 제출하다)

☐ The prime minister rejected calls for his resignation. (국무총리는 사임요구를 거부했다)

Day 8))
Quick Review
답은 왼쪽 페이지 아래

☐ aptitude	☐ friction	☐ tariff	☐ fitness
☐ emission	☐ ballot	☐ auditorium	☐ allergy
☐ freight	☐ accuracy	☐ divorce	☐ immigration
☐ setback	☐ prototype	☐ subscriber	☐ commuter

☐ 0145
drought
/dráut/
Part 7

명가뭄

☐ 0146
diploma
/diplóumə/
Part 7

명졸업[수료]증서(≒certificate)

☐ 0147
fraud
/frɔ́ːd/
Part 7

명사기;사기 사건
형fraudulent:사기적인, 부정적인

☐ 0148
partition
/pɑːrtíʃən/
Part 1

명❶(방의)벽, 칸막이 ❷분할;분배(≒division)
동❶(토지)을 분할[분배]하다 ❷(방)을 나누다

☐ 0149
trainee
/treiníː/
비즈니스문제

명연수[실습, 훈련]생(≒intern)
명training:(~의)훈련, 교육, 양성(in~)
동train:❶~을 (…하도록) 훈련[교양]하다(to do) ❷훈련[교육]을 받다

☐ 0150
disposal
/dispóuzəl/
Part 7

명(~의)처분, 처리(of~)
동dispose:(dispose of로)~을 처분[처리]하다
형disposable:일회용의

☐ 0151
civilization
/sìvəlizéiʃən/
Part 4

명문명
동civilize:~을 문명화하다
형civilized:❶문명화한, 문화가 발달한 ❷예의바른

☐ 0152
lumber
/lʌ́mbər/
Part 1

명재목, 목재(≒timber)
동재목을 벌채하다

continued ▼

Check 2　Phrase

☐ a severe **drought** (심각한 가뭄)

☐ a high school **diploma** (고교의 졸업증명서)

☐ credit card **fraud** (신용카드 사기)
☐ be sued for **fraud** (사기로 고소당하다)

☐ a **partition** between two rooms (두 방 사이의 벽)
☐ the **partition** of Yugoslavia (유고슬라비아의 분할)

☐ a **trainee** nurse (간호사 연수생)

☐ **disposal** of industrial waste (산업폐기물의 처분)

☐ ancient Egyptian **civilization** (고대 이집트문명)

☐ cut **lumber** from a log (통나무에서 재목을 잘라내다)
☐ a **lumber** mill (제재소)

Check 3　Sentence

☐ The country is suffering from prolonged **drought** and famine. (그 나라는 오랫동안 가뭄과 기근에 고통받고 있다)

☐ He holds an MBA **diploma** from Harvard University. (그는 하버드대학의 MBA 졸업증서를 가지고 있다)

☐ **Frauds** targeting senior citizens are widespread in Japan. (고령자를 노린 사기가 일본에서는 퍼져 있다)

☐ The office space is divided by **partitions**. (사무실 공간은 벽으로 나눠져 있다)

☐ She was employed as a legal **trainee** with the law firm. (그녀는 그 법률사무소에 사법수습생으로 채용되었다)

☐ **Disposal** of hazardous waste is strictly regulated. (유해폐기물의 처리는 엄밀하게 규제되고 있다)

☐ The height of the Mayan **civilization** was over a 1,000 years ago. (마야문명의 절정기는 1000년 전에 끝났다)

☐ The **lumber** is stacked in layers. (재목이 여러 층으로 쌓여 있다)

continued ▼

Check 1　Listen))

□ 0153
staple
/stéipl/
Part 5, 6

명 ❶**주식**, 기본[필수]식품 ❷스테이플러 심
동 ~을 스테이플러로 찍다
형 주요한
명 stapler:스테이플러

□ 0154
enclosure
/inklóuʒər/
비즈니스문제

명 ❶**동봉된 것**;동봉 ❷둘러싼 토지, 구내
동 enclose:❶~을 (…에) 동봉한다(with[in]...) ❷~을 에워싸다

□ 0155
craft
/krǽft/
Part 7

명 ❶(소형) **선박**(≒boat, ship);비행기(≒aircraft, airplane, plane) ➕ 이 의미에서는 단수형과 복수형이 같다 ❷기술(≒skill)
동 ~을 정교[세심]하게 만들다
명 craftsman:직인
명 craftsmanship: 직인의 기능

□ 0156
intuition
/íntjuːíʃən/
Part 5, 6

명 **직감**(력)(≒instinct)

□ 0157
attorney
/ətə́ːrni/
Part 4

명 **변호사**(≒lawyer)

□ 0158
quota
/kwóutə/
비즈니스문제

명 (업무의) **할당량**

□ 0159
suspension
/səspénʃən/
Part 7

명 ❶(활동의) **일시정지**, 중지(of~) ❷(~의 이유로)정직, 정학 (for~)
동 suspend:❶~을 일시정지[중지]시키다 ❷~을 (…에서) 정학 [정직, 출전정지]시키다(from...) ❸~을 매달다

□ 0160
get-together
/géttəgèðər/
Part 4

명 (비공식) **모임**, 파티, 회합, 친목회(≒meeting, gathering)
동 get together:모으다, (~와) 만나다(with~)

Day 9))
Quick Review
답은 오른쪽 페이지 아래

□ 복사기	□ 약간의 도구	□ 기업매수	□ 스위트룸
□ 폐기물	□ 혼잡	□ 동창회	□ 공실
□ 휴식시간	□ 복장	□ 직물	□ 건설업자
□ 인정하는 것	□ 상기시키는 것	□ 대표자	□ 사직

Check 2　Phrase

- □ eat ~ as one's **staple** (~을 주식으로서 먹다)
- □ refill **staples** (스테이플러의 교환심)

- □ a letter and its **enclosures** (편지와 그 동봉된 것)
- □ sheep in the **enclosure** (울타리 안의 양)

- □ a fishing **craft** (어선)
- □ the **craft** of knitting (편직 기술)

- □ women's **intuition** (여성의 직감)

- □ a defense **attorney** (피고측 변호사)

- □ fishing **quota** (어획할당량)
- □ meet [fill] a **quota** (할당량을 채우다)

- □ a **suspension** of military activities (군사행동의 일시정지)
- □ receive a one-month **suspension** (1개월 정학[정직]받다)

- □ a family **get-together** (가족모임)

Check 3　Sentence

- □ Noodles are a **staple** of Italian and Chinese cooking. (면류는 이탈리아 요리와 중국 요리의 주식이다)

- □ Please make sure that the following **enclosures** are included. (이하의 동봉된 것이 들어 있는지 확인해주세요)

- □ Several rescue **craft** were sent to the scene of the crash. (여러 구조반이 충돌현장으로 달려갔다)

- □ His decision was based on **intuition** rather than on logic. (그의 결단은 논리가 아니라 직감에 의한 것이었다)

- □ She is an **attorney** by profession. (그녀의 직업은 변호사다)

- □ Bonuses are available for those who meet their **quotas**. (할당량을 채운 사람에게는 보너스가 나온다)

- □ The president announced a **suspension** of US troop withdrawals from Iraq. (대통령은 이라크에서 미군 철군의 일시정지를 발표했다)

- □ The annual Christmas **get-together** will be held on December 17 at the Village Club at 6 p.m. (매년 크리스마스모임이 12월 17일의 오후 6시부터 빌리지클럽에서 개최된다)

Day 9 》
Quick Review
답은 왼쪽 페이지 아래

- □ photocopier
- □ waste
- □ intermission
- □ acknowledgment
- □ gadget
- □ congestion
- □ attire
- □ reminder
- □ takeover
- □ reunion
- □ fabric
- □ delegate
- □ suite
- □ vacancy
- □ contractor
- □ resignation

Check 1　Listen 》

□ 0161
compartment
/kəmpɑ́:rtmənt/
Part 4

▶

명 ❶ 짐칸 ❷ (열차의) 객실

▶

□ 0162
alteration
/ɔ̀:ltəréiʃən/
Part 5, 6

▶

명 변경, 수정
동 alter: ❶ ~을 바꾸다, 고치다 ❷ 변하다

▶

□ 0163
nutrition
/nju:tríʃən/
Part 5, 6

▶

명 영양: 영양보급[섭취]
명 nutrient: 영양물, 영양소
형 nutritious: 영양가 있는, 영양이 풍부한

▶

□ 0164
scrutiny
/skrú:təni/
Part 5, 6

▶

명 면밀[정밀]한 조사[검사] (≒ examination)
동 scrutinize: ~을 면밀하게 조사하다, 음미하다

▶

□ 0165
diagnosis
/dàiəgnóusis/
Part 2, 3

▶

명 진단 ➕ 복수형은 diagnoses
동 diagnose: (diagnose A with[as] B로) A를 B로 진단하다

▶

□ 0166
amenity
/əménəti/
Part 7

▶

명 (통례 ~ies) 편리한 설비[시설]

▶

□ 0167
downturn
/dáuntə̀:rn/
비즈니스문제

▶

명 (경기·물가의) 하락, 침체 (in~) (≒ downswing) (⇔ upturn: 호전)

▶

□ 0168
remittance
/rimítəns/
비즈니스문제

▶

명 송금: 송금액
동 remit: (금전)을 (…로) 보내다 (to…)

▶

---

continued
▼

54 ▶ 55

☐ 듣기 모드　Check 1
☐ 확인 모드　Check 1 ▸ 2
☐ 완벽 모드　Check 1 ▸ 2 ▸ 3

Check 2　Phrase

☐ a freezer **compartment**([냉장고의]냉동실)
☐ a first-class **compartment**([열차의]일등실)

☐ **make alterations to** ~ (~에 변경을 가하다)
☐ **alterations** to the initial plan (당초 계획의 수정)

☐ deficiency of **nutrition** (영양부족)
☐ good **nutrition** (충분한 영양보급)

☐ come under **scrutiny** (면밀한 조사를 받다)
☐ close **scrutiny** (철저한 조사[검사])

☐ a **diagnosis** of diabetes (당뇨병의 진단)
☐ make a **diagnosis** (진단하다)

☐ shopping **amenities** (쇼핑시설)

☐ the economic **downturn** (경제침체)
☐ a **downturn** in the housing market (주택시장의 침체)

☐ **remittance** advice (요금통지서)
☐ make **remittance** (송금하다)

Check 3　Sentence

☐ Please stow your luggage in the overhead **compartments**. (짐은 위쪽의 짐칸에 넣어주세요

☐ The house needs a lot of **alterations**. (그 집은 많은 변경이 필요하다)

☐ Good **nutrition** and exercise are keys to staying healthy. (충분한 영양보급과 운동은 건강하게 지내는 비결이다)

☐ The NASA budget will come under **scrutiny** on Capitol Hill. (NASA의 예산안은 미국의회에서 면밀한 조사를 받을 예정이다)

☐ What was the **diagnosis** from your doctor? (의사의 진단은 어땠어요?)

☐ The hotel has numerous **amenities** including a heated indoor pool and fitness center. (그 호텔에는 실내온천장이나 휘트니스 클럽을 포함한 많은 편리시설이 있다)

☐ There has been a **downturn** in the stock market. (주식시장의 하락세가 이어지고 있다)

☐ **Remittance** should be made by either a personal check, bank draft, or money order. (송금은 개인수표, 은행 환어음, 또는 우편환 중 하나로 해야만 한다)

continued
▼

Check 1　Listen 》

□ 0169
implication
/ìmplikéiʃən/
Part 7

명❶**암시**, 함축 ❷(통례~s)(예상된)(~의)영향, 결과(of~)
동imply:~을 암시하다, 넌지시 비추다

□ 0170
conglomerate
/kənglámərət/
비즈니스문제

명**복합기업**(체), 대기업

□ 0171
memorandum
/mèmərǽndəm/
비즈니스문제

명**사내 연락메일**, 사내 전언;메모(≒memo)　➕ 복수형은 memoranda와 memorandums 두 가지

□ 0172
cancellation
/kænsəléiʃən/
Part 7

명**취소**
동cancel:(결정·주문)을 취소하다, 중지하다, 철회하다

□ 0173
turnover
/tə́:rnòuvər/
비즈니스문제

명❶**이직률**:노동이동률 ❷(상품의)회전율

□ 0174
negligence
/néglizəns/
Part 5, 6

명❶**태만** ❷과실
명neglect:❶무시, 경시 ❷태만
동neglect:❶~을 무시[경시]하다 ❷(일)을 게으름피우다
형negligent:태만한

□ 0175
dismissal
/dismísəl/
비즈니스문제

명(~에서)**해고**, 면직(from~)
동dismiss:❶~을 해고하다 ❷(dismiss A as B로)A(제안)를 B로서 떨쳐내다, 잊어버리다

□ 0176
auditor
/ɔ́:dətər/
비즈니스문제

명**회계감사관**, 검사역
명audit:회계검사, 감사
동audit:(회계·장부)를 검사[감사]하다

Day 10 》
Quick Review
답은 오른쪽 페이지 아래

□ 가뭄
□ 졸업증서
□ 사기
□ 벽

□ 연수생
□ 처분
□ 문명
□ 재목

□ 주식
□ 동봉된 것
□ 선박
□ 직감

□ 변호사
□ 할당량
□ 일시정지
□ 모임

Check 2　Phrase

- [ ] **by implication** (넌지시, 함축적으로)
- [ ] **have implications for ~** (~에 영향을 미치다)

- [ ] **a financial conglomerate** (금융복합기업)
- [ ] **a multinational conglomerate** (다국적 복합기업)

- [ ] **circulate a memorandum** (사내 전언을 회람하다)
- [ ] **make a memorandum of ~** (~을 메모해두다)

- [ ] **cancellation of an appointment** (면회 약속의 취소)
- [ ] **a cancellation charge [fee]** (취소요금)

- [ ] **reduce staff turnover** (사원의 이직률을 낮추다)
- [ ] **merchandise [capital] turnover** (상품[자본]회전율)

- [ ] **accuse him of negligence** (그의 태만을 비난하다)
- [ ] **medical negligence** (의료과실)

- [ ] **unfair [wrongful] dismissal** (부당해고)
- [ ] **dismissal from the post of ~** (~의 지위에서 해고)

- [ ] **an external [internal] auditor** (외부[내부] 감사임원)

Check 3　Sentence

- [ ] **I considered the implications of what he had said.** (나는 그가 한 말의 함축적 의미를 생각해보았다)

- [ ] **Disney is the largest media conglomerate in the world.** (디즈니는 세계 최대의 미디어복합회사다)

- [ ] **Did you read the memorandum about our company's restructuring plan?** (회사의 구조조정 계획에 관한 연락 메모를 읽었어요?)

- [ ] **Cancellation of the reservation, without any charge, is possible 48 hours prior to the arrival day.** (도착일보다 48시간 전 예약 취소는 무료다)

- [ ] **The company's staff turnover is below the industry average.** (그 회사의 사원 이직률은 업계의 평균보다 낮다)

- [ ] **He was fired for repeated negligence of his duties.** (그는 거듭되는 직무태만으로 해고당했다)

- [ ] **The factory employees were notified of their dismissal.** (그 공장의 직원들은 해고통지를 받았다)

- [ ] **The previous auditor was dismissed because of a disagreement with the company.** (전임 회계감사관은 그 회사와의 의견 불일치 때문에 해고당했다)

Day 10 》
Quick Review
답은 왼쪽 페이지 아래

- [ ] drought
- [ ] diploma
- [ ] fraud
- [ ] partition
- [ ] trainee
- [ ] disposal
- [ ] civilization
- [ ] lumber
- [ ] staple
- [ ] enclosure
- [ ] craft
- [ ] intuition
- [ ] attorney
- [ ] quota
- [ ] suspension
- [ ] get-together

Check 1　Listen))

☐ 0177
humidity
/hjuːmídəti/
Part 5, 6

명**습도**:습기
형humid:습기가 많은, 푹푹 찌는

▶

☐ 0178
textile
/tékstail/
Part 5, 6

명**직물**, 천(≒cloth, fabric)

▶

☐ 0179
leaflet
/líːflit/
Part 1

명**전단지**(≒flier)
동~에 전단지를 배포하다

▶

☐ 0180
correspondence
/kɔːrəspándəns/
Part 5, 6

명(~와) **통신**, 편지를 주고받음(with~);(집합적으로)통신문, 왕복서간(≒communication)
명correspondent:(신문의)특파원;통신원
동correspond:❶(correspond to로)~와 일치하다;~에 상응하다 ❷(correspond with로)~와 편지를 주고받다

▶

☐ 0181
hemisphere
/hémisfiər/
Part 7

명❶(지구의) **반구** ❷뇌반구
명sphere:구

▶

☐ 0182
remuneration
/rimjùːnəréiʃən/
비즈니스문제

명(~에 대한) **보수**(≒reward);급료(≒salary, wage, pay)(for~)
동remunerate:~에게 (…에 대하여) 보수를 주다(for…)
형remunerative:보수가 많은

▶

☐ 0183
gauge
/géidʒ/
❗ 정의주의
Part 5, 6

명❶(평가의) **기준**, 척도(of~)(≒standard) ❷계기 ❸표준기준, 규격 ➕ gage와 이어지기도 한다
동❶~을 판단[평가]하다 ❷~을 정확히 측정하다

▶

☐ 0184
prerequisite
/priːrékwəzit/
Part 7

명(~의) **필요**[전제]**조건**(for[to, of]~)(≒requirement, requisite)
형사전에 필요한, 불가결한

▶

continued
▼

□ 듣기 모드　Check 1
□ 확인 모드　Check 1 ▶ 2
□ 완벽 모드　Check 1 ▶ 2 ▶ 3

Check 2　Phrase

□ **high [low] humidity** (높은[낮은] 습도)

□ **woolen textile** (모직물)
□ **the textile industry** (직물공업, 섬유산업)

□ **hand out [pass] leaflets** (전단지를 배포하다)
□ **advertising leaflets** (광고전단)

□ **study by correspondence** (통신교육으로 공부하다)
□ **commercial correspondence** (상업통신문)

□ **the Northern [Southern] hemisphere** (북[남]반구)
□ **the left [right] hemisphere** ([뇌의]좌[우]반구)

□ **remuneration for the work** (그 일에 대한 보수)

□ **a gauge of success** (성공의 기준)
□ **a fuel [rain] gauge** (연료[우량]계)

□ **prerequisites for economic recovery** (경기회복의 필요조건)

Check 3　Sentence

□ **The summer humidity in Japan is very high.** (일본의 여름 습도는 매우 높다)

□ **The city is well known for its handwoven textiles.** (그 거리는 수직물로 널리 알려져 있다)

□ **The woman is handing out leaflets to passersby.** (그 여자는 통행인에게 전단지를 나눠주고 있다)

□ **I have been keeping a regular correspondence with him for several years.** (나는 그와의 정기적인 편지를 몇 년간 이어오고 있다)

□ **About 90 percent of the world's population is concentrated in the northern hemisphere.** (지구 인구의 약 90퍼센트는 북반구에 집중해 있다)

□ **Each participant received $100 as remuneration for participating in the study.** (그 연구에 참가한 보수로서 각 참가자는 100달러를 받았다)

□ **Health is one of the most important gauges of happiness.** (건강은 행복 기준에 가장 중요한 척도 중 하나다)

□ **A Ph.D. degree in economics is a prerequisite for a career in economic research.** (경제학 박사학위는 경제조사직의 필요조건이다)

continued
▼

Check 1 Listen 》

☐ 0185
segment
/ségmənt/
Part 5, 6

명 **부분**, 구분(≒part)
동 (/ségment/) ~을 (…에) 분할[구분]하다(into…)

☐ 0186
dose
/dóus/
Part 7

명 (1회분의 약) **복용량**(of~)(≒dosage)
동 ~에게 (…을) 복용시키다, 투약하다(with…)

☐ 0187
apparel
/əpǽrəl/
❗ 강세주의
Part 5, 6

명 **의복**, 의상(≒clothes, clothing, attire, outfit)

☐ 0188
inhabitant
/inhǽbətənt/
Part 5, 6

명 **주민**, 거주민(≒resident)
동 inhabit: ~에 살다, 서식하다

☐ 0189
coworker
/kóuwə̀ːrkər/
비즈니스문제

명 **동료**(≒colleague, associate, fellow worker)

☐ 0190
amendment
/əméndmənt/
Part 5, 6

명 (~의) **수정**[개정](안)(to~)
동 amend: (헌법)을 수정[개정]하다

☐ 0191
projection
/prədʒékʃən/
비즈니스문제

명 (미래의) **예측**, 예산
명 project: ❶(~할)계획(to do) ❷(대규모)사업, 프로젝트
동 project: ❶~을 예상하다 ❷(be projected to do로)~할 것이라 예측되다 ❸~을 예측하다 ❹~을 계획하다

☐ 0192
voucher
/váutʃər/
비즈니스문제

명 **상품할인권**; 쿠폰

Day 11 》 Quick Review
답은 오른쪽 페이지 아래

☐ 짐칸
☐ 변경
☐ 영양
☐ 면밀한 조사
☐ 진단
☐ 편리한 설비
☐ 하락
☐ 송금
☐ 암시
☐ 복합기업
☐ 사내 연락메일
☐ 취소
☐ 이직률
☐ 태만
☐ 해고
☐ 회계감사관

<table>
<tr><th>Check 2   Phrase</th><th>Check 3   Sentence</th></tr>
<tr><td>

☐ a large segment of the population (인구의 대부분)

</td><td>

☐ People over the age of 60 are the fastest growing segment of the world population. (60세 이상의 사람들은 세계 인구 중 가장 급격하게 늘고 있다)

</td></tr>
<tr><td>

☐ a lethal dose (치사량)
☐ a dose of penicillin (1회분의 페니실린)

</td><td>

☐ Take one dose three times a day until symptoms improve. (증상이 개선될 때까지 하루 3번 복용할 것) ➕ 약의 레벨 표현

</td></tr>
<tr><td>

☐ children's [men's, ladies'] apparel (아동[신사, 부인]복)

</td><td>

☐ The local apparel industry is facing increasingly fierce competition from abroad. (지역의류사업은 해외로부터의 갈수록 극심해지는 경쟁에 마주해 있다)

</td></tr>
<tr><td>

☐ a city of 100,000 inhabitants (주민 수 10만의 마을)

</td><td>

☐ Oslo is the capital city of Norway, and has about 500,000 inhabitants. (오슬로는 노르웨이의 수도로 약 50만 명의 주민이 있다)

</td></tr>
<tr><td>

☐ one's coworkers in the office (직장 동료)

</td><td>

☐ I went to the wedding of one of my coworkers yesterday. (나는 어제 한 동료의 결혼식에 갔다)

</td></tr>
<tr><td>

☐ make amendments to ~ (~에 수정을 가하다)
☐ a constitutional amendment (헌법개정)

</td><td>

☐ The government has made some amendments to its anti-terrorism bill. (정부는 반테러 법안에 몇 가지 수정을 가했다)

</td></tr>
<tr><td>

☐ this year's sales projections (올해 매출예측)

</td><td>

☐ The company's revenues fell nearly 10 percent below projections. (그 회사의 수익은 예측보다도 10퍼센트 가까이 낮춰졌다)

</td></tr>
<tr><td>

☐ a breakfast [gift] voucher (아침 식사[상품권]권)

</td><td>

☐ The voucher is only valid for six months from the date of issue. (그 상품권은 발행일로부터 6개월까지 유효하다)

</td></tr>
</table>

Day 11 》
Quick Review
답은 왼쪽 페이지 아래

☐ compartment	☐ diagnosis	☐ implication	☐ turnover
☐ alteration	☐ amenity	☐ conglomerate	☐ negligence
☐ nutrition	☐ downturn	☐ memorandum	☐ dismissal
☐ scrutiny	☐ remittance	☐ cancellation	☐ auditor

Check 1　Listen 🔊

☐ 0193
demonstration
/dèmənstréiʃən/
비즈니스문제

명❶(상품의)**실물 선전**, 실연 ❷(~에 반대하는)데모, 시위운동(against~) ❸증명;증거
명demonstrator:❶데모 참가자 ❷실연하는 사람
동demonstrate:❶~을 증명[실증]하다 ❷(상품)을 실연하다 ❸(~에 대한)데모를 하다(against~)

☐ 0194
collaboration
/kəlǽbəréiʃən/
Part 5, 6

명(~과/…사이의)**협력**;공동제작[연구](with~/between…)
명collaborator:협력자;공동제작[연구]자
동collaborate:❶공동으로 하다;공동제작[연구]하다 ❷(collaborate to do로)공동으로 ~하다

☐ 0195
quotation
/kwoutéiʃən/
비즈니스문제

명❶(~의)**견적**(액)(for~)(≒estimate) ❷(~에서)인용;인용문[구, 어](from~)(≒citation)
명quote:❶견적액 ❷인용문[구]
동quote:❶~의 견적을 내다 ❷~을 인용하다

☐ 0196
confirmation
/kànfərméiʃən/
Part 5, 6

명(~의)**확인**(of~);확인서
동confirm:❶~을 확인[확증]하다 ❷(결의)를 굳히다

☐ 0197
logistics
/loudʒístiks/
비즈니스문제

명**물류**
형logistic/logistical:물류의

☐ 0198
seniority
/si:njɔ́:rəti/
Part 4

명**연공**(서열)
명senior:❶(대학·고교의)최상급생 ❷연장자
형senior:❶(직위가)(~보다)상위[상급, 선임]인(to~) ❷(~보다)연상[연장]의(to~)

☐ 0199
exemption
/igzémpʃən/
Part 7

명❶(과세대상에서)**공제**(액)(≒deduction) ❷(~의)면제(from~)(≒excuse)
동exempt:(exempt A from B로)A의 B(의무)를 면제하다
형exempt:(be exempt form로)~을 면제받고 있다

☐ 0200
custody
/kʌ́stədi/
Part 5, 6

명❶(~의)**양육권**, 친권(of~) ❷구류, 감금
명custodian:❶(공공물의)관리인 ❷후견인, 보호자

continued ▼

□ 듣기 모드　Check 1
□ 확인 모드　Check 1 ▸ 2
□ 완벽 모드　Check 1 ▸ 2 ▸ 3

Check 2　Phrase

□ give a **demonstration** of a new product (신제품의 실물 선전을 하다)
□ hold a **demonstration** against war (반전 데모를 하다)

□ a **collaboration** between the two companies (양사 간의 협력)
□ in **collaboration** with ~ (~와 협력하여, ~와 공동으로)

□ a **quotation** for the project (그 프로젝트의 견적금액)
□ a **quotation** from the Bible (성서에서 인용문)

□ hotel reservation **confirmation** (호텔의 예약 확인)

□ a **logistics** center (물류센터)

□ a **seniority** system (연공서열제도)

□ a tax **exemption** (세액공제)
□ **exemption** from military service (병역면제)

□ have [grant] **custody** of ~ (~의 양육권을 가지고 있다[주다])
□ be in **custody** (구류당하다)

Check 3　Sentence

□ He gave a **demonstration** on how to use the vacuum cleaner. (그는 그 청소기 사용법 시범을 보였다)

□ Nissan has developed the car in **collaboration** with Renault. (닛산은 르노와 공동으로 그 차를 개발했다)

□ I asked five builders to give me a **quotation** for our new house. (나는 새로운 집의 견적을 내달라고 5개 건축업자에게 의뢰했다)

□ The **confirmation** of your flight booking will be sent to your e-mail address. (비행편 여약 확인은 당신의 전자메일 주소로 보냈다)

□ **Logistics** costs account for 13-15 percent of the country's GDP. (물류비는 그 나라의 GDP의 13~15퍼센트를 차지하고 있다)

□ Promotion should be based on merit, not **seniority**. (승진은 연공이 아니라 공적을 근거로 해야 한다)

□ Some congressmen are calling for the government to double the tax **exemption** for dependents. (몇몇 의원은 부양가족에 대한 세액공제를 두 배로 해야 한다고 정부에 요구하고 있다)

□ She got **custody** of her daughter after the divorce. (이혼 후 그녀는 딸의 양육권을 얻었다)

continued ▼

CHAPTER 1
CHAPTER 2
CHAPTER 3
CHAPTER 4
CHAPTER 5
CHAPTER 6
CHAPTER 7
CHAPTER 8
CHAPTER 9

Check 1   Listen 》

□ 0201
hesitation
/hèzətéiʃən/
Part 5, 6

명**주저**, 망설임(in doing)
동hesitate:❶주저하다 ❷(hesitate to do로)~하는 것을 망설이다
형hesitant:❶주저하기 일쑤의 ❷(be hesitant to do로)~하는 것을 주저하고 있다

□ 0202
enterprise
/éntərpràiz/
❗ 강세주의
비즈니스문제

명❶**기업**, 회사(≒company, business) ②사업

□ 0203
transcript
/trǽnskript/
Part 7

명❶(수기・타이프에 의해)(~의)**옮긴 기록**, 복사(of~)(≒transcription) ❷성적증명서
동transcribe:~을 옮겨 적다

□ 0204
periodical
/pìəriádikəl/
Part 7

명**정기간행물**, 잡지(≒magazine)
형정기간행(물)의
명period:❶기간, 시기 ❷시대
형periodic:주기적인;정기적인
부periodically:정기적으로;주기적으로

□ 0205
compliance
/kəmpláiəns/
비즈니스문제

명(법령)**준수**, (명령에)따르는 것(with~)(≒obedience, observance)
동comply:(comply with로)(규제)에 따르다, 응하다

□ 0206
adoption
/ədáptʃən/
Part 5, 6

명❶(~의)**채용**, 채택(of~) ❷양자 입양
동adopt:❶(기술)을 채용[채택]하다 ❷~을 가결하다 ❸~을 양자로 삼다

□ 0207
stake
/stéik/
비즈니스문제

명❶**투자**[출자](액) ❷(통례~s)상금
동(목숨・돈)을 (…에게) 걸다(on...)

□ 0208
disturbance
/distə́:rbəns/
Part 7

명❶**방해**[장해]**물**(≒interruption) ❷(회사의)소동, 혼란
동disturb:❶(평정)을 흩트리다, 방해하다 ❷~에 폐를 끼치다
형disturbing:평정을 흩트린, 불안하게 하는

Day 12 》
Quick Review
답은 오른쪽 페이지 아래

□ 습도
□ 직물
□ 전단지
□ 통신

□ 반구
□ 보수
□ 기준
□ 필요조건

□ 부분
□ 복용량
□ 의복
□ 주민

□ 동료
□ 수정
□ 예측
□ 상품할인권

☐ have no **hesitation** in doing ～(～하는 것을 주저하지 않다)
☐ without **hesitation** (주저 없이)

☐ **He** had no **hesitation** in accepting the job offer. (그는 주저하지 않고 그 일의 제안을 받아들였다)

☐ a private **enterprise** (사기업)
☐ embark on a new **enterprise** (새로운 사업에 착수하다)

☐ Small **enterprises** are the most sensitive to changes in the business environment. (소기업은 사업 환경변화의 영향을 가장 받기 쉽다)

☐ the **transcript** of the witness's testimony (목격자의 증언 옮겨 적기)
☐ a high school **transcript** (고교의 성적증명서)

☐ The jury was given a **transcript** of recorded telephone calls between the kidnappers and the victim's family. (배심원단은 유괴범과 희생자의 가족 사이의 녹취록을 받았다)

☐ a monthly [quarterly] **periodical** (월간[계간]의 정기간행물, 월간[계간]지)

☐ The library subscribes to approximately 200 **periodicals**. (그 도서관은 적어도 200개의 정기간행물을 구입하고 있다)

☐ a **compliance** officer ([기업 내에서의]특별감사 담당책임자)
☐ in **compliance** with ～([명령 등]에 따라서, 응해서)

☐ **Compliance** with the law is mandatory for all employees. (규정 준수는 전종업원의 의무다)

☐ the **adoption** of the plan (그 계획의 채용)
☐ an **adoption** agency (입양 알선소)

☐ **Adoption** of new technology is often delayed because of cost considerations. (새로운 기술의 채용은 경비를 고려하여 늦춰지는 일이 많다)

☐ have a **stake** in ～ (～에 투자[출자]하고 있다)
☐ win the **stakes** (상금을 얻다)

☐ He has a 10 percent **stake** in the company. (그는 회사지분의 10%를 소유하고 있다)

☐ **disturbance** of law and order (법질서의 혼란)
☐ cause [create] a **disturbance** (소동을 일으키다)

☐ Residents have complained about the **disturbances** caused by aircraft. (주민들은 비행기의 소음에 대하여 고충을 말하고 있다)

Day 12 》
Quick Review
답은 왼쪽 페이지 아래

☐ humidity
☐ textile
☐ leaflet
☐ correspondence
☐ hemisphere
☐ remuneration
☐ gauge
☐ prerequisite
☐ segment
☐ dose
☐ apparel
☐ inhabitant
☐ coworker
☐ amendment
☐ projection
☐ voucher

CHAPTER 2
CHAPTER 3
CHAPTER 4
CHAPTER 5
CHAPTER 6
CHAPTER 7
CHAPTER 8
CHAPTER 9

Check 1 Listen 》

☐ 0209
catering
/kéitəriŋ/
Part 4

▶

몝출장뷔페
몝caterer:(연회의)출장뷔페업자, 음식 공급자
됭cater:(cater to[for]로)~에 필요한 물건을 제공하다, ~의 요구를 채우다

▶

☐ 0210
observance
/əbzə́:rvəns/
Part 5, 6

▶

몝❶(법률의)준수(of~)(≒obedience, compliance) ❷(축제일을)축하하는 것(of~)
몝observation:관찰;관찰력
몝observatory:관측소, 천문대
됭observe:❶~을 관찰하다 ❷(법률)을 지키다

▶

☐ 0211
upheaval
/ʌphíːvəl/
Part 5, 6

▶

몝(사회 상태의)대변동, 격변

▶

☐ 0212
precedent
/présədənt/
Part 5, 6

▶

몝(~에 대한)전례, 선례(for~)
됭precede:~을 앞서다, ~보다 앞에 일어나다
혱preceding:(통례 the~)전의, 앞의
혱unprecedented:전례[선례]가 없는, 공전의

▶

☐ 0213
endorsement
/indɔ́:rsmənt/
Part 5, 6

▶

몝❶승인, 시인 ❷(수표의)이서
됭endorse:❶~을 승인[시인, 지지]하다 ❷(수표)에 이서하다

▶

☐ 0214
layout
/léiàut/
Part 4

▶

몝❶배치, 설계 ❷(잡지의)레이아웃
됭lay out:❶(건물)을 설계하다 ❷(페이지)를 배정하다

▶

☐ 0215
credential
/kridénʃəl/
Part 7

▶

몝(통례~s)증명서, 자격

▶

☐ 0216
allegation
/æ̀ligéiʃən/
Part 7

▶

몝(특별한 조건 없이)주장
됭allege:(증거 없이)~라고 단언[주장]하다
혱alleged:❶신청 받은 ❷의심스러운
븀allegedly:전해 듣기로는, 신청에 의하면

▶

---

continued
▼

Check 2 Phrase

□ a **catering** meal (뷔페 도시락)

□ the **observance** of copyright (저작권 준수)
□ in **observance** of ~ (~을 축하하여)

□ economic **upheaval** (경제적 대변동)

□ **set [create]** a **precedent** for ~ (~에 전례를 만들다)
□ without **precedent** (전례 없이)

□ the **endorsement** of a project (프로젝트의 승인)
□ an **endorsement** of a check (수표의 이서)

□ the **layout** of a city (도시계획)
□ change the **layout** of a page (페이지의 레이아웃을 바꾸다)

□ a teaching **credential** (교사자격증)

□ make **allegations** of ~ (혐의를 제기하다)
□ the **allegation** that he stole the money (그가 돈을 훔쳤다는 주장)

Check 3 Sentence

□ My uncle runs a **catering** company. (나의 아저씨는 출장뷔페 회사를 경영하고 있다)

□ **Observance** of human rights is a precondition of democracy. (인권의 준수는 민주주의의 전제조건이다)

□ Many nations experienced political **upheaval** and revolution in the 19th and 20th centuries. (대부분의 나라는 19세기와 20세기에 정변과 혁명을 경험했다)

□ There are no **precedents** for this type of lawsuit. (이 종류의 소송은 전례가 없다)

□ The project implementation requires government **endorsement**. (그 프로젝트의 실시에는 정부의 승인이 필요하다)

□ I like the **layout** of my house. (나는 집의 설계가 마음에 든다)

□ The job applicant had excellent academic **credentials**. (그 구직자는 우수한 성적증명서를 가지고 있었다)

□ She made **allegations** of sexual harassment against her supervisor. (그녀는 상사를 상대로 성희롱 혐의를 주장했다)

continued
▼

Check 1　　Listen))

□ 0217
expanse
/ikspǽns/
Part 4

명 (~의)**확산**(of~)
명 expansion: 확대, 확장
동 expand: ❶ ~을 확대[확장]하다 ❷ 확대[확장]하다

□ 0218
intern
/íntə:rn/
비즈니스문제

명 **연수**[실습]**생**(≒trainee)
명 internship: 실습훈련기간

□ 0219
surge
/sə́:rdʒ/
비즈니스문제

명 ❶ (가격의)**급상승**, 폭등(in~) ❷ (감정의)고양(of~)
동 ❶ (군중이)모여들다 ❷ (가격이)급등하다

□ 0220
debtor
/détər/
❗ 발음주의
비즈니스문제

명 **채무자**, 임차인(⇔creditor: 채무자)
명 debt: 빚, 부채

□ 0221
clearance
/klíərəns/
비즈니스문제

명 ❶ **재고 세일**(≒clearance sale) ❷ (공식의)허가 ❸ (두 물건의)간격 ❹ 제거
동 clear: ❶ ~을 정리하다 ❷ ~을 통과하다 ❸ ~을 명확히 하다
형 clear: ❶ 투명한 ❷ 맑은 ❸ 밝은

□ 0222
injection
/indʒékʃən/
Part 2, 3

명 ❶ **주사**, 주입(≒shot) ❷ (자금의)투입
동 inject: (inject A into B로) ❶ A를 B에 주사하다 ❷ A(임금)를 B에게 붓다

□ 0223
predicament
/pridíkəmənt/
Part 7

명 **곤경**, 궁지(≒plight)

□ 0224
digit
/dídʒit/
Part 7

명 (수학의)**아라비아 숫자**; 자리
형 digital: 디지털(식)의

Day 13))
Quick Review
답은 오른쪽 페이지 아래

□ 실물 선전
□ 협력
□ 견적
□ 확인

□ 물류
□ 연공
□ 공제
□ 양육권

□ 주저
□ 기업
□ 옮긴 기록
□ 정기간행물

□ 준수
□ 채용
□ 투자
□ 방해물

<table>
<tr><td colspan="2">

Check 2 Phrase

</td><td>

Check 3 Sentence

</td><td>

</td></tr>
</table>

Check 2 Phrase	Check 3 Sentence
☐ the vast **expanse** of the desert (광대한 사막)	☐ From the hotel windows you can see the vast **expanse** of the sea. (호텔의 창으로는 광대한 바다를 내려다볼 수 있다)
☐ work in ~ as an **intern** (~으로 연수생으로서 일하다)	☐ The company hires 10 **interns** every summer and about a quarter of its employees are former **interns**. (그 회사는 매년 여름에 10명의 연수생을 해고하고 종업원의 약 4분의 1은 인턴 출신이다)
☐ a **surge** in oil prices (원유가격의 폭등) ☐ a **surge** of anger (끓어오르는 분노)	☐ There has been a **surge** in food prices over the past few years. (지난 몇 년간 식품 가격이 급상승되고 있다)
☐ a joint **debtor** (연대 채무자) ☐ a **debtor** nation (채무국)	☐ Creditors have better memories than **debtors**. (빌려주는 사람은 빌리는 사람보다 잘 기억한다) ➕ 속담
☐ **clearance** price (재고 세일 가격) ☐ security **clearance** (비교정보[문서]의 취급허가)	☐ Our annual spring **clearance** will be held this weekend. (우리 가게의 매년 봄 재고 세일이 이번 주말에 개최됩니다)
☐ give ~ an **injection** (~에게 주사를 놓다) ☐ an **injection** of public funds (공적자금의 투입)	☐ The doctor gave me an **injection** to reduce my temperature. (그 의사는 체온을 낮추기 위해 내게 주사를 놓았다)
☐ be placed in a **predicament** (곤경에 처해 있다)	☐ Many companies are in a financial **predicament**. (많은 기업이 재정적 궁지에 몰려있다)
☐ an eight-**digit** phone number (8자리 전화번호)	☐ Please enter your seven-**digit** account number. (7자리 은행계좌번호를 입력해주세요)

Day 13))
Quick Review
답은 왼쪽 페이지 아래

☐ demonstration	☐ logistics	☐ hesitation	☐ compliance
☐ collaboration	☐ seniority	☐ enterprise	☐ adoption
☐ quotation	☐ exemption	☐ transcript	☐ stake
☐ confirmation	☐ custody	☐ periodical	☐ disturbance

Check 1　　Listen 》

□ 0225
ally
/ǽlai/
Part 7

명 ❶**협력자** ❷동맹국
동 (/əlái/)(ally oneself to[with]~로)~와 동맹[제휴]하다
명 alliance:(국가 간의)동맹;제휴, 협조
형 allied:❶동맹한 ❷(~와)관련한(to[with]~)

□ 0226
flier
/fláiər/
Part 7

명 **전단지**(≒leaflet) ➕ flyer와 이어지기도 한다

□ 0227
orientation
/ɔ̀:riəntéiʃən/
비즈니스문제

명 **직업**[입문, 진로]**지도**, 오리엔테이션
동 orient:(orient oneself to[toward]로)~에 적응[순응]하다

□ 0228
token
/tóukən/
Part 4

명 ❶**표시** ❷(화폐대용으로 쓰는) 토큰, 상품권, 교환권

□ 0229
evacuation
/ivækjuéiʃən/
Part 7

명 **피난**
동 evacuate:❶~을 (…에서) 피난시키다(from…) ❷대피하다

□ 0230
creditor
/kréditər/
비즈니스문제

명 **채권자**, 임대인(⇔debtor:채무자)
명 credit:❶신용대출, 신용카드 ❷신용, 신뢰
동 credit:❶~을 신용하다 ❷(be credited with[for]로)~의 공적이 있다고 생각하다

□ 0231
collision
/kəlíʒən/
Part 4

명 (~와/…의 사이의)**충돌**(with~/between…) ➕ 비유적인 의미에서도 이용한다
동 collide:(collide with로)~와 충돌하다, 부딪히다

□ 0232
encouragement
/inkə́:ridʒmənt/
Part 4

명 **격려**, 장려
동 encourage:(encourage A to do로)A에게 ~하도록 격려하다
형 encouraging:격려의, 격려가 되는

continued
▼

□ 듣기 모드　Check 1
□ 확인 모드　Check 1 ▶ 2
□ 완벽 모드　Check 1 ▶ 2 ▶ 3

Check 2　Phrase

□ one's closest ally (긴밀한 협력자)
□ an ally of the US (미국의 동맹국)

□ a flier for the concert (그 콘서트의 전단지)
□ an election flier (선거전단지)

□ orientation for new students (신입생 대상의 오리엔테이션)

□ as a token of ~ (~의 표시로)
□ a subway token (지하철 토큰)

□ (an) emergency evacuation (긴급대피)

□ a creditor nation (채권국)

□ a head-on collision (정면충돌)
□ a collision of opinions (의견의 충돌)

□ words of encouragement (격려의 말)

Check 3　Sentence

□ The industry has strong allies in Congress. (그 업계에는 국회에 강력한 협력자가 있다)

□ The flier says the sale is from May 27 to 31. (그 전단지에는 세일은 5월 27일부터 31일까지라고 적혀 있다)

□ All new employees receive a two-week orientation. (전 신입사원은 2주간 직업지도를 받는다)

□ Please accept this gift as a token of my appreciation for your support. (당신의 지원에 대한 감사의 표시로 이 선물을 받아주세요)

□ Please follow the instructions of the staff in case of an evacuation. (대피시 종업원의 지시를 따라주십시오)

□ The company went bankrupt and couldn't pay its creditors. (그 회사는 도산하여 채권자에 대한 지불을 할 수 없었다)

□ Four cars were involved in the collision. (4대의 차가 그 충돌사고에 휘말렸다)

□ I could never have succeeded without your help, advice and encouragement. (당신의 지원, 조언, 그리고 격려가 없었다면 나는 성공하지 못했을 것이다)

continued
▼

Check 1　　Listen 🔊

□ 0233
restructuring
/rìːstrʌ́ktʃəriŋ/
비즈니스문제

명 **구조조정**, 사업재구축, 재편성
동 restructure:(조직·제도)를 개혁하다, 재구성[재편성]하다

□ 0234
cuisine
/kwizín/
Part 7

명 (어느 지방·호텔 특유의) **요리**(법)(≒cooking)

□ 0235
enrollment
/inróulmənt/
Part 7

명 ❶ **입학**[등록]**자 수** ❷입학, 입회
동 enroll:(enroll in[at, for]~에 입학[입회]하다

□ 0236
ordinance
/ɔ́ːrdənəns/
Part 7

명 (지자체) **조례**

□ 0237
submission
/səbmíʃən/
Part 4

명 ❶ (보고서의) **제출**(of~) ❷(~에)복종, 굴복(to~)(≒obedience)
동 submit:❶~을 (…에게) 제출하다(to...) ❷(submit to로)~에 따르다

□ 0238
habitat
/hǽbitæt/
Part 7

명 (동식물의) **서식지**

□ 0239
script
/skrípt/
Part 7

명 ❶ **원고** ❷각본, 대본 ❸문자

□ 0240
intake
/íntèik/
Part 7

명 ❶ **섭취량** ❷(공기·가스의)흡입구, 유입구(⇔outlet)

☐ **restructuring under new management** (새로운 경영진 아래서의 구조조정)

☐ **The company announced re-structuring plans that would lay off 2,000 of its employees.** (그 회사는 종업원 2000명을 해고하는 구조조정 계획을 발표했다)

☐ **Italian cuisine** (이탈리아 요리)

☐ **The restaurant is famous for its Mediterranean cuisine.** (그 레스토랑은 지중해 요리로 유명하다)

☐ **a drop in enrollment** (입학자 수의 감소)
☐ **an enrollment fee** (입학금)

☐ **The university intends to increase its enrollment of international students.** (그 대학은 외국어 유학생의 입학자 수를 늘릴 작정이다)

☐ **a building ordinance** (건축조례)

☐ **The ordinance prohibits smoking in public areas.** (그 조례는 공공장소에서 흡연을 금지하고 있다)

☐ **the submission of the application form** (지원서의 제출)
☐ **in submission to ~** (~에 복종[굴복]하여)

☐ **The deadline for the submission of essays is May 31.** (소논문의 제출 마감일은 5월 31일이다)

☐ **the natural habitat of ~** (~의 자연서식지)

☐ **The natural habitat of Asian elephants has been considerably reduced.** (아시아코끼리의 자연서식지는 현격히 감소하고 있다)

☐ **a script for a speech** (연설 원고)
☐ **the script for the film** (그 영화의 대본)

☐ **The examiner read instructions from a prepared script.** (그 시험관은 준비된 원고의 지시사항을 읽었다)

☐ **an adequate intake of calcium** (칼슘의 적량섭취)
☐ **an air intake** (공기 흡입구)

☐ **The recommended daily intake of water is approximately two liters.** (하루의 수분 권장 섭취량은 약 2리터다)

Day 14 》
Quick Review
답은 왼쪽 페이지 아래

☐ catering　　☐ endorsement　　☐ expanse　　☐ clearance
☐ observance　☐ layout　　　　☐ intern　　　☐ injection
☐ upheaval　　☐ credential　　☐ surge　　　☐ predicament
☐ precedent　　☐ allegation　　☐ debtor　　　☐ digit

Chapter 1 Review

왼쪽 페이지의 (1)~(20) 의 명사의 동의 · 유의어 (≒), 반의 · 반대어 (⇔) 를 오른쪽 페이지의 A~T 에서 선택하여 괄호 안에 답을 적는다 . 의미를 모를 때는 색인 번호를 참조하고 복습하자 . (답은 오른쪽 아래)

- [ ] (1) **brochure** (0005) ≒ 은? (　　　)
- [ ] (2) **detour** (0016) ⇔ 은? (　　　)
- [ ] (3) **altitude** (0034) ≒ 은? (　　　)
- [ ] (4) **incentive** (0046) ≒ 은? (　　　)
- [ ] (5) **surplus** (0049) ⇔ 은? (　　　)
- [ ] (6) **integrity** (0072) ≒ 은? (　　　)
- [ ] (7) **arbitration** (0084) ≒ 은? (　　　)
- [ ] (8) **flaw** (0092) ≒ 은? (　　　)
- [ ] (9) **paycheck** (0101) ≒ 은? (　　　)
- [ ] (10) **freight** (0115) ≒ 은? (　　　)
- [ ] (11) **intermission** (0131) ≒ 은? (　　　)
- [ ] (12) **attire** (0135) ≒ 은? (　　　)
- [ ] (13) **trainee** (0149) ≒ 은? (　　　)
- [ ] (14) **attorney** (0157) ≒ 은? (　　　)
- [ ] (15) **scrutiny** (0164) ≒ 은? (　　　)
- [ ] (16) **leaflet** (0179) ≒ 은? (　　　)
- [ ] (17) **quotation** (0195) ≒ 은? (　　　)
- [ ] (18) **compliance** (0205) ≒ 은? (　　　)
- [ ] (19) **debtor** (0220) ⇔ 은? (　　　)
- [ ] (20) **predicament** (0223) ≒ 은? (　　　)

A. mediation

B. flier

C. cargo

D. elevation

E. interval

F. creditor

G. defect

H. booklet

I. lawyer

J. deficit

K. obedience

L. salary

M. intern

N. shortcut

O. plight

P. honesty

Q. examination

R. clothes

S. motivation

T. estimate

【해답】 (1) H　(2) N　(3) D　(4) S　(5) J　(6) P　(7) A　(8) G　(9) L　(10) C
(11) E　(12) R　(13) M　(14) I　(15) Q　(16) B　(17) T　(18) K　(19) F　(20) O

CHAPTER 2

동사 : 초필수 112

Chapter 2에서는 TOEIC 초필수 동사 112를 익힌다.
Chapter 1을 끝내고 학습 속도도 꽤 붙지 않았을까? 990점 돌파를 향해 지금의 속도를 유지하자.

TOEIC식 격언

Listen twice before you speak once.

한 번 말하기 전에 두 번 생각하라
직역) 한 번 말하기 전에 두 번 들어라.

Check 1　Listen 》

| □ 0241 **expire** /ikspáiər/ Part 5, 6 | 图기한이 끝나다, 만기가 되다(≒end)
명expiration:(기한의) 만료, 만기 |

□ 0241
expire
/ikspáiər/
Part 5, 6

동기한이 끝나다, 만기가 되다(≒end)
명expiration:(기한의) 만료, 만기

□ 0242
endorse
/indɔ́ːrs/
Part 5, 6

동❶~을 승인[제시, 지지]하다 ❷(수표)에 이서하다
명endorsement:❶승인, 시인 ❷(수표의)이서

□ 0243
commute
/kəmjúːt/
Part 2, 3

동(~에서/…로)통근하다(from~/to…)
명통근
명commuter:통근자

□ 0244
evacuate
/ivǽkjuèit/
Part 4

동❶~을 (…에서) 피난시키다(from…) ❷피난하다
명evacuation:피난

□ 0245
facilitate
/fəsílətèit/
비즈니스문제

동❶~을 촉진[조성]하다(≒hasten, accelerate, expedite)
❷~을 용이하게 하다

□ 0246
update
/ʌpdéit/
Part 2, 3

동❶~을 갱신[개정]하다, ~을 최신 것으로 하다 ❷~에게 (…의) 최신정보를 주다(on…)
명❶(/ʌpdèit/)(~에 관한)최신 정보(on~) ❷최신판
형up-to-date:❶최신(식)의 ❷현대적인

□ 0247
verify
/vérəfài/
Part 5, 6

동~가 옳은[사실인] 것을 증명[입증, 확인]하다(≒check, confirm)
명verification: 증명, 입증, 확인

□ 0248
surpass
/sərpǽs/
Part 7

동(추량・능력에서)더 뛰어나다, ~을 견디다(in[at]…(≒excel)

continued
▼

☐ 듣기 므드　Check 1
☐ 확인 므드　Check 1 ▶ 2
☐ 완벽 므드　Check 1 ▶ 2 ▶ 3

Check 2　Phrase

☐ **expire** on March 31(3월 31일에 기한이 끝난다)
☐ **expire** with the next issue([정기구독이]다음호로 끝난다)

☐ **endorse** the proposal(그 제안을 승인하다)
☐ **endorse** a check(수표에 이서하다)

☐ **commute** from Yokohama to Tokyo(요코하마에서 도쿄로 통근하다)
☐ **commute** by car(자동차로 통근하다)

☐ **evacuate** refugees from the fighting zone(난민들을 전투지대에서 피난시키다)

☐ **facilitate** corporate activities(기업 활동을 촉진하다)
☐ **facilitate** communication(커뮤니케이션을 원활히 하다)

☐ **update** a dictionary(사전을 개정하다)
☐ **update** him on the situation(그에게 상황의 최신정보를 주다)

☐ **verify** the calculation(계산이 옳은 것을 확인하다)
☐ **verify** his statement(그의 말이 사실이라는 것을 증명하다)

☐ **surpass** one's colleagues in ability(능력에서 동료보다 뛰어나다)
☐ **surpass** expectations(기대를 웃돌다)

Check 3　Sentence

☐ **My driver's license expires** next month.(나의 운전면허증은 다음 달로 기한이 끝난다)

☐ **The board of directors endorsed the new budget.**(이사회는 새로운 예산안을 승인했다)

☐ **She commutes from Kobe to Osaka every day.**(그녀는 매일 고베에서 오사카로 통근하고 있다)

☐ **About 1,000 people were evacuated from their homes due to the threat of flooding.**(홍수의 우려가 있기 때문에 약 1000명을 집에서 피난시켰다)

☐ **The economic stimulus package will facilitate economic recovery.**(그 경제 자극책은 경기회복을 촉진할 것이다)

☐ **We update our Web site on a regular basis.**(우리 회사는 홈페이지를 정기적으로 갱신하고 있다)

☐ **The results were verified by several experiments.**(그 결과가 옳다는 것이 여러 번의 경험으로 증명되었다)

☐ **China will surpass the US in GNP in 20 to 30 years.**(중국은 2,30년 뒤에는 GNP에서 미국을 추월할 것이다)

continued
▼

Check 1　Listen 🔊

□ 0249
disperse
/dispə́:rs/
Part 7

图❶~을 분산시키다, 사방으로 흩어지게 하다 ❷분산하다, 흩어지다

□ 0250
withhold
/wiðhóuld/
Part 7

图~을 (…에) 주지 않고 두다(from…), ~을 보류하다

□ 0251
arise
/əráiz/
Part 5, 6

图(문제가)(~에서)생기다, 일어나다(from[out of]~)
➕ arouse (~을 불러일으키다)와 혼동하지 않도록 주의

□ 0252
enhance
/inhǽns/
비즈니스문제

图(힘·가치)을 높이다, 강화하다
명enhancement: 증진, 증대, 강화

□ 0253
certify
/sə́:rtəfài/
Part 7

图❶~을 증명[보증]하다 ❷~에 면허증[증명서]를 주다
명certificate:❶증명서 ❷수료증;면허증
图certificate:~에 증명서[면허장]을 주다
형certified:❶면허를 가진 ❷보장된

□ 0254
incur
/inkə́:r/
Part 7

图~을 빚지다, 초래하다

□ 0255
deduct
/didʎkt/
Part 5, 6

图~을 (…에서) 빼다, 공제하다(from…)(≒subtract)(⇔add:~을 더하다)
명deduction:❶(~에서)공제(from~) ❷(~라고 하는)추론(that 절~)
형deductible:공제 가능한

□ 0256
retrieve
/ritríːv/
Part 7

图❶~을 (…에서) 회수하다, 회복하다(from…) ❷(정보)를 검색하다
명retrieval:❶(컴퓨터의)(정보)검색 ❷복원

Day 15 🔊
Quick Review
답은 오른쪽 페이지 아래

□ 협력자	□ 피난	□ 구조조정	□ 제출
□ 전단지	□ 채권자	□ 요리	□ 서식지
□ 직업지도	□ 충돌	□ 입학자 수	□ 원고
□ 표시	□ 격려	□ 조례	□ 섭취량

<table>
<tr><td>

Check 2　Phrase

☐ **disperse** the demonstrators
(데모 참가자들을 해산시키다)
☐ **disperse** in all directions (사
방팔방으로 흩어지다)

☐ **withhold** information from
him (정보를 그에게 주지 않고 두다)
☐ **withhold** payment (지불을 보류
하다)

☐ **arise** from hard work ([성공은]
근면에서 생긴다)
☐ when the opportunity **arises**
(기회가 있으면)

☐ **enhance** productivity (생산성을
높이다)
☐ **enhance** one's reputation (평
판을 높이다)

☐ **certify** the quality of prod-
ucts (제품의 품질을 보장하다)
☐ be **certified** as a teacher (교직
원자격증을 받다)

☐ **incur** debts (부채를 지다)
☐ **incur** his anger [wrath] (그의
분노를 초래하다)

☐ **deduct** income tax from
employee salaries (종업원의 급료
에서 소득세를 빼다)

☐ **retrieve** a malfunctioning
satellite (고장 난 인공위성을 회수하다)
☐ **retrieve** information on the
Internet (인터넷으로 정보를 검색하다)

</td><td>

Check 3　Sentence

☐ Police **dispersed** the protesters
with tear gas. (경찰은 최루가스를 사용하여
항의자들을 쫓아냈다)

☐ Some people think that the US
should **withhold** economic aid to
Israel. (미국이 이스라엘에 경제지원을 보류해야
한다고 생각하는 사람도 있다)

☐ The Cold War **arose** from Soviet
aggression in Eastern Europe. (냉전
은 소비에트의 동유럽 침공에서 일어났다)

☐ Our company needs to **enhance**
its publicity. (우리 회사는 지명도를 높일 필요
가 있다)

☐ New vehicles must be **certified** to
meet low-emission standards. (신차
는 저공해 기준을 충족시키지 않으면 안 된다)

☐ The auto manufacturer **incurred**
a $10 million loss in the previous
quarter. (그 자동차 회사는 전분기에 1,000만
달러의 적자를 졌다)

☐ Self-employed business owners
can **deduct** health insurance costs
from gross income. (자영업자는 총수입에
서 건강보험료를 공제할 수 있다)

☐ It is extremely expensive to re-
trieve data from a crashed hard
disk. (고장 난 하드디스크에서 데이터를 복원시키
는 것은 비용이 매우 많이 든다)

</td></tr>
</table>

Day 15 》
Quick Review
답은 왼쪽 페이지 아래

☐ ally
☐ flier
☐ orientation
☐ token
☐ evacuation
☐ creditor
☐ collision
☐ encouragement
☐ restructuring
☐ cuisine
☐ enrollment
☐ ordinance
☐ submission
☐ habitat
☐ script
☐ intake

Check 1　　Listen 》

□ 0257
amend
/əménd/
Part 4

동 (헌법)을 수정[개정]하다
명 amendment: (~의) 수정[개정](안)(to~)

□ 0258
deteriorate
/ditíəriərèit/
비즈니스문제

동 (~라는 상태로) **악화되다** (into~)(≒worsen)(⇔improve: 좋아지다)
명 deterioration: 악화

□ 0259
collaborate
/kəlǽbərèit/
Part 7

동 ❶(~을/…와) **공동으로 실행하다**; 공동제작[연구]하다 (on[in]~/with...)(≒work together) ❷(collaborate to do로) 공동으로 ~하다
명 collaboration: 협력; 공동제작[연구]
명 collaborator: 협력자; 공동제작[연구]자

□ 0260
terminate
/tə́:rmənèit/
Part 4

동 ❶~을 끝내다 ❷끝나다(≒end)
명 termination: 종료, 종결

□ 0261
curb
/kə́:rb/
Part 5, 6

동 (활동)을 억제[제한]하다(≒restrain, limit)
명 ❶(보도의) 연석 ➕ 이 의미에서는 Part 1에서 자주 출제된다 ❷(~에 대한) 억제, 제한(on~)(≒restraint)

□ 0262
renovate
/rénəvèit/
Part 1

동 ~을 개조하다; ~을 수리[회복]하다
명 renovation: ❶개조; 수리 ❷혁신, 혁신

□ 0263
complement
/kámpləmènt/
Part 5, 6

동 ~을 보완[보충]하다; ~의 장점을 이끌어내다 ➕ compliment(칭찬의 말)와 혼동하지 않도록 주의
명 (/kámpləmənt/)(~의) 보완물(to~); (~의 장점)을 이끌어내는 물건(to~)
형 complementary: 보완적인

□ 0264
discontinue
/dìskəntínjuː/
비즈니스문제

동 (계속하던 일)을 중지[중단]하다; (제품)을 생산 중지하다
명 discontinuation: 중단

---

continued ▼

□ 듣기 모드　Check 1
□ 확인 모드　Check 1 ▶ 2
□ 완벽 모드　Check 1 ▶ 2 ▶ 3

Check 2　Phrase

□ **amend** the Constitution (헌법을 개정하다)

□ **deteriorating** economy (악화되는 경제)
□ **deteriorate** into war ([사태가] 악화되어 전쟁이 되다)

□ **collaborate** on a book with ~ (~과 책을 공동집필하다)
□ **collaborate** to produce a film (영화를 공동제작하다)

□ **terminate** negotiations (교섭을 끝내다)
□ **terminate** at the next stop ([열차가] 다음 역으로 운행이 종료되다)

□ **curb** food prices [inflation] (식품 가격[인플레이션]을 억제하다)

□ **renovate** an old house (낡은 집을 개조하다)

□ **complement** each other (서로를 보완하다)

□ **discontinue** the project due to a tight budget (그 프로젝트를 예산 부족 때문에 중지하다)

Check 3　Sentence

□ The government should **amend** the pension law. (정부는 연금법을 수정해야만 한다)

□ The economic situation has been **deteriorating** worldwide. (경제상황은 전 세계적으로 악화되고 있다)

□ The two companies are **collaborating** on the development of electric cars. (그 두 회사는 전기자동차를 공동개발하고 있다)

□ The electronics company announced plans to **terminate** television production. (그 전기회사는 텔레비전의 생산을 종료할 계획을 발표했다)

□ The government should **curb** its expenditure. (정부는 지출을 억제해야만 한다)

□ The building is being **renovated**. (그 건물은 리모델링 중이다)

□ The music **complements** the movie perfectly. (음악이 그 영화를 훌륭하게 보완하고 있다)

□ The airline decided to **discontinue** flights between New York and London. (그 항공회사는 뉴욕과 런던 사이를 오가는 편을 중지하기로 결정했다)

continued
▼

Check 1　Listen 》

□ 0265
scrub
/skrʌ́b/
Part 1

동 ~를 문질러 닦다[씻다]

□ 0266
compile
/kəmpáil/
Part 5, 6

동 ❶ ~을 편집[편찬]하다 ❷ (자료)를 모으다, 정리하다
명 compilation: ❶ (책의)편집 ❷ (자료의)수집

□ 0267
reinforce
/rìːinfɔ́ːrs/
Part 7

동 ~을 (…로) 보강[강화]하다(with…)(≒strengthen)
명 reinforcement: 보강, 강화

□ 0268
violate
/váiəlèit/
Part 7

동 ❶ (법률)에 위반하다(≒disobey) ❷ (권리)를 침해하다
명 violation: ❶ (법률의)위반(of~) ❷ (권리의)침해(of~)
명 violator: 위반자

□ 0269
alleviate
/əlíːvièit/
Part 7

동 (고통)을 완화[경감]하다(≒relieve)
명 alleviation: 완화, 경감

□ 0270
emphasize
/émfəsàiz/
Part 5, 6

동 ~을 강조[역설]하다, 중요시하다(≒stress, highlight, underline, underscore)
명 emphasis: (~의)강조, 역설, 중요시(on[upon]~)
형 emphatic: ❶ 강조된, 어조가 강한 ❷ 명백한

□ 0271
browse
/bráuz/
Part 5, 6

동 ❶ (신문에) 훑어보다(through~) ❷ (인터넷에서)~을 열람하다
명 browser: 브라우저

□ 0272
remit
/rimít/
Part 7

동 (금전)을 (…에) 보내다(to…) ➕ emit([열]을 방출하다)와 혼동하지 않도록 주의
명 remittance: 송금; 송금액

Check 2   Phrase

- ☐ **scrub** the car(차를 문질러 닦다)
- ☐ **compile** an encyclopedia(백과사전을 편집하다)
- ☐ **compile** data(데이터를 정리하다)
- ☐ **reinforce** the river banks with sandbags(강둑을 모래주머니로 보강하다)
- ☐ **reinforce** troops(군대를 강화하다)
- ☐ **violate** the law(법률에 위반하다)
- ☐ **violate** her privacy(그녀의 사생활을 침해하다)
- ☐ **alleviate** her sorrow(그녀의 슬픔을 풀어주다)
- ☐ **emphasize** the importance [necessity] of ~(~의 중요성[필요성]을 강조하다)
- ☐ **browse** through the newspaper(신문을 한차례 훑어보다)
- ☐ **browse** shopping sites(쇼핑사이트를 열람하다)
- ☐ **remit** a check(수표를 보내다)

Check 3   Sentence

- ☐ **The man is scrubbing the floor.** (그 남자는 바닥을 문질러 닦고 있다)
- ☐ **It took five years to compile the dictionary.** (그 사전의 편찬은 5년 걸렸다)
- ☐ **The school building was reinforced with steel beams.** (그 학교 건물은 강철 기둥으로 보강되었다)
- ☐ **The developer was charged with violating the building code.** (그 개발업자는 건축기준법 위반으로 고발당했다)
- ☐ **The medicine will alleviate your pain if you take it every day.** (매일 복용하면 그 약으로 당신의 통증은 완화될 것이다)
- ☐ **The prime minister emphasized the importance of tax system reform.** (국무총리는 세제개혁의 중요성을 강조했다)
- ☐ **She browsed through a few travel books to decide where to go on holiday.** (그녀는 어디로 여행갈 것인지 결정하기 위해 여러 권의 여행서를 훑어보았다)
- ☐ **Please remit the tuition and admission fees no later than March 31.** (3월 31일까지 수업료와 입학금을 송금해주세요)

Day 16 🔊
Quick Review
답은 왼쪽 페이지 아래

☐ expire	☐ facilitate	☐ disperse	☐ certify
☐ endorse	☐ update	☐ withhold	☐ incur
☐ commute	☐ verify	☐ arise	☐ deduct
☐ evacuate	☐ surpass	☐ enhance	☐ retrieve

Day 18　동사3

☐ 0273
discard
/diskά:rd/
Part 5, 6

동(불필요한 것·습관)**을 버리다**(≒ throw away, get rid of)
명(/dískɑ:rd/)버려진 것

☐ 0274
upgrade
/ʌpgréid/
Part 2, 3

동❶**~의 등급을 높이다** ❷(소프트[하드]웨어)를 업그레이드 하다)
명(/ʌ́pgrèid/)❶그레이드업 ❷업그레이드

☐ 0275
enforce
/infɔ́:rs/
Part 5, 6

동❶(법률)**을 지키게 하다**, 시행[실시]하다 ❷(행위)를 (…에게) 강요하다(on...)
명enforcement:(법률 등의)시행, 실시

☐ 0276
clarify
/klǽrəfài/
Part 7

동(의미)**을 명백히 하다**, 명확히 하다

☐ 0277
supervise
/sú:pərvàiz/
Part 4

동~**을 감독**[관리, 지휘]**하다**(≒ oversee, watch over)
명supervisor:감독자, 관리자
명supervision: 감독, 관리, 지휘
형supervisory:감독[관리](상)의

☐ 0278
vary
/véəri/
Part 5, 6

동❶(~의 점에서)**다르다**, 여러 가지다(in~) ❷변하다 ❸~을 바꾸다(≒ change)
명variation:변화, 변동
형various:여러 가지의
형variable:❶변하기 쉬운 ❷변할 수 있는

☐ 0279
enlarge
/inlά:rdʒ/
Part 5, 6

동❶~**을 확대**[확장]**하다** ❷(사진)을 확대하다 ❸커지다
명enlargement:❶(사진의)확대 ❷확대, 확장

☐ 0280
undertake
/ʌ́ndərtèik/
비즈니스문제

동❶~**에 착수하다** ❷(undertake to do로)~할 것을 약속하다(≒ promise to do)
명undertaking:사업, 일

---

continued
▼

□ 듣기 모드　Check 1
□ 확인 모드　Check 1 ▸ 2
□ 완벽 모드　Check 1 ▸ 2 ▸ 3

Check 2　Phrase

□ **discard** an old computer (낡은 컴퓨터를 처분하다)

□ **upgrade** living standards (생활수준을 높이다)
□ **upgrade** the software to the latest version (그 소프트웨어를 최신 버전으로 업그레이드하다)

□ **enforce** speed limits (제한속도를 지키게 하다)
□ **enforce** obedience (복종을 강요하다)

□ **clarify** the meaning of ～ (～의 의미를 명확히 하다)
□ **clarify** one's position (자신의 입장을 명확히 하다)

□ **supervise** the project (그 프로젝트를 감독하다)
□ **supervise** employees (종업원을 지휘하다)

□ **vary** in size (크기가 달라지다)
□ **vary** according to ～ (～에 따라서 변하다)

□ **enlarge** the hotel (그 호텔을 증축하다)
□ **have** pictures **enlarged** (사진을 확대해 받다)

□ **undertake** an investigation (조사에 착수하다)
□ **undertake** to protect the environment (자연환경을 지킬 것을 약속하다)

Check 3　Sentence

□ **The** average household **discards** half a ton of paper and cardboard each year. (평균 가구 당 연간 0.5톤의 종이와 판지를 버리고 있다)

□ I had my seat **upgraded** to business class. (나는 좌석을 비즈니스클래스로 격상시켰다)

□ Management has a responsibility to all employees to **enforce** safety rules. (경영진은 전 종업원에 대하여 안전규칙을 지키게 할 책임이 있다)

□ It is important to **clarify** what the term {cost-effective} means. ('비용대비 효율이 높다'는 용어가 무엇을 의미하는지를 명확히 하는 것이 중요하다)

□ He **supervises** 10 salespeople. (그는 10명의 외판원을 지휘하고 있다)

□ DVD players **vary** in price from $50 to over $1,000. (DVD플레이어의 가격은 50달러부터 1,000달러를 넘는 것까지 다양하다)

□ The bank will **enlarge** its housing finance business. (그 은행은 주택금융 비즈니스를 확대할 예정이다)

□ The company needs to **undertake** major restructuring of its operations. (그 회사는 사업의 대대적인 구조조정에 착수할 필요가 있다)

continued
▼

Check 1　Listen 》

□ 0281
cease
/síːs/
❗ 발음주의
Part 5, 6

동 ❶ ~을 중지하다, 그만두다(≒ stop) ❷ (cease to do [doing]로)~하지 않게 되다, ~하는 것을 그만두다 ❸ 끝나다
명 종지 ➕ 통례, without cease(끊임없이)의 형태로 사용할 수 있다

□ 0282
presume
/prizúːm/
Part 5, 6

동 ❶ (아마도)~라고 생각하다(≒ suppose, assume) ❷ (be presumed to do로)~할 것이라 생각되고 있다 ➕ resume(~을 재개하다)와 혼동하지 않도록 주의
명 presumably: 아마도
부 presumably: 아마, 다분

□ 0283
emit
/imít/
Part 5, 6

동 (열·빛·가스의)을 방출[방사]하다 ➕ remit([금전]을 보내다)와 혼동하지 않도록 주의
명 emission: ❶ (열·빛·가스의)방출 ❷ 배기; 방출물

□ 0284
delete
/dilíːt/
Part 5, 6

동 ~을 (…에서) 해제하다, 지우다(from...)(≒ erase)
명 deletion: 해제; 삭제부분

□ 0285
overcharge
/òuvərtʃɑ́ːrdʒ/
비즈니스문제

동 ~에게 (…에 대하여) 과잉청구하다, 과도한 값을 요구하다 (for...)(⇔undercharge:~에 요금 이하의 금액을 청구하다)

□ 0286
dine
/dáin/
Part 5, 6

동 (~와) 식사하다(with~)
명 dinner: 디너, 식사
명 diner: ❶ 식사 손님 ❷ 간이식당, 작은 식당

□ 0287
speculate
/spékjulèit/
Part 5, 6

동 ❶ ~라고 추측하다 ❷ (speculate on[about]로)~에 대하여 추측하다 ❸ (speculate in로)(주식)에 투기하다, ~을 매입[매도]하다
명 speculation: ❶ 추측, 추량 ❷ 투기, 매입
명 speculator: 투기[투자]가

□ 0288
maximize
/mǽksəmàiz/
비즈니스문제

동 ~을 최대화 하다(⇔minimize)
명 maximum: 최대한, 최고
형 maximum: 최대한의, 최고의
형 maximal: 최대한의, 최고의

Day 17 》
Quick Review
답은 오른쪽 페이지 아래

□ ~을 수정하다
□ 악화되다
□ 공동으로 실행하다
□ ~을 끝내다

□ ~을 억제하다
□ ~을 개조하다
□ ~을 보완하다
□ ~을 중지하다

□ ~을 문질러 닦다
□ ~을 편집하다
□ ~을 보강하다
□ ~에 위반하다

□ ~을 완화하다
□ ~을 강조하다
□ ~을 훑어보다
□ ~을 보내다

Check 2　　Phrase	Check 3　　Sentence

□ **cease** production (생산을 중지하다)
□ **cease** to exist (없어지다, 폐지되다)

▶ □ The company decided to **cease** the publication of its product catalog. (그 회사는 제품 카탈로그의 발행을 중지하기로 결정했다)

□ **presume** that he is innocent (그는 무죄라 생각하다)
□ be **presumed** to have fled (도망쳤다고 생각되다)

▶ □ I **presume** she is coming to the party. (그녀가 파티에 올 것이라 생각한다)

□ **emit** toxic chemicals (유독화학물질을 방출하다)
□ **emit** fragrances (좋은 향기를 내다)

▶ □ If we continue **emitting** greenhouse gases, global warming will continue. (우리들이 온실효과가스를 계속 배출하면 지구온난화는 계속될 것이다)

□ **delete** her name from the list (그녀의 이름을 리스트에서 삭제하다)

▶ □ I have **deleted** important files by mistake. (우리는 중요한 파일을 실수로 삭제하고 말았다)

□ **overcharge** him by $10 for ~ (그에게 ~에 대하여 10달러 많이 청구하다)

▶ □ I was **overcharged** by $30 for shipping. (나는 운송료를 30달러 많이 청구받았다)

□ **dine** with her at the restaurant (그 레스토랑에서 그녀와 식사하다)
□ **dine** out (외식하다)

▶ □ She hates **dining** alone. (그녀는 혼자서 식사하는 것을 싫어한다)

□ **speculate** that the company will go bankrupt (그 회사는 파산할 것이라 추측하다)
□ **speculate** on the meaning of ~ (~의 의미를 추측하다)

▶ □ Some scientists **speculate** that global warming may lead to droughts, forest fires, and famines. (지구온난화는 가뭄, 삼림화재, 그리고 기근으로 이어질 것이라 추측하는 과학자도 있다)

□ **maximize** profits (이익을 최대화하다)

▶ □ Our key objective is to **maximize** productivity. (우리들의 중요한 목표는 생산성을 최대한으로 올리는 것이다)

Day 17 🔊
Quick Review
답은 왼쪽 페이지 아래

□ amend	□ curb	□ scrub	□ alleviate
□ deteriorate	□ renovate	□ compile	□ emphasize
□ collaborate	□ complement	□ reinforce	□ browse
□ terminate	□ discontinue	□ violate	□ remit

Day 19　동사4

Check 1　Listen 🔊

□ 0289　diversify
/divə́:rsəfài/
비즈니스문제

동❶(~에) **사업**[투자]**을 넓히다**(into~) ❷(투자)를 다각적으로 하다 ❸~을 다양화하다
명 diversity:다양성;상이
형 diverse:다양한, 여러 가지의

□ 0290　relieve
/rilí:v/
Part 2, 3

동❶(고통)**을 완화시키다**, 경감하다(≒alleviate) ❷(relieve A of B로)A에서 B(책임)을 없애다;A를 B(자리)에서 해임[해고]하다
명 relief:❶안심 ❷(고통의)완화 ❸구제
형 relieved:(be relieved to do로)~하여 안심하고 있다

□ 0291　induce
/indjú:s/
Part 5, 6

동❶~**을 초래하다**, 유발하다(≒cause) ❷(induce a to do로)A를 설득하여 ~할 마음이 들게 하다
명 induction:❶유발, 유도 ❷귀납 ❸취임
명 inducement:(행동으로)촉진하는 것, 유인, 자극(to~)

□ 0292　consolidate
/kənsálədèit/
비즈니스문제

동❶(회사)**을 합병하다**, 정리통합하다 ❷합병하다(≒merge) ❸~을 강화하다≒strengthen)
명 consolidation:❶(회사의)합병, 정리통합 ❷강화

□ 0293　enact
/inǽkt/
Part 7

동(법률·조례)**을 제정하다**, (법안)을 성립시키다

□ 0294　summarize
/sʌ́məràiz/
Part 5, 6

동~**을 요약하다**(≒sum up)
명 summary:(~의)요약, 개략(of~)

□ 0295　discriminate
/diskrímənèit/
Part 5, 6

동❶(~을)**구별**[식별]**하다**(between~) ❷~을 (…과) 구별[식별]하다(from…)(≒distinguish) ❸(discriminate against로)~을 차별하다
명 discrimination:(~에 대한)차별(대우)(against~)

□ 0296　minimize
/mínəmàiz/
Part 5, 6

동❶~**을 최소화 하다**(⇔maximize) ❷~을 최소한으로 평가하다, 경시하다
명 minimum:최저[최소]한
형 minimum:최저[최소]한의
형 minimal:최소(한도)의

continued ▼

Check 2　Phrase

☐ **diversify into the real estate business**(부동산업에 사업을 확장하다)
☐ **diversify investments**(투자를 다각적으로 하다)

☐ **relieve anxiety**(불안을 풀어주다)
☐ **be relieved of the post of mayor**(시장직에서 해임되다)

☐ **induce drowsiness**([약이]졸음을 불러오다)
☐ **induce him to take the job**(그를 설득하여 그 일을 하도록 만들다)

☐ **consolidate a subsidiary**(자회사를 합병하다)
☐ **consolidate to form a single company**([복수 회사가]합병하여 하나의 회사가 되다)

☐ **enact a law**(법률을 제정하다)
☐ **enact a bill**(법안을 성립시키다)

☐ **summarize the contents of the book**(그 책의 내용을 요약하다)

☐ **discriminate between good and bad = discriminate good from bad**(선악을 구별하다)

☐ **minimize loss**(손실을 최소화 하다)
☐ **minimize the importance of ~**(~의 중요성을 경시하다)

Check 3　Sentence

☐ **The company is planning to diversify into the entertainment business.**(그 회사는 오락산업에 사업을 확장할 것을 계획하고 있다)

☐ **Regular exercise will help relieve your stress.**(정기적인 운동은 스트레스를 완화하는데 도움이 될 것이다)

☐ **This drug can induce side effects including nausea and dizziness.**(이 약은 구토나 현기증의 부작용을 일으킬 수 있다)

☐ **The pharmaceutical company has consolidated its two manufacturing locations in Chicago.**(그 제약회사는 두 개의 생산거점을 시카고에 통합했다)

☐ **The city enacted an ordinance that bans the disposal of recyclable items.**(그 시는 재활용 가능한 제품의 폐기를 금지하는 조례를 제정했다)

☐ **Could you summarize the main points of the meeting?**(그 회의의 요점을 요약해주시겠어요?)

☐ **A one-day-old baby can discriminate between the voice of its mother and that of another.**(생후 하루된 아기는 엄마의 목소리와 다른 사람의 목소리를 구분할 수 있다)

☐ **Tamiflu can minimize the effects of the flu.**(타미플루는 인플루엔자의 영향을 최소한으로 억제할 수 있다)

continued
▼

Check 1　　Listen 》

□ 0297
detain
/ditéin/
Part 5, 6

동❶~을 구류[구치]하다 ❷~을 만류하다, 기다리게 하다
명detention:구류, 유치

□ 0298
jeopardize
/dʒépərdàiz/
❗ 발음주의
Part 7

동~을 위험에 노출시키다(≒risk, endanger)
명jeopardy:위험(에 노출되는 것) ➕ 통례, in jeopardy(위험에 노출되어)의 형태로 사용된다

□ 0299
tow
/tóu/
Part 1

동(차·배)을 견인하다, 끌다
명끄는 것, 견인

□ 0300
conserve
/kənsə́:rv/
Part 5, 6

동❶~을 보호[보존]하다(≒preserve) ❷(에너지)를 절약하여 사용하다
명conservation:(자연환경의)보호, 보존

□ 0301
embrace
/imbréis/
❗ 정의주의
Part 5, 6

동❶(생각)을 받아들이다, 채용하다;(기회)를 잡다, 이용하다 ❷~을 안다, 포용하다 ❸~을 포함하다(≒include)
명포옹

□ 0302
penetrate
/pénətrèit/
비즈니스문제

동❶(시장)에 침투하다, 진출하다 ❷~을 관통하다
명penetration:진출, 보급;침투

□ 0303
constitute
/kánstətjù:t/
❗ 강세주의
Part 5, 6

동~을 구성하다, ~의 일부를 이루다(≒make up, comprise)
명constitution:❶헌법 ❷체질 ❸구성, 구성, 조직
형constitutional:❶헌법(상)의, 합헌의 ❷체질의 ❸구성상의

□ 0304
dispatch
/dispǽtʃ/
Part 5, 6

동❶~을 (…에) 파견하다(to...) ❷~을 (…에) 발송하다(to...)
명❶파견 ❷발송

Day 18 》
Quick Review
답은 오른쪽 페이지 아래

□ ~을 버리다	□ ~을 감독하다	□ ~을 중지하다	□ ~에게 과잉청구하다
□ ~의 등급을 높이다	□ 다르다	□ ~라고 생각하다	□ 식사하다
□ ~을 지키게 하다	□ ~을 확대하다	□ ~을 방출하다	□ ~라고 추측하다
□ ~을 명백히 하다	□ ~에 착수하다	□ ~을 해제하다	□ ~을 최대화 하다

<table>
<tr><td>

Check 2   Phrase

□ **detain** a suspect (용의자를 구류하다)

□ be **detained** by a traffic jam (교통정체로 발이 묶이다)

□ **jeopardize** one's life (목숨을 위험에 노출시키다)

□ **tow** a ship (배를 견인하다)

□ **conserve** the habitat of rare animals (희귀동물의 서식지를 보호하다)
□ **conserve** electricity [water] (전기[물]을 절약하여 사용하다)

□ **embrace** his opinion (그의 의견을 받아들이다)
□ **embrace** one's child (아이를 안다)

□ **penetrate** the European market (유럽시장에 진출하다)
□ **penetrate** the wall ([탄환이] 벽을 통과하다)

□ **constitute** 30 percent of the population ([인종이] 인구 30퍼센트를 구성하고 있다)

□ **dispatch** a delegation to ~ (~에 대표단을 파견하다)
□ **dispatch** products to ~ (~에 제품을 발송하다)

</td><td>

Check 3   Sentence

□ Police **detained** the suspect for three days for interrogation. (경찰은 그 용의자를 취조하기 위해 3일간 구류했다)

□ Don't **jeopardize** your future by having an unreasonable amount of debt. (과한 빚을 끌어안아 미래를 위험에 빠뜨려서는 안 된다)

□ The wrecker is **towing** a car. (레커차가 차를 견인하고 있다)

□ We must **conserve** the environment. (우리들은 자연환경을 보호하지 않으면 안 된다)

□ You should **embrace** this opportunity. (당신은 이 기회를 이용해야만 한다)

□ Our company has successfully **penetrated** the Chinese market. (우리 회사는 중국시장에 성공적으로 진출했다)

□ Women **constitute** 16 percent of the US Congress. (여성은 미국연방의회의 16퍼센트를 구성하고 있다)

□ An investigation team was **dispatched** to the crime scene. (조사반이 범죄현장으로 파견되었다)

</td></tr>
</table>

Day 18 》
Quick Review
답은 왼쪽 페이지 아래

□ discard	□ supervise	□ cease	□ overcharge
□ upgrade	□ vary	□ presume	□ dine
□ enforce	□ enlarge	□ emit	□ speculate
□ clarify	□ undertake	□ delete	□ maximize

Check 1　Listen))

□ 0305
mow
/móu/
Part 1

동 (풀)을 깎다
명 mower: 제초기, 잔디깎기

□ 0306
confiscate
/kánfəskèit/
Part 7

동 ~을 (…에서) **몰수[압수]하다** (from...) ➕ forfeit은 '~을 몰수당하다'
명 confiscation: 몰수[압수]품

□ 0307
restrain
/ristréin/
Part 5, 6

동 ❶~을 **억제하다**, 억누르다(≒ curb, limit) ❷(restrain oneself from doing로)~하는 것을 인내[자제]하다
명 restraint: ❶자체, 분노 ❷(~에 대한) 억제(력)(on~)
형 restrained: ❶삼가는, 절도 있는 ❷억제된, 억누른

□ 0308
exaggerate
/igzǽdʒərèit/
Part 5, 6

동 ~을 **과장하다**, 허풍을 떨다
명 exaggeration: 과장
형 exaggerated: 과장한, 호들갑스러운

□ 0309
proofread
/prú:frì:d/
Part 2, 3

동 ~을 **교정하다**
명 proofreading: 교정
명 proofreader: 교정계

□ 0310
deter
/ditə́:r/
Part 5, 6

동 ❶~을 **방지하다**, 막다 ❷(deter A from doing로)A에게 ~ 하는 것을 그만두게 하다, 생각에 그치게 하다 ➕ defer(~을 연기하다)와 혼동하지 않도록 주의
명 deterrent: 억제하는 것 ; 전쟁억지력
형 deterrent: 막다, 억지하다

□ 0311
incorporate
/inkɔ́:rpərèit/
Part 5, 6

동 ❶~을 (…에) **편입시키다** (into[in]...) ❷~을 포함하다(≒ include)
명 incorporation: (~에)혼입, 혼합(into~)

□ 0312
soar
/sɔ́:r/
비즈니스문제

동 ❶(물가·온도가)**급상승하다**, 급등하다 ❷(하늘 높이)날아오 르다

---

continued
▼

☐ 듣기 므드　Check 1
☐ 확인 므드　Check 1 ▸ 2
☐ 완벽 므드　Check 1 ▸ 2 ▸ 3

Check 2　Phrase

☐ **mow** weeds (잡초를 깎다)

☐ **confiscate** illegal drugs (불법 약물을 압수하다)

☐ **restrain** inflation (인플레이션을 억제하다)
☐ **restrain** oneself from buying new clothes (새로운 옷을 사는 것을 참다)

☐ **exaggerate** the threat of global warming (지구온난화의 위협을 과장하다)

☐ **proofread** a manuscript (원고를 교정하다)

☐ **deter** enemy attacks (적의 공격을 막다)
☐ **deter** him from resigning (그에게 사직하는 것을 생각에 그치게 하다)

☐ **incorporate** his ideas into the plan (그의 생각을 계획에 집어넣다)
☐ **incorporate** many features ([제품이]많은 특징을 가지고 있다)

☐ **soar** to 40 degrees Celsius ([기온이]섭씨 40도로 급상승하다)
☐ a plane **soaring** in the sky (하늘 높이 날아오르는 비행기)

Check 3　Sentence

☐ **The man is mowing the lawn.** (그 남자는 잔디를 깎고 있다)

☐ **He received a speeding ticket and his driver's license was confiscated.** (그는 속도위반 딱지를 끊고 운전면허증을 몰수당했다)

☐ **Higher oil prices will restrain economic growth.** (원유가격이 높아지면 경제성장은 억제될 것이다)

☐ **Politicians tend to exaggerate their talents and achievements.** (정치가는 자신의 재능과 업적을 과장하는 경향이 있다)

☐ **You should proofread the report before submitting it.** (제출하기 전에 그 보고서를 교정하는 것이 좋다)

☐ **Do you think the death penalty deters crime?** (사형은 범죄를 방지한다고 생각하세요?)

☐ **Her suggestions were incorporated into the final design of the building.** (그녀의 제안은 그 건물의 최종 디자인으로 받아들여졌다)

☐ **Stock prices soared nearly 8 percent today.** (주가는 오늘 8퍼센트 가까이 급등했다)

continued ▾

Check 1   Listen 》

☐ 0313
bother
/báðər/
Part 2, 3

동❶~에게 (…으로) 폐를 끼치다, 신세를 지다(with…)(≒annoy) ❷(bother to do[doing]로)(통례 부정문에서)일부러 ~하다
명고민의 씨앗, 성가신 사람

☐ 0314
infer
/infə́:r/
Part 5, 6

동~을 (사실에서) 추측[추론]하다(from…)
명inference:추측, 추론

☐ 0315
downsize
/dáunsàiz/
비즈니스문제

동(인원)을 삭감[축소]하다(≒reduce, decrease, lower, curtail)
명downsizing:인원삭감, 구조조정

☐ 0316
regulate
/régjulèit/
Part 7

동❶~을 규제[통제, 관리]하다(≒control) ❷~을 조절[조정]하다(≒adjust)
명regulation:❶(~에 관한)규칙, 조례(on[about]~) ❷규제
동deregulate:~의 규제를 완화[철폐]하다

☐ 0317
dip
/díp/
❗정의주의
비즈니스문제

동❶(가격이) 감소하다, 내리다 ❷~을 (액체에) 살짝 담그다(in[into]…) ➕soak은 '일정한 시간 동안'~을 담그다)
명❶살짝 잠긴 것 ❷(가격의)하락

☐ 0318
outline
/áutlàin/
Part 5, 6

동❶~의 요점을 말하다 ❷~의 윤곽을 그리다
명❶개요, 개략 ❷윤곽

☐ 0319
defer
/difə́:r/
Part 5, 6

동~을 (…까지) 연기하다(until[to]…)(≒delay, postpone, put off) ➕deter(~을 방지하다)와 혼동하지 않도록 주의

☐ 0320
fluctuate
/flʌ́ktʃuèit/
비즈니스문제

동변동하다(≒change)
명fluctuation:(~의)변동(in[of]~)

Day 19 》
Quick Review
답은 오른쪽 페이지 아래

☐ 사업을 넓히다
☐ ~을 완화시키다
☐ ~을 초래하다
☐ ~을 합병하다

☐ ~을 제정하다
☐ ~을 요약하다
☐ 구별하다
☐ ~을 최소화 하다

☐ ~을 구류하다
☐ ~을 위험에 노출시키다
☐ ~을 견인하다
☐ ~을 보호하다

☐ ~을 받아들이다
☐ ~에 침투하다
☐ ~을 구성하다
☐ ~을 파견하다

Check 2   Phrase

- [ ] **bother** her with trivial matters (사소한 일로 그녀에게 폐를 끼치다)
- [ ] **bother** to visit him (일부러 그를 방문하다)

- [ ] **infer** his intention from his behavior (그의 행동에서 그의 의도를 추측하다)

- [ ] **downsize** the work force (인원을 삭감하다)

- [ ] **regulate** working conditions (노동조건을 규제하다)
- [ ] **regulate** the temperature (온도를 조절하다)

- [ ] **dip** to minus 10 degrees Celsius ([기온이]섭씨 마이너스 10도로 내려가다)
- [ ] **dip** one's hand in water (물에 손을 살짝 담그다)

- [ ] **outline** the purpose of the conference (회의의 목적의 요점을 말하다)
- [ ] **outline** a map of Australia (호주의 지도 윤곽을 그리다)

- [ ] **defer** the payment of ~ (~의 지불을 연기하다)
- [ ] **defer** doing ~ (~하는 것을 연기하다)

- [ ] **fluctuate** between ~ (~의 사이에서 변동하다)
- [ ] **fluctuate** widely [greatly, wildly] (크게 변동하다)

Check 3   Sentence

- [ ] I'm sorry to **bother** you, but could you give me a hand? (성가시겠지만 도와주시겠어요?)

- [ ] I **inferred** from his tone that he didn't like my proposal. (그가 나의 제안을 마음에 들지 않아하는 것이 그의 어조에서 엿보였다)

- [ ] The company **downsized** its operations in Europe and the US. (그 회사는 유럽과 미국에서의 사업을 축소했다)

- [ ] Emissions of carbon dioxide should be **regulated**. (이산화탄소의 배출은 규제받아야만 한다)

- [ ] New car sales **dipped** 23.7 percent last month. (지난달은 신차 판매 수가 23.7퍼센트 감소했다)

- [ ] The CEO **outlined** a three-year business plan. (그 CEO는 3개년 사업계획의 개요를 발표했다)

- [ ] The board has **deferred** making a decision on the issue until next week. (임원회는 그 문제에 관하여 결정내리는 것을 다음 주까지 연기했다)

- [ ] Tax revenues **fluctuate** with the economy. (세수는 경제 상태와 함께 변동한다)

Day 19 〉〉
Quick Review
답은 왼쪽 페이지 아래

- [ ] diversify
- [ ] relieve
- [ ] induce
- [ ] consolidate
- [ ] enact
- [ ] summarize
- [ ] discriminate
- [ ] minimize
- [ ] detain
- [ ] jeopardize
- [ ] tow
- [ ] conserve
- [ ] embrace
- [ ] penetrate
- [ ] constitute
- [ ] dispatch

Check 1　　Listen 》》

□ 0321
trigger
/trígər/
Part 7

[동] (사건)을 초래하다, 유발하다
[명] ❶방아쇠 ❷(~의)계기, 유인(for~)

□ 0322
encounter
/inkáuntər/
Part 7

[동] ❶(곤란)에 직면하다 ❷~와 우연히 만나다
[명] (~와의)(우연한) 만남(with~)

□ 0323
safeguard
/séifgà:rd/
Part 5, 6

[동] ~을 (…에서) 보호하다, 지키다(against[from]…)(≒protect)
[명] (~에 대한)예방수단[조처](against~)(≒precaution)

□ 0324
concede
/kənsí:d/
Part 5, 6

[동] ~을 (옳다고)(시큰둥하게) 인정하다
[명] concession:(~에)양보(to~)

□ 0325
disrupt
/disrʌ́pt/
Part 5, 6

[동] ~을 혼란[중단]시키다
[명] disruption: 혼란, 중단
[형] disruptive:(행동이)파괴적인, 방해되는, 장해가 되는

□ 0326
arouse
/əráuz/
❗ 발음주의
Part 5, 6

[동] (관심)을 불러일으키다, 환기하다, 자극하다, 유발하다
➕ arise(발생하다)와 혼동하지 않도록 주의

□ 0327
soak
/sóuk/
Part 7

[동] ❶~을 (…에) 담그다(in…) ➕ dip는 '~을 살짝 담그다' ❷(~에)담그다, 가라앉히다(in~) ❸~을 흠뻑 젖히다
[명] ❶가라앉는 것 ❷입욕
[형] soaking:흠뻑 젖은

□ 0328
curtail
/kərtéil/
비즈니스문제

[동] ❶~을 삭감하다, 절약하다(≒reduce, decrease, lower, downsize) ❷~을 단축하다(≒shorten)

continued ▼

☐ 듣기 모드　Check 1
☐ 확인 모드　Check 1 ▸ 2
☐ 완벽 모드　Check 1 ▸ 2 ▸ 3

Check 2　Phrase

☐ **trigger** a civil war (내전을 일으키다)

☐ **encounter** difficulties (곤경에 직면하다)
☐ **encounter** an old friend (옛 친구와 우연히 만나다)

☐ **safeguard** the interests of ~ (~의 이익을 지키다)
☐ **safeguard** endangered species against extinction (멸종위기종을 멸종에서 지키다)

☐ **concede** one's error (잘못을 인정하다)
☐ **concede** defeat (패배를 인정하다)

☐ **disrupt** a computer system (컴퓨터 시스템을 혼란시키다)

☐ **arouse** her interest [suspicion] (그녀의 흥미[의혹]를 불러일으키다)

☐ **soak** beans overnight in water (콩을 물에 하룻밤 담그다)
☐ **soak** in a hot bath (뜨거운 욕조에 몸을 담그다)

☐ **curtail** expenditure [spending] (지출을 삭감하다)
☐ **curtail** one's vacation (휴가를 단축하다)

Check 3　Sentence

☐ A series of explosions **triggered** the fire. (일련의 폭발로 그 화재는 일어났다)

☐ The world is now **encountering** a global financial crisis. (세계는 지금 세계적 규모의 금융위기에 직면해 있다)

☐ All necessary steps must be taken to **safeguard** the interests of domestic industry. (국내산업의 이익을 지키기 위해 모든 필요한 정책을 조사하지 않으면 안 된다)

☐ The president **conceded** that the war in Iraq is not going as well as he had hoped. (대통령은 이라크전쟁이 기대했던 만큼 순조롭게 진행되지 않았다는 것을 인정했다)

☐ Heavy snow **disrupted** air and rail travel in Europe. (폭설에 의해 유럽의 비행기와 열차 왕래가 중단됐다)

☐ The science fiction novel **aroused** his interest in astronomy. (그 SF소설은 천문학에 대한 그의 흥미를 불러일으켰다)

☐ To remove wine stains, **soak** the fabric in salted water for two hours, then rinse, and launder as usual. (와인의 얼룩을 없애기 위해서는 천을 소금물에 2시간 담그고 그 뒤에 헹궈 평소처럼 세탁해주세요)

☐ The government should not **curtail** spending on health care. (정부는 의료부분에 대한 지출을 삭감하지 않으면 안 된다)

continued ▼

Check 1　　Listen 》

□ 0329
inaugurate
/inɔ́:gjurèit/
Part 7

图❶~의 취임식을 행하다 ❷~의 개업식을 행하다
❸~을 (정식으로) 개시하다 ❹(새로운 시대)를 새롭게 열다
명inauguration:❶취임(식) ❷개업, 개소 ❸(새로운 시대의)개시

□ 0330
demolish
/dimáliʃ/
Part 1

图(건물)을 철거하다, 파괴하다(≒destroy)
명demolition:철거, 파괴

□ 0331
thrive
/θráiv/
비즈니스문제

图성공하다(≒succeed), 번영하다, 번성하다(≒prosper, flourish)
형thriving:번영하고 있는

□ 0332
ease
/í:z/
Part 7

图❶~을 완화하다 ❷(고통)을 풀어주다(≒relieve) ❸(고통·긴장이)완화되다
명❶편안함 ❷용이함
형easy:❶용이한 ❷안락한
부easily:❶용이하게 ❷편안하게

□ 0333
bet
/bét/
Part 2, 3

图❶~라고 확신하다, 틀림없이 ~다 ❷(돈)을 (…에) 걸다 (on...)
명❶내기 ❷내기 돈
명be betting:내기, 도박

□ 0334
dictate
/díkteit/
❗정의주의
Part 5, 6

图❶(일이)~에 영향을 미치다, ~을 결정[좌우]하다(≒determine) ❷~을 (…에) 적게 하다, 구술하다(to...) ❸~을 (…에게) 명령하다(to...)
명명령
명dictation:❶받아쓰기 ❷명령

□ 0335
oversee
/òuvərsí:/
비즈니스문제

图(일·작업원)을 감독[감시]하다(≒watch over, supervise)

□ 0336
adjourn
/ədʒə́:rn/
Part 7

图❶(회의·판단)을 (…까지) 연기하다, 휴회하다(≒put off, postpone)(until...) ➕통례 회의나 재판에 대하여 사용하고, 그 외에는 사용하지 않는다 ❷(~까지)연기[휴회]하다(until...)
명adjournment:연기, 휴회

Day 20 》
Quick Review
답은 오른쪽 페이지 아래

□ ~을 깎다	□ ~을 교정하다	□ ~에게 폐를 끼치다	□ 감소하다
□ ~을 몰수하다	□ ~을 방지하다	□ ~을 추측하다	□ ~의 요점을 말하다
□ ~을 억제하다	□ ~을 편입시키다	□ ~을 삭감하다	□ ~을 연기하다
□ ~을 과장하다	□ 급상승하다	□ ~을 규제하다	□ 변동하다

Check 2　Phrase

- [ ] **inaugurate** a president(대통령의 취임식을 행하다)
- [ ] **inaugurate** a new library(새로운 도서관의 개관식을 행하다)

- [ ] **demolish** an old school(낡은 학교를 철거하다)

- [ ] **thrive** in business(사업에 성공하다)

- [ ] **ease** sanctions on ~(~에 대한 제재조치를 완화하다)
- [ ] **ease** a pain(고통을 풀어주다)

- [ ] You can **bet** (that) ~.(~라는 것은 틀림없이, 반드시 ~이다)
- [ ] **bet** $100 on the horse(100달러를 그 말에 걸다)

- [ ] **dictate** the outcome of ~(~의 결과에 영향을 미치다)
- [ ] **dictate** a letter to a secretary(편지를 비서에게 받아쓰게 하다)

- [ ] **oversee** the construction site(건축현장을 감독하다)

- [ ] **adjourn** the meeting until Friday(회의를 금요일까지 연기하다)
- [ ] **adjourn** until next week(다음 주까지 연기되다)

Check 3　Sentence

- [ ] Barack Obama was **inaugurated** on January 20, 2009 as the 44th President of the United States.(버락 오바마는 2009년 1월 20일에 제44대 미국 대통령으로 취임했다)

- [ ] The house is being **demolished**.(그 집은 해체 중이다)

- [ ] The company is **thriving** under the leadership of its current CEO.(현재의 CEO의 지휘 아래서 그 회사는 번창하고 있다)

- [ ] Japan **eased** import restrictions on US beef.(일본은 미국산 소고기에 대한 수입제한을 완화했다)

- [ ] I **bet** he's lying.(틀림없이 그는 거짓말을 하고 있다)

- [ ] Weather conditions will **dictate** whether or not we hold the barbecue.(날씨에 따라 바비큐를 할지 말지가 결정된다)

- [ ] As a sales manager, he **oversees** more than 100 employees.(영업부장으로서 그는 100명이 넘는 종업원을 감독하고 있다)

- [ ] The trial was **adjourned** until next month.(그 재판은 다음 달까지 연기되었다)

Day 20 》
Quick Review
답은 왼쪽 페이지 아래

- [ ] mow
- [ ] confiscate
- [ ] restrain
- [ ] exaggerate
- [ ] proofread
- [ ] deter
- [ ] incorporate
- [ ] soar
- [ ] bother
- [ ] infer
- [ ] downsize
- [ ] regulate
- [ ] dip
- [ ] outline
- [ ] defer
- [ ] fluctuate

Day 22　동사7

Check 1　　Listen))

| □ 0337 **exert** /igzɔ́ːrt/ ❗ 발음주의 Part 5, 6 | ▶ | 동 ❶(권력·영향력)을 (…에) **행사하다**, 사용하다(on...)(≒ exercise) ❷(exert oneself로)노력하다(≒ make efforts) 명 exertion: ❶(권력의)행사 ❷노력, 진력 | ▶ |

□ 0338 **await** /əwéit/ Part 5, 6
▶ 동 **~을 기다리다**(≒ wait for) ▶

□ 0339 **disregard** /dìsrɪgáːrd/ Part 5, 6
▶ 동 **~을 무시**[경시]**하다** 명 (~의)무시(for[of]~) ▶

□ 0340 **streamline** /stríːmlàin/ 비즈니스문제
▶ 동 ❶(일)을 **합리화**[능률화, 간소화]**하다** ❷~을 유선형으로 하다 ▶

□ 0341 **broaden** /brɔ́ːdn/ Part 5, 6
▶ 동 ❶(시야·범위)을 **넓히다**[깊어지다] ❷넓어지다 형 broad: 폭넓은 ▶

□ 0342 **mature** /mətʃúər/ ❗ 정의주의 비즈니스문제
▶ 동 ❶(보험이)**만기가 되다** ❷성숙하다 형 ❶(사람이)분별 있는(⇔immature) ❷(생물이)충분히 성장한 ❸성숙한 명 maturity: ❶성숙(기) ②만기(일) ▶

□ 0343 **denounce** /dináuns/ Part 5, 6
▶ 동 ❶~을 (…라고) **공연히 비난하다**(as...) ❷~을 (…에게) 고발하다(to...) 명 denunciation: ❶(공연의)비난 ❷고발 ▶

□ 0344 **escort** /iskɔ́ːrt/ Part 7
▶ 동 ❶~을 **호위하다** ❷(사람)을 안내하다 ❸~에 따르다 명 (/éskɔːrt/)❶호위자[단] ❷수행원, 동반자 ▶

continued ▼

Check 2　Phrase

□ **exert** one's influence (영향력을 행사하다)
□ **exert** oneself to do ~ (~하기 위해 노력하다)

□ **await** the result (결과를 기다리다)
□ the long **awaited** sequel (기다리고 기다리던 속편)

□ **disregard** school rules (교칙을 무시하다)

□ **streamline** management (경영을 합리화하다)
□ **streamline** a car (차를 유선형으로 하다)

□ **broaden** one's experience [horizons] (경험[시야]를 넓히다)
□ **broaden** one's understanding (이해를 깊이하다)

□ **mature** in 20 years (20년으로 만기가 된다)
□ **mature** mentally (정신적으로 성숙하다)

□ **denounce** injustice (부정을 비난하다)
□ **denounce** him to the police (그를 경찰에 고발하다)

□ **escort** a merchant ship (상선을 호위하다)
□ **escort** him on a tour of the factory (공장시찰로 그를 안내하고 다니다)

Check 3　Sentence

□ The US **exerted** pressure on Japan to open the home market to US products. (미국 제품에 대하여 국내시장을 개방하도록 미국은 일본어 압력을 가했다)

□ Harsh conditions **awaited** immigrants to the country. (가혹한 상황이 이민자들을 기다리고 있었다)

□ He was fired for **disregarding** the rules and regulations of the company. (그는 회사의 규칙을 무시했기 때문에 해고당했다)

□ We need to **streamline** operations and maximize productivity. (우리들은 생산과정을 합리화하여 생산성을 최대화 할 필요가 있다)

□ My trip to Europe **broadened** my cultural horizons. (유럽여행은 나의 문화적 시야를 넓혔다)

□ The bond **matures** in 10 years. (그 사채는 10년으로 만기가 된다)

□ Many religious leaders **denounced** the movie as blasphemous. (많은 종교지도자들은 그 영화를 모독적이라 비난했다)

□ Five police cars **escorted** the presidential car to the White House. (5대의 경찰 차량이 대통령이 탄 차를 백악관까지 호위했다)

continued
▼

Check 1　Listen 》

□ 0345
aggravate
/ǽgrəvèit/
Part 5, 6

동 ~을 악화시키다 (≒worsen)
명 aggravation: 악화

▶

□ 0346
reconcile
/rékənsàil/
❗ 강세주의
Part 5, 6

동 ❶~을 (…와) 일치[조화, 양립]시키다 (with…) ❷(be reconciled with로)~와 화해하다
명 reconciliation:(~의 사이의/…와)화해, 조화(between~/with…)

▶

□ 0347
accelerate
/æksélərèit/
Part 5, 6

동 ❶~을 가속[촉진]하다 (≒hasten, facilitate, expedite) ❷가속하다(⇔decelerate)
명 acceleration: 가속, 촉진
명 accelerator: 가속장치, 액셀러레이터

▶

□ 0348
transact
/trænzǽkt/
비즈니스문제

동 ❶(거래・업무)을 행하다 ❷(~와) 거래[업무]를 하다 (with~)
명 transaction: ❶거래 ❷(업무의)처리

▶

□ 0349
distract
/distrǽkt/
Part 5, 6

동 (사람)의 마음을 (…에서) 흩트리다, (주의)를 (…에서) 흩트리다, 돌리다(from…)(⇔attract)
명 distraction: ❶마음을 흩트리는[산만하게 하는] 것 ❷기분전환, 오락
형 distraction: 마음이 산만한, 집중할 수 없는

▶

□ 0350
waive
/wéiv/
비즈니스문제

동 (권리)을 포기하다, 철회하다
명 waiver: 권리포기(증서)

▶

□ 0351
deem
/díːm/
Part 5, 6

동 ~을 (…라고) 생각하다(as[to be]…) ➕이 as, to be는 생략되어 제5문형을 취하는 경우가 많다

▶

□ 0352
underline
/ʌ́ndərlàin/
Part 5, 6

동 ❶~을 강조하다(≒stress, emphasize, highlight, underscore) ❷~에 밑줄을 긋다

▶

Day 21 》
Quick Review
답은 오른쪽 페이지 아래

□ ~을 초래하다
□ ~에 직면하다
□ ~을 보호하다
□ ~을 인정하다

□ ~을 혼란시키다
□ ~을 불러일으키다
□ ~을 담그다
□ ~을 삭감하다

□ ~의 취임식을 행하다
□ ~을 철거하다
□ 성공하다
□ ~을 완화하다

□ ~라고 확신하다
□ ~에 영향을 미치다
□ ~을 감독하다
□ ~을 연기하다

- □ **aggravate** the economic crisis (경제위기를 악화시키다)

- □ **reconcile** different opinions (다른 의견을 일치시키다)
- □ be **reconciled** with one's wife (아내와 화해하다)

- □ **accelerate** economic growth (경제성장을 가속시키다)
- □ **accelerate** from 0 to 60 mph in less than four seconds (시속 0 마일에서 60마일까지 4초 미만에 가속하다)

- □ **transact** business with ~ (~와 거래를 하다)
- □ **transact** with suppliers (공급업자와 거래를 하다)

- □ Don't **distract** me. (나의 마음을 흩트리지 말아주세요)
- □ **distract** attention from ~ (~에서 주의를 돌리다)

- □ **waive** one's right (권리를 포기하다)
- □ **waive** one's objection (이의를 철회하다)

- □ **deem** ~ (as [to be]) appropriate (~을 적절하다고 생각하다)

- □ **underline** the necessity of ~ (~의 필요성을 강조하다)
- □ **underline** an important sentence (중요한 문장에 밑줄을 긋다)

- □ Consumption of a huge amount of fossil fuels has **aggravated** global warming. (대량의 화석연료 소비가 지구온난화를 악화시켜왔다)

- □ It is very difficult to **reconcile** ideals with reality. (이상과 현실을 절충하는 것은 매우 어렵다)

- □ The automaker is **accelerating** its restructuring plans. (그 자동차회사는 구조조정 계획을 가속시키고 있다)

- □ There are a lot of reasons to open a website to **transact** business on the Internet. (인터넷 상에서 거래를 하기 위해 웹사이트를 여는 많은 이유가 있다)

- □ Don't **distract** him while he's studying. (공부 중에는 그의 마음을 산만하게 해서는 안 된다)

- □ He **waived** his right to inherit property left by his father. (그는 아버지에게 물려받은 재산을 상속할 권리를 포기했다)

- □ As soon as the area is **deemed** safe, residents can return home. (그 지역이 안전하다고 확인되는 대로 주민들은 집으로 돌아갈 수 있다)

- □ The economist **underlined** the seriousness of the global recession. (그 경제학자는 세계적 경기후퇴의 심각성을 강조했다)

Day 21 》)
Quick Review
답은 왼쪽 페이지 아래

- □ trigger
- □ encounter
- □ safeguard
- □ concede
- □ disrupt
- □ arouse
- □ soak
- □ curtail
- □ inaugurate
- □ demolish
- □ thrive
- □ ease
- □ bet
- □ dictate
- □ oversee
- □ adjourn

Chapter 2 Review

왼쪽 페이지의 (1)~(20) 의 동사의 동의 · 유의어 (≒), 반의 · 반대어 (⇔) 를 오른쪽 페이지의 A~T 에서 선택하여 괄호 안에 답을 적는다 . 의미를 모를 때는 색인 번호를 참조하고 복습하자 .(답은 오른쪽 아래)

☐ (1) **facilitate** (0245) ≒ 은? (　　　)

☐ (2) **surpass** (0248) ≒ 은? (　　　)

☐ (3) **deduct** (0255) ⇔ 은? (　　　)

☐ (4) **deteriorate** (0258) ≒ 은? (　　　)

☐ (5) **terminate** (0260) ≒ 은? (　　　)

☐ (6) **reinforce** (0267) ≒ 은? (　　　)

☐ (7) **supervise** (0277) ≒ 은? (　　　)

☐ (8) **presume** (0282) ≒ 은? (　　　)

☐ (9) **delete** (0284) ≒ 은? (　　　)

☐ (10) **relieve** (0290) ≒ 은? (　　　)

☐ (11) **minimize** (0296) ⇔ 은? (　　　)

☐ (12) **conserve** (0300) ≒ 은? (　　　)

☐ (13) **restrain** (0307) ≒ 은? (　　　)

☐ (14) **bother** (0313) ≒ 은? (　　　)

☐ (15) **regulate** (0316) ≒ 은? (　　　)

☐ (16) **safeguard** (0323) ≒ 은? (　　　)

☐ (17) **demolish** (0330) ≒ 은? (　　　)

☐ (18) **thrive** (0331) ≒ 은? (　　　)

☐ (19) **disregard** (0339) ≒ 은? (　　　)

☐ (20) **underline** (0352) ≒ 은? (　　　)

A. strengthen
B. destroy
C. excel
D. control
E. erase
F. suppose
G. emphasize
H. hasten
I. limit
J. maximize
K. oversee
L. flourish
M. worsen
N. annoy
O. preserve
P. add
Q. ignore
R. alleviate
S. protect
T. end

【해답】 (1) H (2) C (3) P (4) M (5) T (6) A (7) K (8) F (9) E (10) R
(11) J (12) O (13) I (14) N (15) D (16) S (17) B (18) L (19) Q (20) G

CHAPTER
3

형용사 : 초필수 112

Chapter 3에서는 TOEIC 초필수 형용사 112를 익힌다. 이 Chapter가 끝나면 이 책도 40퍼센트의 공부를 마친다. 그리고 초필수 명사·동사·형용사 464를 익히게 된다.

TCEIC식 격언

대는 소를 겸한다
직역) 너무 도자라는 것보다 크게 넘치는 것이 낫다.

CHAPTER 1
CHAPTER 2
CHAPTER 3
CHAPTER 4
CHAPTER 5
CHAPTER 6
CHAPTER 7
CHAPTER 8
CHAPTER 9

Day 23　형용사1

☐ 0353
intensive
/inténsiv/
Part 5, 6

▶

형❶**집중적인**, 철저한 ❷(농업이)집약적인
명 intensity: 격렬함, 강렬함
동 intensify: ❶강해지다 ❷~을 강하게 하다
형 intense: 격렬한, 강렬[맹렬]한
부 intensively: 집중적으로

▶

☐ 0354
complimentary
/kàmpləméntəri/
Part 4

▶

형❶**무료의**(≒free) ❷호의적인, 칭찬[경의]를 표하는
➕ complementary(보완적인)와 혼동하지 않도록 주의
명 compliment:(~에 대한)칭찬의 말, 찬사;인사말(on~)
동 compliment:~에게 찬사를 보내다;~의 (…을) 칭찬하다(on...)

▶

☐ 0355
consecutive
/kənsékjutiv/
Part 5, 6

▶

형**연속한**(≒straight, successive)
부 consecutively: 연속하여

▶

☐ 0356
mandatory
/mǽndətɔ̀:ri/
Part 5, 6

▶

형**의무**[강제]**적인**(≒compulsory, obligatory)(⇔voluntary: 자발적인)
명 mandate: ❶권한 ❷(공식의)명령, 지령
동 mandate: ❶~에게 (…하도록) 명령하다(to do) ❷~에 (…하는) 권리를 주다(to do)

▶

☐ 0357
confidential
/kànfədénʃəl/
Part 5, 6

▶

형**비밀의**
명 confidence: ❶신뢰 ❷자신 ❸비밀
명 confidentiality: 비밀[비밀]성[유지]
부 confidentially: 내밀하게

▶

☐ 0358
adjacent
/ədʒéisnt/
Part 5, 6

▶

형(~에) **인접한** (to~)(≒next);인근의(≒nearby, neighboring)

▶

☐ 0359
municipal
/mju:nísəpəl/
❗ 강세주의
Part 7

▶

형**시**[마을]**의**;시영의;지방자치의
명 municipality: 지방자치체

▶

☐ 0360
hazardous
/hǽzərdəs/
Part 7

▶

형(~에 있어) **위험한**(≒dangerous);유해한(to~)
명 hazard: 위험;(~에)위험요소(to~)
동 hazard:~을 위험에 노출시키다

▶

---

continued
▼

☐ 듣기 코드　Check 1
☐ 확인 코드　Check 1 ▸ 2
☐ 완벽 코드　Check 1 ▸ 2 ▸ 3

Check 2　Phrase

☐ intensive care (집중치료)
☐ intensive agriculture [farming] (집약농업)

☐ a complimentary ticket (무료 초대권)
☐ a complimentary remark (칭찬의 말, 찬사)

☐ for three consecutive days (3일간 연속하여)
☐ win [lose] five consecutive games (5연승[연패]하다)

☐ mandatory education (의무교육)

☐ strictly confidential (극비의)
☐ keep ~ confidential (~을 비밀로 하다)

☐ a library adjacent to a school (학교에 인접한 도서관)
☐ adjacent countries (인근국가)

☐ municipal authorities (시당국)
☐ a municipal zoo (시영동물원)

☐ a hazardous occupation (위험한 직업)
☐ hazardous waste (유해폐기물)

Check 3　Sentence

☐ I took a three-week intensive course in English. (나는 3주간 영어집중 코스를 수강했다)

☐ Following the meeting, a complimentary dinner will be served at 6 p.m. (회의 뒤에 무료 식사가 오후 6시에 나온다)

☐ It has been raining for five consecutive days. (5일간 연속하여 비가 내리고 있다)

☐ Wearing seat belts in the front and back seats is mandatory in Japan. (일본에서는 앞자리와 뒷자리의 안전벨트착용은 의무다)

☐ Confidential documents were stolen from headquarters. (비밀문서가 본사 건물에서 도난당했다)

☐ A parking lot is adjacent to the hotel. (주차장은 그 호텔 옆에 있다)

☐ Municipal elections will be held on July 17. (지방의회 선거가 7월 17일에 행해진다)

☐ Smoking is hazardous to your health. (흡연은 건강을 해친다)

continued
▼

Check 1 　　Listen 🔊

□ 0361
fiscal
/fískəl/
비즈니스문제

형**회계의**, 재정상의

□ 0362
qualified
/kwáləfàid/
비즈니스문제

형(~의/…하는)**자격**[면허]**이 있는**(for~/to do)
명qualification:❶(~할)자격(to do) ❷(~의)적정, 자질(for~)
동qualify:(qualify as[for]로)~의 자격을 얻다

□ 0363
alternate
/ɔ́:ltərnət/
Part 1

형❶**교대의** ❷하나 걸러 ❸대신의(≒alternative)
명대리인(≒substitute)
동(/ɔ́:ltərnèit/)❶(~의 사이를)오가다(between~) ❷(alternate A with B로)A를 B와 교대하다

□ 0364
fragile
/frǽdʒəl/
Part 7

형❶**무너지기 쉬운**, 무른(≒delicate, frail) ❷허약한

□ 0365
prior
/práiər/
Part 5, 6

형❶**앞의**, 먼저의(≒earlier, previous);(prior to로)(전치사적으로)~보다 앞에 ❷(~에게)우선하다, (~보다)중요한(to~)
명priority:❶우선사항 ❷우선(권)

□ 0366
comprehensive
/kàmprihénsiv/
Part 5, 6

형**포괄적인**(≒inclusive);광범위한 ➕comprehensible(알기 쉬운)과 혼동하지 않도록 주의

□ 0367
prospective
/prəspéktiv/
Part 5, 6

형❶**기대되는** ❷예상되는, 미래의
명prospect:(통례~s)(성공의)예견, 가능성(of[for]~)

□ 0368
overdue
/óuvərdjú:/
Part 7

형(지불이)**미납의**, 기한이 지난
형due:지불기일이 온, 만기의

Day 22 🔊
Quick Review
답은 오른쪽 페이지 아래

□ ~을 행사하다	□ ~을 넓히다	□ ~을 악화하다	□ ~의 마음을 흩트리다
□ ~을 기다리다	□ 만기가 되다	□ ~을 일치시키다	□ ~을 포기하다
□ ~을 무시하다	□ ~을 공연히 비난하다	□ ~을 가속하다	□ ~을 생각하다
□ ~을 합리화하다	□ ~을 호위하다	□ ~을 행하다	□ ~을 강조하다

□ the **fiscal** year (회계연도)
□ a **fiscal** policy (재정정책)

□ Most companies' **fiscal** year starts in April in Japan. (일본에서는 대부분의 기업의 회계연도는 4월에 시작된다)

□ a **qualified** architect (자격을 갖춘 건축사)
□ be **qualified** to teach mathematics (수학을 가르칠 자격을 가지고 있다)

□ A sufficient number of **qualified** applicants have applied for the position. (자격을 갖춘 충분한 수의 지원자가 그 자리에 응모해왔다)

□ **alternate** stripes of red and white (적과 백의 줄무늬)
□ work (on) **alternate** days (하루 걸러 일하다)

□ The men and women are sitting in **alternate** seats. (남성과 여성은 교대로 자리에 앉아 있다)

□ a **fragile** vase (깨지기 쉬운 꽃병)
□ feel **fragile** (몸이 나른해지다)

□ Handle **fragile** items with care. (깨지기 쉬운 물건은 주의하여 다뤄주세요)

□ a **prior** engagement (선약)
□ have a **prior** claim on ~ (~에 우선권이 있다)

□ Applicants must have **prior** experience in system development. (응모자는 이전에 시스템 개발의 경험이 없으면 안 된다)
➕ 구인광고의 표현

□ a **comprehensive** report (포괄적인 보고서)
□ **comprehensive** insurance (종합보험)

□ The two countries have entered into **comprehensive** peace talks. (양국은 포괄적인 평화협상을 개시했다)

□ a **prospective** customer (잠재고객)
□ **prospective** costs (예상된 경비)

□ The high school held an open house for **prospective** students and their families. (그 학교는 입학희망자와 그 가족을 위해 학교공개행사를 개최했다)

□ **overdue** mortgage payments (주택대출의 미납금)

□ The fine for an **overdue** library book is 10 cents per book, per day. (반납기한이 지난 도서관의 책에 대하여 벌금은 1권당 하루 10센트다)

Day 22 》
Quick Review
답은 왼쪽 페이지 아래

□ exert
□ await
□ disregard
□ streamline
□ broaden
□ mature
□ denounce
□ escort
□ aggravate
□ reconcile
□ accelerate
□ transact
□ distract
□ waive
□ deem
□ underline

Check 1   Listen 》

□ 0369
spacious
/spéiʃəs/
Part 7

▶

형(집·방이)**넓은**
명space: ❶공간 ❷장소 ❸간격 ❹우주
동space: ❶~을 간격을 두고 배치하다 ❷(문자·행렬 등)의 사이를 비우다

▶

□ 0370
flawless
/flɔ́:lis/
Part 5, 6

▶

형**결점이 없는**, 트집 잡을 곳이 없는
명flaw: ❶(~의)결함, 결점(in~) ❷(수속·의논의)미비, 결함(in~)
형flawed: 결점[결함]이 있는

▶

□ 0371
unanimous
/ju:nǽnəməs/
❶ 발음주의
Part 5, 6

▶

형❶**만장[전원]일치의** ❷(~으로)의견이 일치하여(In~)
❶ anonymous(익명의)와 혼동하지 않도록 주의
부unanimously: 만장일치로

▶

□ 0372
toll-free
/tóulfrí:/
Part 4

▶

형**무료통화의**
부무료통화로
명toll: ❶사용료; 장거리 통화료 ❷사상자 수

▶

□ 0373
lucrative
/lú:krətiv/
❶ 발음주의
비즈니스문제

▶

형**수익성이 좋은**, 이익이 오르는(≒profitable)

▶

□ 0374
defective
/diféktiv/
Part 5, 6

▶

형**결함[결점] 있는**(≒faulty)
명defect: (~의)결함, 결점(in~)

▶

□ 0375
respective
/rispéktiv/
Part 5, 6

▶

형**각각의**, 각자의 ❶ respectful(예의바른)과 혼동하지 않도록 주의
부respectively: 각각, 각자

▶

□ 0376
adverse
/ædvə́:rs/
Part 5, 6

▶

형❶**사정이 좋지 않은**, 불리한; (효과가)안 좋은 ❷적의로 가득한
명adversary: 적; (시합의)상대

▶

continued ▼

형용사의 역할은 명사를 수식하는 한정용법과 문장 속에서 보어가 되는 서술용법 두 가지가 있다. 각각의 사용법을 Check 2,3에서 확실히 익히자.

☐ 듣기 모드　Check 1
☐ 확인 모드　Check 1 ▸ 2
☐ 완벽 모드　Check 1 ▸ 2 ▸ 3

Check 2　Phrase

☐ a spacious living room (넓은 방)

☐ a flawless performance (무결점 연주)

☐ a unanimous verdict (전원일치의 평결)
☐ be unanimous in supporting him (그를 지지하는 것으로 의견이 일치하고 있다)

☐ a toll-free line (무료통화 회선)

☐ a lucrative business (수익성이 좋은 장사)

☐ a defective car (결함이 있는 차)

☐ carry out respective duties (각각의 직무를 다하다)

☐ adverse conditions (불리한 조건)
☐ adverse criticism (혹평)

Check 3　Sentence

☐ This 3-bedroom, 2-bathroom condominium is spacious and bright with mountain views. (침실 3개, 욕실 2개의 분양맨션은 넓고 산이 건너다보이며 밝다)

☐ She speaks flawless French. (그녀는 완벽한 프랑스어를 말한다)

☐ She was elected chairperson by a unanimous vote. (그녀는 만장일치의 표결로 의장으로 선출되었다)

☐ For further details call our toll-free number. (상세한 것은 우리 회사 무료전화 번호로 전화주세요)

☐ This partnership will be very lucrative for both companies. (이 제휴는 양사에 있어 매우 이익이 많을 것이다)

☐ Defective merchandise will be replaced free of charge within 30 days of purchase. (구입 후 30일 이내라면 결함상품은 무료로 교환받을 수 있다)

☐ They exchanged their respective views on the issue. (그들은 그 문제에 관한 각자의 의견을 나누었다)

☐ The game was called off due to adverse weather conditions. (그 시합은 악천후로 중지되었다)

continued ▼

Check 1　Listen))

□ 0377
luxurious
/lʌɡʒúəriəs/
❗ 강세주의
Part 4

형 **호화로운**, 사치스러운
명 luxury: ❶사치스러움, 호화로움, 쾌적함;(형용사적으로)사치스러[호화로]운 ❷사치품

□ 0378
considerate
/kənsídərət/
Part 5, 6

형 **배려 있는**, 이해력 있는(⇔inconsiderate) ➕considerable(상당한)과 혼동하지 않도록 주의
명 consideration:사려, 고찰
동 consider: ❶~을 잘 생각한다, 숙려[숙고]하다 ❷(consider doing로)~할 것을 잘 생각하다

□ 0379
quarterly
/kwɔ́:rtərli/
Part 5, 6

형 **연 4회의**, 사분기마다
부 연4회, 사분기마다
명 계간지
명 quarter: ❶사분기 ❷15분 ❸4분의 1

□ 0380
discreet
/diskrí:t/
Part 5, 6

형 **진중한**(≒careful);(~에 대한)입이 무거운(about~)
명 discretion: ❶자유재량, 판단[행동, 선택]의 자유 ❷사려깊음, 진중함, 분별

□ 0381
round-trip
/ráundtríp/
Part 4

형 (표가) **왕복인**(⇔one-way:편도의)

□ 0382
chronic
/kránik/
Part 5, 6

형 ❶(질병이) **만성의**(⇔acute:급성의) ❷(나쁜 상태가)장기에 걸린

□ 0383
messy
/mési/
Part 2, 3

형 **흩어진**, 난잡한(≒untidy)(⇔tidy, neat)
명 mess:엉망진창인 상태[모습], 난잡, 혼란
동 mess:(mess up로)❶~을 무시하다 ❷~을 흐트리다

□ 0384
durable
/djúərəbl/
Part 5, 6

형 **내구성[력]이 있는**;연속성이 있는(≒lasting)
명 durability:내구성[력];연속성

Day 23))
Quick Review
답은 오른쪽 페이지 아래

□ 집중적인
□ 무료의
□ 연속한
□ 의무적인

□ 비밀의
□ 인접한
□ 시(마을)의
□ 위험한

□ 회계의
□ 자격이 있는
□ 교대의
□ 무너지기 쉬운

□ 앞의
□ 포괄적인
□ 기대되는
□ 미납의

□ **a luxurious hotel**(호화로운 호텔)

▶ □ **All the rooms are equipped with luxurious furniture and air conditioning.**(모든 방에는 호화로운 가구와 에어컨이 갖춰져 있다)

□ **considerate words**(배려 있는 말)
□ **It is considerate of ~ to do . . .**(…한다니 ~는 배려심이 있다)

▶ □ **Be courteous and considerate to others.**(사람에게는 예의바르게 배려하는 마음을 가져라)

□ **a quarterly magazine**(계간지)
□ **a quarterly fiscal report**(사분기마다의 회계보고서)

▶ □ **The newsletter is issued on a quarterly basis.**(그 회지는 연간 4회 발행된다)

□ **a discreet inquiry**(진중한 조사)
□ **be discreet about the project**(그 프로젝트에 대하여 함구하다)

▶ □ **He is a discreet man who does not talk much.**(그는 너무 많은 것을 말하지 않는 신중한 사람이다)

□ **a round-trip ticket**(왕복 티켓)

▶ □ **A round-trip air ticket between Paris and London costs about $500.**(파리·런던 간의 왕복항공권의 가격은 약 500달러다)

□ **a chronic disease**(만성병)
□ **a chronic shortage of ~**(장기에 걸쳐 ~의 부족)

▶ □ **He has been suffering from chronic asthma.**(그는 만성 천식을 앓고 있다)

□ **a messy kitchen**(난잡한 부엌)

▶ □ **Why is your room always so messy?**(어째서 당신의 방은 늘 이렇게 난잡하죠?)

□ **durable goods**(내구소비재)
□ **a durable peace**(영속적 평화)

▶ □ **Toys must be made of durable materials.**(완구는 내구성이 있는 자재로 만들어지지 않으면 안 된다)

Day 23 🔊
Quick Review
답은 왼쪽 페이지 아래

□ intensive	□ confidential	□ fiscal	□ prior
□ complimentary	□ adjacent	□ qualified	□ comprehensive
□ consecutive	□ municipal	□ alternate	□ prospective
□ mandatory	□ hazardous	□ fragile	□ overdue

Day 25　형용사3

Check 1　　Listen))

□ 0385
clerical
/klérikəl/
비즈니스문제

형사무(직)의
명clerk: ❶(회사·호텔의)사무원 ❷점원

□ 0386
authentic
/ɔːθéntik/
Part 7

형진짜의(≒real, genuine)(⇔fake: 가짜의)
명authenticity: 진짜인 것
동authenticate: ~가 진짜인 것을 증명하다

□ 0387
tentative
/téntətiv/
❗ 발음주의
Part 5, 6

형가짜의, 시험적인, 일시적인
부tentatively: 가짜로, 시험적으로

□ 0388
ambiguous
/æmbígjuəs/
Part 5, 6

형애매한;두 개 이상의 의미로 받아들일 수 있는
명ambiguity:(의미의)애매함;다양성
부ambiguously: 애매하게

□ 0389
unprecedented
/ʌnprésədəntid/
Part 7

형전례[선례]가 없는, 공전의
명precedent:(~에 대한) 전례, 선례 (for~)
동precede:~에 앞서다, ~보다 먼저 일어나다
형preceding:(통례the~) 전의

□ 0390
brisk
/brísk/
비즈니스문제

형❶(장사가)호황인, 번성하여 ❷활발한, 시원시원한

□ 0391
incredible
/inkrédəbl/
Part 2, 3

형❶믿을 수 없는(정도의)(≒unbelievable)(⇔credible) ❷
놀라울만한(≒amazing), 멋진(≒wonderful)
부incredibly: 믿을 수 없을 정도;매우

□ 0392
endangered
/indéindʒərd/
Part 7

형(동식물이)멸종 직전의, 멸종의 위기에 처한 ➕extinct는 '멸
종한'
동endanger:~을 위험에 방치하다

continued
▼

☐ 듣기 모드 Check 1
☐ 확인 모드 Check 1 ▸ 2
☐ 완벽 모드 Check 1 ▸ 2 ▸ 3

Check 2 — Phrase

☐ a clerical job (사무직)

☐ an authentic signature (진짜 사인)
☐ authentic Italian food (본격적인 이탈리아 요리)

☐ reach a tentative agreement with ~ (~와 임시합의에 이르다)
☐ a tentative plan (시안)

☐ an ambiguous reply (애매한[양쪽 의미로 받아들여지는]대답)

☐ on an unprecedented scale (전례 없는 규모로)
☐ an unprecedented victory (공전의 승리)

☐ brisk sales (순조로운 판매)
☐ a brisk walk (힘찬 발걸음)

☐ an incredible story (믿을 수 없는 이야기)
☐ an incredible invention (놀랄만한 발명)

☐ endangered species (멸종위기종)

Check 3 — Sentence

☐ The company cut costs by reducing the number of clerical staff. (그 회사는 사무직원의 수를 줄여서 경비를 삭감했다)

☐ The store offers authentic antiques from 100 to 400 years old. (그 가게는 100년부터 400년 전 진짜 골동품을 팔고 있다)

☐ Both countries have agreed to a tentative cease-fire. (양국은 임시휴전에 합의했다)

☐ The government has been ambiguous on the issue of gun control. (정부는 총기규제 문제에 관한 애매한 태도를 취하고 있다)

☐ The country is experiencing unprecedented economic growth. (그 나라는 전례 없는 경제성장을 경험하고 있다)

☐ When the economy is brisk, everyone feels confident about his or her prospects for the future. (경제가 호황일 때는 누구나 미래의 전망에 자신감을 가진다)

☐ The Internet has expanded at an incredible rate over the last 10 years or so. (인터넷은 최근 10년 동안 믿을 수 없을 정도의 속도로 확대되었다)

☐ The giant panda is an endangered animal. (자이언트 팬더는 멸종위기에 처한 동물이다)

continued ▼

Check 1　　Listen))

☐ 0393
mutual
/mjúːtʃuəl/
Part 5, 6

형❶**상호의**, 서로의 ❷공통의(≒common)
부mutually:서로, 상호로

☐ 0394
inexpensive
/ìnikspénsiv/
Part 2, 3

형**싼**, 비용이 들지 않는(≒cheap)(⇔expensive) ➕질에 비하여 '싸다'는 뉘앙스

☐ 0395
sluggish
/slʌ́giʃ/
비즈니스문제

형❶(장사가) **침체된**, 불경기의 ❷(움직임이)느린 ➕'slug(달팽이 같은)'의 어원

☐ 0396
prestigious
/prestídʒəs/
Part 7

형**일류의**, 명성 있는
명prestige:(지위·업적에 의한)명성, 위신

☐ 0397
crude
/krúːd/
Part 7

형❶**천연 그대로의**, 무가공의(≒raw)(⇔refined:정제된) ❷무례한, 대충 만든(≒rude, impolite)

☐ 0398
mobile
/móubəl/
Part 1

형**이동식의**, 가동성의
명(/móubiːl/)휴대전화(≒cellphone)

☐ 0399
upright
/ʌ́pràit/
Part 4

형❶**곧장의**, 수직의, 직립한(≒vertical)(⇔horizontal) ❷정직[고결]한(≒honest)
부곧장, 직립하여

☐ 0400
distinct
/distíŋkt/
Part 5, 6

형❶**뚜렷한**, 명료한(≒clear) ❷(~와)(전혀)다른, 별개의 (from~)(≒different)
동distinguish:(distinguish A from B로)A를 B와 구별하다
명distinction:(~의 사이)구별, 차별(between~)

Day 24)) Quick Review 답은 오른쪽 페이지 아래	☐ 넓은 ☐ 결점이 없는 ☐ 만장일치의 ☐ 무료통화의	☐ 수익성이 좋은 ☐ 결함 있는 ☐ 각각의 ☐ 사정이 좋지 않은	☐ 호화로운 ☐ 배려 있는 ☐ 연 4회의 ☐ 진중한	☐ 왕복인 ☐ 만성의 ☐ 흩어진 ☐ 내구성이 있는

Check 2 — Phrase

- ☐ **by mutual consent [agreement]** (쌍방합의로)
- ☐ **a mutual friend** (서로 아는 친구)

- ☐ **inexpensive medicine** (저렴한 약)

- ☐ **a sluggish economy** (침체된 경제)
- ☐ **a sluggish speed** (느린 속도)

- ☐ **a prestigious hotel** (일류호텔)
- ☐ **a prestigious award** (명예로운 상)

- ☐ **crude rubber** (생고무)
- ☐ **a crude remark** (무례한 발언)

- ☐ **a mobile library** (이동도서관)
- ☐ **a mobile phone** (휴대전화)

- ☐ **stand in an upright position** (곧은 자세로 서다)
- ☐ **an upright citizen** (고결한 시민)

- ☐ **have a distinct memory of ~** (~을 또렷이 기억하고 있다)
- ☐ **be distinct from each other** (서로 다르다)

Check 3 — Sentence

- ☐ **Married life should be based on mutual understanding and respect.** (결혼생활은 상호이해와 존중에 근거하지 않으면 안 된다)

- ☐ **The food at the restaurant was excellent and inexpensive.** (그 레스토랑의 요리는 훌륭하고 저렴했다)

- ☐ **Home sales were sluggish last year.** (작년 주택판매는 침체되어 있었다)

- ☐ **Oxford University is one of the most prestigious universities in the world.** (옥스퍼드 대학은 세계에서 가장 명성 있는 대학 중 하나다)

- ☐ **Crude oil prices have been on a downward trend for the past several weeks.** (최근 몇 주간 원유가격은 하락세에 있다)

- ☐ **The woman is talking on a mobile phone.** (그 여자는 휴대전화로 이야기하고 있다)

- ☐ **Please return your seat to an upright position and fasten your seat belt.** (좌석을 곧게 세우고 안전벨트를 착용해주세요) ➕ 기내 안내방송

- ☐ **There is a distinct difference between males and females in terms of muscular strength.** (근력 면에서 남녀 사이에는 뚜렷한 차이가 있다)

Day 24 〉〉
Quick Review
답은 왼쪽 페이지 아래

☐ spacious	☐ lucrative	☐ luxurious	☐ round-trip
☐ flawless	☐ defective	☐ considerate	☐ chronic
☐ unanimous	☐ respective	☐ quarterly	☐ messy
☐ toll-free	☐ adverse	☐ discreet	☐ durable

Check 1　Listen 》

□ 0401

legitimate
/lidʒítəmət/
Part 7

형**합법**[적법]**한**(≒legal, lawful);정당[공정]한
명legitimacy:합법(성), 정당(성)

□ 0402

obscure
/əbskjúər/
Part 5, 6

형**애매한**, 이해하기 어려운, 불명료한(≒unclear, vague)(⇔clear)
동~을 애매하게 하다, 이해하기 어렵게 하다, 불명료하게 하다(⇔clarify)
명obscurity:애매함, 불명료

□ 0403

deductible
/didʌ́ktəbl/
비즈니스문제

형**공제 가능한**
명deduction:❶(~에서)공제(from~) ❷(~라는 추론)(that절~)
동deduct:~을 (…에서)빼다, 공제하다(from…)

□ 0404

obligatory
/əblígətɔ̀:ri/
Part 5, 6

형(~에 있어)**의무**[강제]**적인**(for[on]~)(≒compulsory, mandatory)(⇔voluntary:자발적인)
명obligation:(~에 대한/…하는)(도덕적·법률적인)의무, 책임(to~/to do)
동oblige:(be obliged to do로)~시키지 않으면 안 된다

□ 0405

up-to-date
/ʌ́ptədéit/
Part 7

형**최신**[최근]**의**(⇔out-of-date:시대에 뒤처진) ➕서술용법의 경우는 하이픈 없이 up to date로 이어지기도 한다

□ 0406

affluent
/ǽfluənt/
❗ 강세주의
Part 5, 6

형**유복한**, 풍부한(≒rich, wealthy)(⇔poor)
명affluence:풍부함, 유복

□ 0407

preceding
/prisí:diŋ/
Part 5, 6

형(통례 the~)**예전의**, 앞선(⇔following, subsequent)
명precedent:(~에 대한)전례, 선례(for~)
동precede:~에 앞서다, ~보다 먼저 일어나다
형unprecedented:전례[선례]가 없는, 공전의

□ 0408

inclement
/inklémənt/
❗ 강세주의
Part 4

형(날씨가)**사나운** ➕increment(증가)와 혼동하지 않도록 주의

continued ▼

☐ 듣기 모드   Check 1
☐ 확인 모드   Check 1 ▶ 2
☐ 완벽 모드   Check 1 ▶ 2 ▶ 3

Check 2   Phrase

Check 3   Sentence

☐ legitimate ownership (합법적인 소유권)
☐ a legitimate reason (정당한 이유)

▶ ☐ Most countries do not recognize the Taliban as the legitimate government of Afghanistan. (대부분의 나라는 탈레반을 아프가니스탄의 합법정부로서 인정하지 않는다)

☐ an obscure explanation [answer] (애매한 설명[대답])

▶ ☐ The cause of the disease remains obscure. (그 병의 원인은 지금껏 알지 못한다)

☐ tax deductible (과세 공제의)

▶ ☐ All donations are tax deductible in the US. (모든 기부는 미국에서는 과세공제다)

☐ an obligatory subject (필수과목)

▶ ☐ Education is obligatory for children aged 6 to 15. (6세부터 15세까지의 아이들에게 교육은 의무다)

☐ an up-to-date hairstyle (최신 헤어스타일)
☐ keep ~ up-to-date (~을 최신 상태로 해두다)

▶ ☐ The travel guide provides up-to-date information on attractions, hotels, and restaurants. (그 여행가이드에는 명소, 호텔 그리고 레스토랑의 최신정보가 실려 있다)

☐ an affluent neighborhood (유복한 지역)

▶ ☐ Switzerland is one of the most affluent countries in the world. (스위스는 세계에서 가장 풍요로운 나라 중 하나다)

☐ the preceding page [paragraph] (전 페이지[단락])

▶ ☐ The population growth in the region was 3.7 percent in the preceding decade. (지난 10년간 그 지역의 인구증가는 3.7퍼센트였다)

☐ inclement weather (악천후)

▶ ☐ The flight was canceled due to inclement weather. (악천후 때문에 그 비행기는 결항되었다)

continued ▼

Check 1　　Listen 🔊

□ 0409
multinational
/mλltinǽʃənl/
비즈니스문제

형**다국적의**
명다국적 기업

□ 0410
pharmaceutical
/fàːrməsúːtikəl/
비즈니스문제

형**제약의**；약학의；약제의
명(~s)❶(집합적으로)의학 ❷제약회사
명pharmacist：약제사
명pharmacy：약국

□ 0411
genetic
/dʒənétik/
Part 7

형**유전자의**；유전(학)의
명genetics：유전학
부genetically：유전자상, 유전학적으로

□ 0412
scenic
/síːnik/
Part 4

형❶**경치가 좋은**, 전망이 좋은 ❷경치의, 풍경의
명scenery：(집합적으로)(통례 아름다운)경치, 풍경

□ 0413
intact
/intǽkt/
Part 5, 6

형**상처 없는**, 손상되지 않은 ➕서술용법만

□ 0414
toxic
/táksik/
Part 7

형**유독성의**
명toxin：독소

□ 0415
rational
/rǽʃənl/
❗ 발음주의
Part 5, 6

형❶**합리적인**, 도리에 맞는(⇔irrational) ❷이성적인, 분별 있는(≒reasonable)
명rationale：(~의)근본적 이유；이론적 근거(for~)

□ 0416
brand-new
/brǽndnjúː/
Part 4

형**신품의**, 새로운

Check 2　Phrase

- □ a **multinational** peacekeeping force (다국적 평화유지군)

- □ the **pharmaceutical** industry (제약산업)
- □ **pharmaceutical** education (약학교육)

- □ **genetic** engineering (유전자 공학)
- □ a **genetic** disease (유전병)

- □ a **scenic** route (경치가 좋은 노선)
- □ **scenic** beauty (경치의 아름다움)

- □ remain **intact** (고스란히 남아 있다)
- □ keep [leave] ~ **intact** (~에 손을 대지 않고 두다, ~을 그대로 두다)

- □ **toxic** waste (유독폐기물)

- □ a **rational** explanation (합리적인 설명)
- □ a **rational** person (이성적인 사람)

- □ a **brand-new** car (신차)

Check 3　Sentence

- □ Sony is a leading **multinational** electronics manufacturer. (소니는 일류 다국적 전기회사다)

- □ She works for a **pharmaceutical** company as a researcher. (그녀는 제약회사에 연구원으로 근무하고 있다)

- □ Dr. Smith emphasized the significance of **genetic** research. (스미스 박사는 유전자 연구의 중요성을 강조했다)

- □ The hotel offers **scenic** views of the Rocky Mountains. (그 호텔에서는 로키산맥의 멋진 조망이 내려다보인다)

- □ The order arrived **intact** on time. (주문품은 정해진 시간에 무사히 도착했다)

- □ The company was charged with dumping **toxic** chemicals. (그 회사는 유독화학물질을 폐기한 것으로 고발당했다)

- □ All important decisions must be made through **rational** arguments. (모든 중요한 결정은 합리적인 논의를 통해서 이뤄져야만 한다)

- □ I bought a **brand-new** computer with Windows 7 yesterday. (나는 어제 윈도우 7 탑재의 신품 컴퓨터를 샀다)

Day 25))
Quick Review
답은 왼쪽 페이지 아래

□ clerical	□ unprecedented	□ mutual	□ crude
□ authentic	□ brisk	□ inexpensive	□ mobile
□ tentative	□ incredible	□ sluggish	□ upright
□ ambiguous	□ endangered	□ prestigious	□ distinct

Check 1　　Listen 》

☐ 0417 **hectic** /héktik/ Part 2, 3	휑매우 바쁜, 총총거리는
☐ 0418 **serial** /síəriəl/ Part 5, 6	휑❶연속적인 ❷이어지는[시리즈] 물의 명(텔레비전의)연속방송, (신문의)연재물
☐ 0419 **verbal** /və́ːrbəl/ Part 5, 6	휑말에 의한, 언어로(≒spoken, oral)(≒written)
☐ 0420 **profound** /prəfáund/ Part 5, 6	휑❶(영향이)중대[중요]한; 의미심장한 ❷(슬픔이)깊은(≒deep) 부profoundly:깊이;크게
☐ 0421 **extinct** /ikstíŋkt/ Part 5, 6	휑멸종된 ✛endangered는 '멸종직전의' 명extinction:멸종
☐ 0422 **tolerant** /tálərənt/ Part 5, 6	휑❶(~에 대한)관대[관용]한(of~) ❷(~에)저항력이 있는(of~) 명tolerance:❶관대, 관용 ❷내성 동tolerate:~을 허용[묵인]하다, 크게 보다 휑tolerable:❶참을 수 있는 ❷웬만한
☐ 0423 **memorable** /mémərəbl/ Part 4	휑(~에서) 기억[주목]해야 할, 잊을 수 없는(for~)
☐ 0424 **vertical** /və́ːrtikəl/ Part 1	휑수직의;세로의(≒upright)(⇔horizontal) 명(the~)수직선[면]

continued ▼

☐ 듣기 모드　Check 1
☐ 확인 모드　Check 1 ▸ 2
☐ 완벽 모드　Check 1 ▸ 2 ▸ 3

Check 2　Phrase

☐ a hectic schedule (매우 바쁜 스케줄)

☐ a serial number (일련번호, 제조번호)
☐ serial murders (연쇄살인)

☐ a verbal explanation (구두설명)

☐ have a profound effect [influence, impact] on ~ (~에 중대한 영향을 미치다)
☐ profound sadness (깊은 슬픔)

☐ become extinct (멸종하다)
☐ extinct species (절멸종)

☐ a tolerant society (관용적인 사회)
☐ be tolerant of cold [heat] ([동식물이]추위[더위]에 강하다)

☐ a memorable event (기억할만한 사건)

☐ a vertical line (수직선)
☐ a vertical cliff (수직 절벽)

Check 3　Sentence

☐ I had a pretty hectic day at the office today. (오늘은 직장에서 매우 바쁜 하루를 보냈다)

☐ You must enter a serial number to use the software. (그 소프트웨어를 사용하기 위해서는 일련번호를 입력하지 않으면 안 된다)

☐ Verbal abuse is the most common form of violence. (언어에 의한 학대는 가장 일반적인 폭력의 형태다)

☐ The experience of war had a profound effect on him. (전쟁 경험은 그에게 중대한 영향을 미쳤다)

☐ Dinosaurs became extinct about 65 million years ago. (공룡은 약 6500만 년 전에 멸종했다)

☐ We should be tolerant of others. (우리들은 타인에 대하여 관대해야만 한다)

☐ In 1963, Martin Luther King, Jr. delivered a memorable speech known as {I have a dream.} (1963년에 마틴 루터 킹은 'I have a dream'으로 잘 알려진 잊을 수 없는 연설을 했다)

☐ The man is wearing a shirt with vertical stripes. (그 남자는 세로 줄무늬가 들어간 셔츠를 입고 있다)

continued
▼

Check 1　　Listen 》

□ 0425
costly
/kɔ́ːstli/
Part 7

형❶**비용이 드는**, 고가의(≒expensive) ❷희생[손실]이 큰
명cost:❶(때때로 ~s)(필요)경비, 비용;가격, 대가 ❷(시간의) 희생
동cost:(시간·비용·노력)이 들다

□ 0426
renowned
/rináund/
Part 7

형(~으로/…로서)**유명한**, 고명한(for~/as…)(≒famous, well-known, distinguished, eminent, prominent)
명renown:유명, 고명

□ 0427
customary
/kʌ́stəmèri/
Part 5, 6

형**습관적인**, 관습의(≒habitual)
명custom:❶(사회의)습관, 풍습 ❷(~s)세관;관세
형custom:주문제작의, 맞춤

□ 0428
informative
/infɔ́ːrmətiv/
Part 2, 3

형**유익한**, 배울 점이 많은, 교육적인
명information:(~에 관한)정보(about[on]~)
명informant:정보제공자
동inform:(inform A of B로)A에게 B에 대하여 알리다, 통지하다

□ 0429
strategic
/strətíːdʒik/
비즈니스문제

형**전략**(상)**의**;전략적인
명strategy:(~의/…하기 위한)전략, 전술(for~/to do)
명strategist:전략가, 책사
부strategically:전략상

□ 0430
gross
/gróus/
❗발음주의
비즈니스문제

형**총계**[전체]**의**, 총~(≒total)(⇔net:[제비용을 뺀]순수한)
동~의 총수익을 올리다
부부가세 포함으로

□ 0431
outrageous
/autréidʒəs/
Part 2, 3

형**터무니없는**, 과한, 평소에서 벗어난
명outrage:(~에 대한)격노(at[over]~)
동outrage:~을 분개시키다, 화나게 하다
형outraged:격노한

□ 0432
multiple
/mʌ́ltəpl/
Part 5, 6

형**다양한**;다종다양한(≒many, various)
명(~의)배수(of~)
명multiplication:❶증가 ❷곱셈
동multiply:❶~을 증가하다 ❷늘리다 ❸(multiply A by B로)A 에 B를 곱하다

Day 26 》
Quick Review
답은 오른쪽 페이지 아래

□ 합법한
□ 애매한
□ 공제 가능한
□ 의무적인

□ 최신의
□ 유복한
□ 예전의
□ 사나운

□ 다국적의
□ 제약의
□ 유전자의
□ 경치가 좋은

□ 상처 없는
□ 유독성의
□ 합리적인
□ 신품의

Check 2　Phrase	**Check 3**　Sentence

☐ a **costly** lawsuit (비용이 드는 소송)
☐ a **costly** victory (희생이 큰 승리)

▶ ☐ Without health insurance, medical care is very **costly**. (건강보험이 없으면 의료는 매우 비용이 많이 든다)

☐ a **renowned** scientist (유명한 과학자)
☐ a city **renowned** for its cultural heritage (문화유산으로 유명한 도시)

▶ ☐ Paris is **renowned** as the fashion capital of the world. (파리는 세계의 패션 중심지로 유명하다)

☐ a **customary** practice (관행)
☐ It is **customary** for ~ to do . . . (…하는 것이 ~의 습관이다)

▶ ☐ It is **customary** for Japanese people to say *itadakimasu* just before eating a meal. (요리를 먹기 직전에 '이타다기마스'라고 말하는 것이 일본인의 습관이다)

☐ an **informative** book (유익한 책)

▶ ☐ The program was entertaining and **informative**. (그 방송은 재미있고 유익했다)

☐ a **strategic** plan (전략계획)
☐ a **strategic** alliance (전략적인 제휴)

▶ ☐ The CEO announced a **strategic** plan to streamline operations. (그 CEO는 사업을 합리화하기 위한 전략계획을 발표했다)

☐ **gross** income [weight] (총수입[중량])

▶ ☐ The company's **gross** profit in the fourth quarter was $4.4 million. (그 회사의 제4사분기의 총이익은 440만 달러였다)

☐ It is **outrageous** that ~. (~라니 터무니없는 일이다)
☐ an **outrageous** price (과한 가격)

▶ ☐ It is **outrageous** that Wall Street executives got more than $18 billion in bonuses last year. (미국금융계의 경영간부들이 180억 달러를 넘는 보너스를 작년에 받았다니 터무니없는 일이다)

☐ make **multiple** errors (다수의 잘못을 하다)

▶ ☐ He received **multiple** job offers. (그는 다수의 일을 제안 받았다)

Day 26 》
Quick Review
답은 왼쪽 페이지 아래

☐ legitimate
☐ obscure
☐ deductible
☐ obligatory
☐ up-to-date
☐ affluent
☐ preceding
☐ inclement
☐ multinational
☐ pharmaceutical
☐ genetic
☐ scenic
☐ intact
☐ toxic
☐ rational
☐ brand-new

Check 1　Listen 🔊

□ 0433
upcoming
/ʌ́pkʌ̀miŋ/
Part 2, 3

형 **이번의**, 임박해서, 다가가는

□ 0434
congested
/kəndʒéstid/
Part 1

형 ❶**혼잡한** ❷코가 막힌
명 congestion: ❶(교통의)혼잡 ❷울혈

□ 0435
miscellaneous
/mìsəléiniəs/
Part 7

형 **가지가지의**(것으로 이뤄진)

□ 0436
feasible
/fíːzəbl/
Part 5, 6

형 **실현 가능한**, 실행할 수 있는(≒viable)
명 feasibility: 실현 가능성

□ 0437
nominal
/nάmənl/
Part 7

형 ❶(가격이) **얼마 되지 않는** ❷이름뿐인, 명목상의

□ 0438
synthetic
/sinθétik/
Part 5, 6

형 **합성의**, 인조의

□ 0439
counterfeit
/káuntərfìt/
❗ 발음주의
Part 7

형 **위조**[구조]**의**, 가짜의(≒fake, bogus)
동 ～을 위조하다

□ 0440
rectangular
/rektǽŋgjulər/
Part 1

형 **장방형의**(직사각형의) ➕ '정방형의'는 square
명 rectangle: 장방형

continued ▼

☐ 듣기 모드　Check 1
☐ 확인 모드　Check 1 ▸ 2
☐ 완벽 모드　Check 1 ▸ 2 ▸ 3

Check 2　Phrase

Check 3　Sentence

☐ preparations for the upcoming exams (임박한 시험에 대한 준비)

☐ The politician has decided not to run in the upcoming general election. (그 정치가는 다음 총선거에 입후보하지 않기로 결정했다)

☐ a congested area ([인구의]밀집 지역)
☐ a congested nose (코막힘)

☐ The street is congested with pedestrians. (거리는 보행자로 혼잡하다)

☐ miscellaneous information (여러가지의 정보)
☐ miscellaneous expenses (잡비)

☐ The store sells miscellaneous household items. (그 가게는 여러 가지 가정용품을 팔고 있다)

☐ a feasible plan (실현 가능한 계획)

☐ New technology will make electric cars economically feasible. (새로운 기술이 전기자동차를 경제적으로 실현 가능케 할 것이다)

☐ a nominal amount of money (얼마 되지 않는 돈)
☐ a nominal leader (이름뿐인 지도자)

☐ We can deliver your order for a nominal fee. (우리 가게에서는 얼마 되지 않는 요금으로 주문품을 발송합니다)

☐ synthetic detergent [resin] (합성세제[수지])

☐ Most carpets are made of synthetic fibers. (대부분의 카펫은 합성섬유로 만들어져 있다)

☐ counterfeit coins [bills] (위조동전[지폐])

☐ Five men were arrested for manufacturing counterfeit passports. (위조 여권을 만든 혐의로 남자 5명이 체포되었다)

☐ a rectangular box (장방형의 상자)

☐ The table is rectangular in shape. (그 테이블의 형태는 장방형이다)

continued
▼

Check 1　　Listen 》

□ 0441
contagious
/kəntéidʒəs/
Part 5, 6

형❶**전염되기 쉬운**, 사람에서 사람으로 퍼져나가기 쉬운 ❷(접촉)전염성의 ➕'(간접)전염성의'는 infectious
명contagion:❶접촉전염 ❷직접전염병　▶

□ 0442
irrelevant
/iréləvənt/
Part 5, 6

형(~와)**무관한**(to~)(≒unrelated);불적절한, 짐작이 빗나간 (⇔relevant)

□ 0443
ultimate
/ʌ́ltəmət/
Part 5, 6

형❶**궁극의**, 최종[최후]의 ❷최고의
명(the~)(~에 있어)궁극의 것(in~)
부ultimately:최종적으로, 결국, 최후에

□ 0444
hands-on
/hǽndzán/
비즈니스문제

형**실지의**, 실천의, 현장에서의(≒on-the-job)

□ 0445
in-house
/ínhàus/
비즈니스문제

형**사내의**
부사내에서

□ 0446
predictable
/pridíktəbl/
Part 5, 6

형**예측할 수 있는**(⇔unpredictable)
명prediction:(~에 대한)예측, 예보, 예언, 예상(about[of]~)
동predict:~을 예측[예언, 예상]하다

□ 0447
biased
/báiəst/
Part 7

형(의견이)(~에)**편중된**, 편견을 가진(against[toward, in favor fo]~)
명bias:(~에 대한)편견;선입관(against~)
동bias:~에 편견[선입관]을 갖게 하다

□ 0448
humid
/hjúːmid/
Part 4

형**습기가 많은**, 푹푹 찌는 ➕'(창고)습기가 있는'은 damp, '(기분 좋게)습기가 있는'은 moist
명humidity:습도;습기

Day 27 》
Quick Review
답은 오른쪽 페이지 아래

□ 매우 바쁜	□ 멸종된	□ 비용이 드는	□ 전략의
□ 연속적인	□ 관대한	□ 유명한	□ 총계의
□ 말에 의한	□ 기억해야 할	□ 습관적인	□ 터무니없는
□ 중대한	□ 수직의	□ 유익한	□ 다양한

Check 2   Phrase

- ☐ contagious laughter (사람에서 사람으로 번지는 웃음)
- ☐ a contagious disease (직접전염병)

- ☐ irrelevant information (관계없는 정보)
- ☐ ask an irrelevant question (예상이 빗나간 질문을 하다)

- ☐ the ultimate goal [aim, objective] (궁극적 목표)
- ☐ the ultimate power (최고권력)

- ☐ hands-on training (실전훈련)
- ☐ hands-on experience (현장에서의 경험)

- ☐ in-house research (사내조사)

- ☐ a predictable effect (예측 가능한 결과[영향])
- ☐ It is predictable that ~. (~라는 것을 예측할 수 있다)

- ☐ one's biased opinion (편중된 의견)
- ☐ be biased against the defendant (피고인에게 편견을 가지고 있다)

- ☐ humid weather (푹푹 찌는 날씨)

Check 3   Sentence

- ☐ Yawning is contagious among people. (하품은 사람들 사이에 옮겨가기 쉽다)

- ☐ Young people tend to view politics as irrelevant to their lives. (젊은 사람은 정치를 자신들의 생활과 무관한 것이라 생각하는 경향이 있다)

- ☐ The ultimate goal for companies is to increase profits. (기업에 있어 궁극적 목표는 이익을 증가시키는 것이다)

- ☐ Nothing is more valuable than hands-on experience. (현장에서의 경험만큼 가치 있는 것은 없다)

- ☐ Most companies understand the importance of in-house training. (대부분의 기업은 사내고육의 중요성을 이해하고 있다)

- ☐ The ending of the novel was pretty predictable. (그 소설의 결말은 간단히 예상 가능했다)

- ☐ Reports should not be biased by personal perceptions or opinions. (보도는 개인적인 인식이나 의견에 의해 편중되어서는 안 된다)

- ☐ Japan is hot and humid in summer. (일본의 여름은 덥고 습기가 많다)

Day 27 》
Quick Review
답은 왼쪽 페이지 아래

☐ hectic	☐ extinct	☐ costly	☐ strategic
☐ serial	☐ tolerant	☐ renowned	☐ gross
☐ verbal	☐ memorable	☐ customary	☐ outrageous
☐ profound	☐ vertical	☐ informative	☐ multiple

Check 1　Listen))

☐ 0449
gourmet
/ɡuərméi/
❗ 발음주의
Part 7

형 **미식가의**
명 식도락, 미식가

☐ 0450
sustainable
/səstéinəbl/
Part 7

형 **지속 가능한**, 환경을 파괴하지 않은, 친환경의
명 sustainability: 지속 가능성
동 sustain: ❶ ~을 유지하다, 지속하다 ❷ (손실)을 입다 ❸ ~을 키우다

☐ 0451
notorious
/noutɔ́:riəs/
Part 5, 6

형 (~로) **악명 높은**(for~/as...)(≒ infamous)
명 notoriety: 악명, 악평
부 notoriously: 악명 높게

☐ 0452
metropolitan
/mètrəpálitən/
Part 7

형 **대도시의**, 도회의
명 metropolis: 주요도시, 대도시

☐ 0453
dependable
/dipéndəbl/
Part 5, 6

형 **신뢰할 수 있는**, 의지가 되는(≒ reliable)
명 dependence: ❶ (~에)의존(on[upon]~) ❷ (~에)신뢰, 신용(on[upon]~)
동 depend: (depend on로) ❶ ~에 의지하다 ❷ ~에 의해 결정하다

☐ 0454
bilateral
/bailǽtərəl/
Part 5, 6

형 **2개국[두 사람] 사이의** ➕ unilateral는 '한쪽만의', multilateral은 '다수국(참가)의'

☐ 0455
variable
/vériəbl/
Part 5, 6

형 ❶ **변하기 쉬운**(≒ changeable) ❷ 변할 수 있는
명 ❶ 변화하는[변화하기 쉬운] 것 ❷ 변수
동 vary: ❶ (~의 점에서)다르다, 여러 가지다(in~) ❷ 바뀌다 ❸ ~을 바꾸다
형 varied: 여러 가지의, 다양한, 변화가 풍부한

☐ 0456
marketable
/má:rkitəbl/
비즈니스문제

형 (상품이) **잘[곧] 팔리는**; 시장에 맞는
명 market: ❶ 시장 ❷ 슈퍼마켓
동 market: ~을 시장에 내다, 팔다

continued ▼

☐ 듣기 모드　Check 1
☐ 확인 모드　Check 1 ▸ 2
☐ 완벽 모드　Check 1 ▸ 2 ▸ 3

Check 2　Phrase

☐ **a gourmet magazine** (식도락 잡지)

☐ **sustainable development** (지속 가능한[환경을 파괴하지 않는]개발)

☐ **a notorious figure** (악명 높은 인물)

☐ **a metropolitan area** (대도시권, 수도권)

☐ **a dependable man [car]** (신뢰할 수 있는 사람[차])

☐ **a bilateral treaty** (2개국 사이의 조약)

☐ **variable winds** (변하기 쉬운 풍향)
☐ **a variable interest rate** (변동이율)

☐ **a marketable product** (잘 팔리는 제품)
☐ **a marketable skill** (시장이 원하는 기술)

Check 3　Sentence

☐ **The hotel has six gourmet restaurants including Asian and French.** (그 호텔에는 아시아 요리와 프랑스 요리를 포함한 6개의 미식가를 위한 레스토랑이 있다)

☐ **Sustainable economic growth is essential to poverty reduction.** (지속 가능한 경제성장은 빈곤의 감소를 위해 불가결하다)

☐ **The city is notorious for its traffic jams.** (그 도시는 교통체증으로 악명이 높다)

☐ **Cairo's metropolitan population is about 15 million.** (카이로의 도시 인구는 약 1500만 명이다)

☐ **I doubt that the information is dependable.** (그 정보는 신뢰할 수 없다고 생각한다)

☐ **The US and Singapore signed a bilateral free trade agreement in 2003.** (미국과 싱가포르는 2개국 간 자유무역협정을 2003년에 체결했다)

☐ **Mountain weather is variable.** (산 날씨는 변하기 쉽다)

☐ **This product is very marketable all over the world.** (이 제품은 전 세계에서 매우 잘 팔리고 있다)

continued ▼

Check 1　　Listen 》

□ 0457
preventive
/privéntiv/
Part 5, 6

형 **예방의**
명 prevention:(~의)예방, 방지(of~);(~의)예방[방지]책(against~)
동 prevent:❶(사고)를 막다 ❷(prevent A from doing로)A가 ~하는 것을 방해하다

□ 0458
generic
/dʒənérik/
비즈니스문제

형 ❶**노브랜드의**, 무인상품의 ❷**일반적인**

□ 0459
phenomenal
/finámənl/
Part 7

형 **놀랄만한**, 특별한
명 phenomenon:현상, 사상

□ 0460
approximate
/əpráksəmət/
Part 7

형 **대략적인**
동 (/əpráksəmèit/)대략 ~이 되다, ~에 다가가다
부 approximately:대략, 약

□ 0461
talented
/tǽləntid/
Part 7

형 **재능이 있는**, 유능한(≒gifted)
명 talent:❶(~의)재능, 소질(for~) ❷재능이 있는 사람 ❸(집합적으로)재능이 있는 사람들

□ 0462
constructive
/kənstrʌ́ktiv/
Part 5, 6

형 (생각이) **건설적인**(⇔destructive)
명 construction:❶건설;건축공사 ❷구조
동 construct:~을 (…에서) 건설하다(of[from]…)

□ 0463
nationwide
/néiʃənwàid/
Part 7

형 **전국적인**, 전국적 규모의 ➕ '세계적인'은 worldwide
부 전국적으로, 전국적 규모로

□ 0464
subsequent
/sʌ́bsikwənt/
❶ 강세주의
Part 5, 6

형 (~의) **뒤**[다음]**의**, 뒤에 일어나는(≒following)(⇔preced-ing)
부 subsequently:뒤에

Day 28 》
Quick Review
답은 오른쪽 페이지 아래

□ 이번의
□ 혼잡한
□ 가지가지의
□ 실현 가능한

□ 얼마 되지 않는
□ 합성의
□ 위조의
□ 장방형의

□ 전염되기 쉬운
□ 무관한
□ 궁극의
□ 실지의

□ 사내의
□ 예측할 수 없는
□ 편중된
□ 습기가 많은

Check 2　Phrase

- ☐ **preventive medicine** (예방약; 예방의학)

- ☐ **a generic drug** (노브랜드 약, 제너릭 의약품) ➕ 특허가 끝난 의약품
- ☐ **a generic term** (일반 명칭, 총칭)

- ☐ **a phenomenal talent** (놀랄만한 재능)

- ☐ **approximate time of arrival** (대략적인 도착시간)

- ☐ **a talented pianist** (재능이 있는 피아니스트)

- ☐ **constructive criticism** (건설적인 비평)

- ☐ **a nationwide network** (전국방송, 전국방송망)
- ☐ **get nationwide attention** (전국적인 주목을 모으다)

- ☐ **a subsequent chapter** (다음 장)
- ☐ **subsequent to ~** (~의 뒤[다음]에)

Check 3　Sentence

- ☐ The government is taking preventive measures against influenza. (정부는 인플루엔자에 대한 예방책을 강구하고 있다)

- ☐ A generic product is one that is not sold under a brand name. (노브랜드 상품이란 상표명으로 팔리지 않는 상품을 말한다)

- ☐ Internet advertising is growing at a phenomenal rate. (인터넷 광고는 놀라운 속도로 확대되고 있다)

- ☐ The approximate cost of the project is $300 million. (그 프로젝트의 대략적인 경비는 3억 달러다)

- ☐ Stephen King is one of the most talented living authors. (스티븐 킹은 가장 재능 있는 유명작가 중 한 사람이다)

- ☐ We had a constructive discussion on this issue. (우리들은 이 문제에 관해 건설적인 토론을 했다)

- ☐ The company runs a nationwide supermarket chain. (그 회사는 전국적인 슈퍼마켓 체인을 경영하고 있다)

- ☐ Subsequent to Mr. Brown's resignation, Mr. Harrison was appointed to the position of CEO. (브라운 씨의 사직 이후 해리슨 씨가 CEO의 자리에 임명되었다)

Day 28 》
Quick Review
답은 왼쪽 페이지 아래

☐ upcoming	☐ nominal	☐ contagious	☐ in-house
☐ congested	☐ synthetic	☐ irrelevant	☐ predictable
☐ miscellaneous	☐ counterfeit	☐ ultimate	☐ biased
☐ feasible	☐ rectangular	☐ hands-on	☐ humid

Chapter 3 Review

왼쪽 페이지의 (1)~(20) 의 형용사의 동의 · 유의어 (≒), 반의 · 반대어 (⇔) 를 오른쪽 페이지의 A~T 에서 선택하여 괄호 안에 답을 적는다 . 의미를 모를 때는 색인 번호를 참조하고 복습하자 . (답은 오른쪽 아래)

- [ ] (1) complimentary (0354) ≒ 은? (　　　)
- [ ] (2) mandatory (0356) ⇔ 은? (　　　)
- [ ] (3) hazardous (0360) ≒ 은? (　　　)
- [ ] (4) lucrative (0373) ≒ 은? (　　　)
- [ ] (5) chronic (0382) ⇔ 은? (　　　)
- [ ] (6) messy (0383) ⇔ 은? (　　　)
- [ ] (7) authentic (0386) ⇔ 은? (　　　)
- [ ] (8) incredible (0391) ≒ 은? (　　　)
- [ ] (9) upright (0399) ≒ 은? (　　　)
- [ ] (10) obscure (0402) ≒ 은? (　　　)
- [ ] (11) affluent (0406) ≒ 은? (　　　)
- [ ] (12) preceding (0407) ⇔ 은? (　　　)
- [ ] (13) verbal (0419) ≒ 은? (　　　)
- [ ] (14) costly (0425) ≒ 은? (　　　)
- [ ] (15) gross (0430) ≒ 은? (　　　)
- [ ] (16) feasible (0436) ≒ 은? (　　　)
- [ ] (17) irrelevant (0442) ≒ 은? (　　　)
- [ ] (18) notorious (0451) ≒ 은? (　　　)
- [ ] (19) dependable (0453) ≒ 은? (　　　)
- [ ] (20) talented (0461) ≒ 은? (　　　)

A. acute

B. unbelievable

C. viable

D. wealthy

E. voluntary

F. reliable

G. unclear

H. profitable

I. total

J. fake

K. gifted

L. free

M. expensive

N. tidy

O. unrelated

P. vertical

Q. infamous

R. dangerous

S. spoken

T. following

【해답】 (1) L   (2) E   (3) R   (4) H   (5) A   (6) N   (7) J   (8) B   (9) P   (10) G
(11) D   (12) T   (13) S   (14) M   (15) I   (16) C   (17) O   (18) Q   (19) F   (20) K

CHAPTER 4

명사 : 필수 240

Chapter 4에서는 TOEIC 필수 명사 240을 공부한다. '초' 라는 말이 붙지 않았지만 모두 중요한 단어들이다. TOEIC 시험을 보면서 당황하지 않도록 단어 하나하나를 착실하게 익혀가자.

TOEIC식 격언

One of these days is none of these days.

마음먹은 날이 길일이다.
직역) '언젠가'라는 날은 오지 않는 날이다.

Check 1　Listen 》

☐ 0465
discrepancy
/dìskrépənsi/
Part 5, 6

명 (~의 사이의) **상이**, 불일치 (between~) (≒ difference) ▶

☐ 0466
petroleum
/pətróuliəm/
❗ 강세주의
비즈니스문제

명 **석유** (≒ oil) ▶

☐ 0467
concession
/kənséʃən/
Part 5, 6

명 (~로) **양보** (to~) (≒ compromise)
동 concede: ~을 (옳다고)(떨떠름하게) 인정하다 ▶

☐ 0468
validity
/vəlídəti/
Part 5, 6

명 **타당** [유효, 정당] **성**
명 validation: 검증, 실증, 확증
동 validate: ~가 옳다는 것을 증명하다
형 valid: ❶ (계약이)(법적으로)유효한 ❷ (이유가)타당한 ▶

☐ 0469
acclaim
/əkléim/
Part 5, 6

명 **칭찬** (≒ praise) ➕ claim (~라고 주장하다)와 혼동하지 않도록 주의
동 ~을 칭찬하다 ▶

☐ 0470
expiration
/èkspəréiʃən/
비즈니스문제

명 (기한의) **만기**, 만료
동 expire: 기한이 되다, 만기가 된다 ▶

☐ 0471
dimension
/diménʃən/
Part 5, 6

명 ❶ (통례 ~s) **치수** (≒ measurement); 크기 (≒ size) ❷ 국면, 측면 (≒ aspect) ❸ (~s)규모; 중요성 ❹ 차원 ▶

☐ 0472
outing
/áutiŋ/
Part 7

명 **소풍**, 피크닉 (≒ excursion, picnic) ▶

continued ▼

☐ 듣기 모드　Check 1
☐ 확인 모드　Check 1 ▸ 2
☐ 완벽 모드　Check 1 ▸ 2 ▸ 3

Check 2　　Phrase

☐ a **discrepancy** between the two accounts (2개의 계산이 다름)
☐ a **discrepancy** of opinions (의견의 불일치)

☐ crude [raw] **petroleum** (원유)
☐ a **petroleum** company (석유회사)

☐ make a **concession** to him on [about] ～ (～에 관해 그에게 양보하다)

☐ the **validity** of opinion polls (여론조사의 타당성)
☐ give [lend] **validity** to ～ (～을 타당하게 하다)

☐ win [receive] **acclaim** (칭찬을 받다)
☐ critical **acclaim** (평론가의 칭찬)

☐ the **expiration** of an insurance policy (보험계약의 만기)
☐ **expiration** date (만기[만료]일;유효[사용, 유통]기한)

☐ take the **dimensions** of ～ (～의 치수를 재다)
☐ a new **dimension** of ～ (～의 새로운 국면)

☐ go on an **outing** to ～ (～에 소풍을 가다)

Check 3　　Sentence

☐ There was a significant **discrepancy** between simulation results and measured data. (시뮬레이션의 결과와 측정데이터 사이에 상당한 차기가 있었다)

☐ It is said that **petroleum** will be exhausted in about 40 years. (석유는 약 40년 안에 고갈된다고 말해진다)

☐ No **concessions** must be made to terrorists. (테러리스트에 대해서는 조금의 양보도 해서는 안 된다)

☐ The **validity** of the experiment's results is in question. (그 실험결과의 타당성이 문제가 되고 있다)

☐ The movie won worldwide **acclaim**. (그 영화는 전 세계적으로 칭찬받았다)

☐ What is the **expiration** date of your passport? (당신 여권의 만기일은 언제입니까?)

☐ I was overwhelmed by the **dimensions** of the cathedral. (나는 그 대성당의 크기에 압도당했다)

☐ Our whole-school **outing** will be held this Friday. (우리 학교의 전교 소풍이 이번 주 금요일에 있을 예정이다)

continued
▼

Check 1   Listen 》

□ 0473
census
/sénsəs/
Part 7

명 **국세조사**, 인구조사

□ 0474
viewpoint
/vjú:pɔ́int/
Part 5, 6

명 **관점**, 입장, 견지(≒point of view, perspective, standpoint)

□ 0475
interference
/ìntərfíərəns/
Part 7

명 ❶(~에 대한) **간섭**, 개입(in~) ❷(~에 대한)방해, 장해
(with~)
동 interfere:❶(interfere with로)~을 방해하다 ❷(interfere in
로)~에 간섭하다

□ 0476
stapler
/stéipəlr/
Part 2, 3

명 **스테이플러**
명 staple:❶주식, 기본[필수]식품 ❷스테이플러 침
동 staple:~을 스테이플러로 묶다

□ 0477
bin
/bín/
Part 1

명 **쓰레기통**(≒can);용기

□ 0478
deduction
/didʌ́kʃən/
Part 7

명 ❶(~에서) **공제**(from~)(≒exemption) ❷(~라고 하는)추론
(that절~)
동 deduct:~을 (…에서) 빼다, 공제하다(from…)
형 deductible:공제 가능의

□ 0479
rejection
/ridʒékʃən/
❗ 정의주의
Part 5, 6

명 ❶**불합격 통지** ❷(~의)거절, 거부, 각하(of~)(⇔accep-
tance)
동 reject:~을 거절하다, 거부하다

□ 0480
disclosure
/disklóuʒər/
Part 5, 6

명 (~의)**발각**, 폭로;발표(of~)
동 disclose:(비밀)을 밝히게 하다, 폭로하다

Day 29 》
Quick Review
답은 오른쪽 페이지 아래

□ 미식가의
□ 지속 가능한
□ 악명 높은
□ 대도시의

□ 신뢰할 수 있는
□ 2개국 사이의
□ 변하기 쉬운
□ 잘 팔리는

□ 예방의
□ 노브랜드의
□ 놀랄만한
□ 대략적인

□ 재능이 있는
□ 건설적인
□ 전국적인
□ 뒤의

Check 2　Phrase

☐ take a **census** (국세조사를 하다)

☐ from a historical [religious] **viewpoint** (역사적[종교적] 관점에서 보면)

☐ the government's **interference** in the market (시장에 대한 정부의 개입)
☐ cause **interference** with ~ (~을 방해하다)

☐ bind papers with a **stapler** (서류를 스테이플러로 묶다)

☐ throw garbage [litter, trash, rubbish] in the **bin** (쓰레기를 쓰레기통에 버리다)
☐ a bread **bin** (빵 용기)

☐ a tax **deduction** (세액공제)
☐ draw **deductions** from ~ (~에서 추론하다)

☐ a **rejection** letter ([불합격]통지서)
☐ **rejection** of war (전쟁의 거부)

☐ the **disclosure** of the truth (사실의 발각)

Check 3　Sentence

☐ A **census** is taken every five years in Japan. (일본에서는 국세조사는 5년마다 이뤄진다)

☐ From an environmental **viewpoint**, human activities change the global climate (환경적 관점에서 보면 인간의 활동은 지구환경에 변화를 초래하고 있다)

☐ The country opposes any foreign **interference** in its internal affairs. (그 나라는 국내문제에 대한 외국의 어떠한 간섭에도 저항하고 있다)

☐ Can I borrow your **stapler**? (당신의 스테이플러를 빌려도 될까요?)

☐ There are recycling **bins** in front of the store. (가게 앞에 재활용 용기가 있다)

☐ My taxable income after **deductions** was about $40,000. (공제 후의 우리 과세소득은 약 4만 달러였다)

☐ She applied for several jobs, but received **rejection** letters from all of them. (그녀는 몇 개의 일에 응모했지만, 모두로부터 불합격 통지를 받았다)

☐ Companies must prevent the **disclosure** of personal information. (기업은 개인정보 유출을 반드시 막아야만 한다)

Day 29 》
Quick Review
답은 왼쪽 페이지 아래

☐ gourmet　☐ dependable　☐ preventive　☐ talented
☐ sustainable　☐ bilateral　☐ generic　☐ constructive
☐ notorious　☐ variable　☐ phenomenal　☐ nationwide
☐ metropolitan　☐ marketable　☐ approximate　☐ subsequent

Check 1　Listen 》

□ 0481 **blizzard** /blízərd/ Part 4	명 **거친 눈보라** ➕ '눈보라'는 snowstorm ▶

| □ 0482 **occurrence** /əkə́:rəns/ Part 5, 6 | 명 ❶ **일**, 사건(≒event, incident, accident) ❷ 발생, 출현(≒incidence)
동 occur: ❶ (사건이) 일어나다, 발생하다 ❷ (occur to로)(생각이) ~의 마음에 (불현듯) 떠오르다 ▶ |

| □ 0483 **wholesaler** /hóulsèilər/ 비즈니스문제 | 명 **도매업자**(⇔retailer: 소매업자)
명 wholesale: 도매
형 wholesale: 도매의 ▶ |

| □ 0484 **gathering** /gǽðəriŋ/ Part 5, 6 | 명 **집회**, 모임, 회합(≒meeting, get-together)
동 gather: ❶ 모이다 ❷ ~을 모으다 ❸ ~라고 추측하다 ▶ |

| □ 0485 **closure** /klóuʒər/ 비즈니스문제 | 명 **폐쇄**; 폐점
동 close: ❶ ~을 닫다 ❷ 닫히다 ❸ ~을 끝내다 ❹ 끝나다
형 closed: 폐쇄한
형 closing: 끝[종결]의, 마무리의 ▶ |

| □ 0486 **stopover** /stápòuvər/ Part 4 | 명 (여행 도중에서) **단기**[일시]**체류** ▶ |

| □ 0487 **default** /difɔ́:lt/ 비즈니스문제 | 명 ❶ (~의) **채무불이행**, 체납(on~) ❷ 초기설정
동 (~의) 채무 이행을 게을리하다(on~) ▶ |

| □ 0488 **booking** /búkiŋ/ Part 4 | 명 **예약**(≒reservation)
동 book: ~을 예약하다 ▶ |

continued ▼

□ 듣기 모드　Check 1
□ 확인 모드　Check 1 ▸ 2
□ 완벽 모드　Check 1 ▸ 2 ▸ 3

Check 2　Phrase

□ **be stuck in a blizzard** (거친 눈보라 속에서 오도 가도 못하다)

□ **a rare [an unexpected] occurrence** (드문[생각지 못한] 사건)
□ **the occurrence of an earthquake** (지진의 발생)

□ **a furniture wholesaler** (가구 도매업자)

□ **a social gathering** (친목회)

□ **the closure of the supermarket** (그 슈퍼마켓의 폐점)

□ **a one-day stopover in London** ([여행 도중에] 런던에서의 1일 체류)

□ **a default on a loan** (대출의 채무 불이행)
□ **default settings** (초기 설정값)

□ **make [cancel] a booking** (예약[취소]하다)

Check 3　Sentence

□ **The airport was closed due to a blizzard.** (거친 눈보라 때문에 공항은 폐쇄되었다)

□ **Sports injuries are a common occurrence among children.** (스포츠로 다치는 것은 아이들 사이에는 흔히 있는 일이다)

□ **A cheaper way is to buy bulk quantities from a wholesaler online.** (싼 방법은 도매업자로부터 온라인으로 대량으로 사는 것이다)

□ **There was a gathering of business leaders in Tokyo.** (재계 수뇌의 회합이 도쿄에서 있었다)

□ **The closure of the factory will result in the loss of 500 jobs.** (그 공장의 폐쇄로 500명이 일자리를 잃게 될 것이다)

□ **I had a two-day stopover in Los Angeles on the way to New York.** (뉴욕에 가는 도중에 나는 이틀간 로스앤젤레스에서 체류했다)

□ **Many homeowners are now in default on their mortgage payments in the US.** (미국에서는 현재 많은 주택소유자가 주택대출금의 지불을 체납하고 있다)

□ **Online booking is available on our website.** (우리 회사의 웹사이트에서 온라인 예약을 할 수 있다)

continued ▼

Check 1　　Listen))

□ 0489
sightseeing
/sáitsìːiŋ/
Part 4

명**관광**, 구경
명sightseer:관광객

▶

□ 0490
conductor
/kəndʌ́ktər/
Part 1

명❶**차장** ❷(오케스트라의)지휘자
명conduct:❶행사 ❷실시, 수행
동conduct:(업무)를 하다, 관리하다

▶

□ 0491
publication
/pʌ̀bləkéiʃən/
Part 5, 6

명❶**출판**, 발행 ❷간행[출판]물 ❸발표, 공표
명publisher:출판사
동publish:❶~을 출판[발행]하다 ❷~을 발표[공표]하다

▶

□ 0492
duration
/djuréiʃən/
Part 5, 6

명**계속**[존속, 지속]**되는 기간**
전during:~사이에(내내)

▶

□ 0493
turnout
/tə́ːrnàut/
Part 2, 3

명❶(모임의) **인파**, 출석자 수 ❷투표자 수;투표율
동turn out:❶~라는 것이 판명하다, 결국은 ~에 되다 ❷(~에)
출석하다, 외출하다(for~)

▶

□ 0494
workforce
/wə́ːrkfɔ̀ːrs/
비즈니스문제

명**모든 근로자**(≒labor force) ➕ work force로 두 단어로 사
용하는 경우도 있다

▶

□ 0495
aviation
/èiviéiʃən/
비즈니스문제

명❶**항공**(학), 비행(술) ❷항공기 산업

▶

□ 0496
limitation
/lìmətéiʃən/
Part 5, 6

명❶**제한** ❷(~s)(능력의)한계
명limit:❶한도, 제한 ❷(통례~s)범위, 구역
동limit:~을 (…에) 제한하다(to...)

▶

Day 30))
Quick Review
답은 오른쪽 페이지 아래

□ 상이
□ 석유
□ 양보
□ 타당성

□ 칭찬
□ 만기
□ 치수
□ 소풍

□ 국세조사
□ 관점
□ 간섭
□ 스테이플러

□ 쓰레기통
□ 공제
□ 불합격 통지
□ 발각

Check 2 — Phrase

- ☐ do [go] **sightseeing** (관광하다, 관광하러 나가다)

- ☐ a bus [train] **conductor** (버스[열차]의 차장)
- ☐ a guest **conductor** (객연지휘자)

- ☐ the **publication** date (발행일)
- ☐ a monthly **publication** (월간 간행물, 월간지)

- ☐ the **duration** of life (생존기간)
- ☐ for the **duration** of ~ (~의 기간 중)

- ☐ the **turnout** for the event (그 행사에 나가는 인파)
- ☐ a low [high] **turnout** (낮은[높은] 투표율)

- ☐ a company with a **workforce** of more than 1,000 (전종업원 1000명 이상의 회사)

- ☐ civil **aviation** (민간항공)
- ☐ an **aviation** company (항공회사)

- ☐ the **limitation** of nuclear weapons (핵무기의 제한)
- ☐ have one's **limitations** (한계가 있다)

Check 3 — Sentence

- ☐ I'm planning to do a lot of **sightseeing** in Rome. (나는 로마에서 많은 관광을 할 작정이다)

- ☐ The **conductor** is checking a passenger's ticket. (차장은 승객의 표를 확인하고 있다)

- ☐ {Newsweek} began **publication** in 1933. (《뉴스위크》는 1933년에 출판되기 시작했다)

- ☐ I stayed at my friend's house for the **duration** of my holiday in Hong Kong. (나는 홍콩에서 휴가를 보내는 동안 친구 집에 머물렀다)

- ☐ The **turnout** for the conference was about 200. (그 회의에 출석자 수는 약 200명이었다)

- ☐ The automaker will reduce its **workforce** by 10 percent. (그 자동차 회사는 종업원을 10퍼센트 삭감할 예정이다)

- ☐ The **aviation** industry is facing a shortage of pilots. (항공업계는 파일럿 부족에 직면하고 있다)

- ☐ The ordinance raised the height **limitation** from 30 to 35 feet in all residential districts. (그 조례에 의해 전 주택구역의 높이 제한이 30피트에서 35피트로 높아졌다)

Day 30))
Quick Review
답은 왼쪽 페이지 아래

☐ discrepancy	☐ acclaim	☐ census	☐ bin
☐ petroleum	☐ expiration	☐ viewpoint	☐ deduction
☐ concession	☐ dimension	☐ interference	☐ rejection
☐ validity	☐ outing	☐ stapler	☐ disclosure

Check 1　Listen 》

□ 0497
stimulation
/stìmjuléiʃən/
Part 5, 6

명**자극**, 흥분
명 stimulus: 자극(하는 것)
동 stimulate: ~을 자극하다, 활기를 불어넣다

□ 0498
investigator
/invéstigèitər/
Part 4

명**조사원**; (범죄의)조사관, 수사관
명 investigation: (~의)조사; 수사(into[of]~)
동 investigate: ~을 (상세히) 조사하다, 취조하다

□ 0499
boundary
/báundəri/
Part 5, 6

명 ❶(~사이의) **경계선**(between~)(≒border) ❷(통례~ies) 한계(≒limitation)

□ 0500
repetition
/rèpətíʃən/
Part 5, 6

명**반복**
동 repeat: ❶~을 반복하여 말하다 ❷~을 반복하다
형 repeated: 반복되는, 이따금
형 repetitive: 반복이 많은
부 repeatedly: 반복하여, 재삼재사

□ 0501
diabetes
/dàiəbíːtiz/
Part 7

명**당뇨병**
명 diabetic: 당뇨병 환자
형 diabetic: 당뇨병의

□ 0502
optimism
/áptəmìzm/
Part 7

명**낙관**(론), 난관[낙천]주의(⇔pessimism: 비관주의)
명 optimist: 낙천가; 낙천주의자
형 optimistic: (be optimistic about로)~에 대하여 낙관[낙천]적인

□ 0503
accountability
/əkàuntəbíləti/
Part 5, 6

명 (설명) **책임**(≒responsibility)
동 account: (account for로)❶(어느 비율)을 차지하다 ❷~(의 이유·원인)을 설명하다

□ 0504
wheelbarrow
/hwíːlbæ̀rou/
Part 1

명 (통례 한 바퀴의) **손수레**(≒barrow)

continued ▼

□ 듣기 모드　Check 1
□ 확인 모드　Check 1 ▶ 2
□ 완벽 모드　Check 1 ▶ 2 ▶ 3

Check 2　Phrase

□ intellectual stimulation (지적자극)

□ an accident investigator (사고조사원)
□ a private investigator (사립탐정)

□ the boundary between the US and Mexico (미국과 멕시코 사이의 국경선)
□ beyond the boundaries of ~ (~의 한계를 넘어)

□ avoid a repetition of ~ (~의 반복을 피하다)

□ suffer from diabetes (당뇨병을 앓다)

□ cautious optimism (신중한 낙관론)

□ accountability for results (결과에 대한 설명 책임)
□ assume accountability for ~ (~에 대한 책임을 지다)

□ carry sand in a wheelbarrow (손수레로 모래를 운반하다)

Check 3　Sentence

□ Children need stimulation in order for the brain to develop. (뇌가 발달하기 위해 아이에게는 자극이 필요하다)

□ Investigators believe that the fire was arson. (수사관들은 그 화재를 방화라고 생각하고 있다)

□ The Andes mountains form the boundary between Chile and Argentina. (안데스산맥은 칠레와 아르헨티나 사이의 경계선을 형성하고 있다)

□ Constant repetition is the best way to learn something. (여러 번 반복하는 것이 무언가를 기억하기 위한 최선의 방법이다)

□ Diabetes is one of the most common chronic diseases. (당뇨병은 가장 일반적인 만성병 중 하나다)

□ There is little reason for optimism on the current US economy. (현재 미국경제를 낙관할만한 근거는 거의 없다)

□ The registered nurse assumes accountability for the nursing care of a patient. (정간호사는 환자의 간호에 대한 책임을 지고 있다)

□ The man is pushing a wheelbarrow. (그 남자는 수레를 밀고 있다)

continued ▼

Check 1　　Listen 》

□ 0505
contradiction
/kɑ̀ntrədíkʃən/
Part 7

명 (~의 사이의) **모순** (between~)
동 contradict:~와 모순하다
형 contradictory:(~와)모순한(to~)

□ 0506
handout
/hǽndàut/
Part 4

명 (강연의) **배포자료**, 프린트
동 hand out:~을 (…에게) 나눠주다, 분배하다(to...)

□ 0507
cardboard
/kɑ́:rdbɔ̀:rd/
Part 1

명 **종이상자**, 골판지

□ 0508
debris
/dəbríː/
❗ 발음주의
Part 5, 6

명 **잔해**, 파편, 돌더미(≒rubble)

□ 0509
hallway
/hɔ́:lwèi/
Part 1

명 **복도**, 통로(≒corridor);현관

□ 0510
raft
/rǽft/
Part 1

명 **고무보트**;뗏목
동 ❶뗏목을 타고 가다 ❷~을 뗏목으로 옮기다
명 rafting:(뗏목·고무보트에 의해)레프팅

□ 0511
validation
/væ̀lədéiʃən/
Part 7

명 **검증**, 실증, 확증
명 validity:타당[유효, 정당]성
동 validate:~가 옳다는 것을 증명하다
형 valid:❶(계약이)(법적으로)유효한 ❷(이유가)타당한

□ 0512
liaison
/liːéizən/
Part 5, 6

명 ❶(~사이의) **연락담당**[담당자, 창구](between~) ❷(~의 사이의)연락(between~)

Day 31 》
Quick Review
답은 오른쪽 페이지 아래

□ 거친 눈보라
□ 일
□ 도매업자
□ 집회

□ 폐쇄
□ 단기체류
□ 채무불이행
□ 예약

□ 관광
□ 차장
□ 출판
□ 계속되는 기간

□ 인파
□ 모든 근로자
□ 항공
□ 제한

Check 2   Phrase

- ☐ a **contradiction** in terms (언어의 모순)
- ☐ a **contradiction** between the two policies (그 두 개의 정책 사이의 모순)

- ☐ the **handouts** for the meeting (그 회의를 위한 배부자료)

- ☐ a **cardboard** box (종이상자)
- ☐ a sheet of **cardboard** (1장의 판지)

- ☐ the **debris** of the crashed airplane (추락한 비행기의 잔해)

- ☐ an empty **hallway** (사람이 없는 복도)

- ☐ a life **raft** (구명고무보트)

- ☐ a **validation** method (검증방법)

- ☐ a **liaison** between the two sides (양자 간의 연락담당)
- ☐ **liaison** between departments (부서 간의 연락)

Check 3   Sentence

- ☐ There is a **contradiction** between his words and deeds. (그가 말한 것과 행하는 것 사이에는 모순이 있다)

- ☐ You will find a list of recommended books on the last page of your **handout**. (배부자료의 마지막 페이지에 추천도서의 일람표가 있다)

- ☐ **Cardboard** boxes are stacked against the wall. (벽 쪽에 종이상자가 쌓여 있다)

- ☐ Four people were rescued from the **debris** of a collapsed building. (붕괴한 건물 잔해 속에서 4명이 구조되었다)

- ☐ There are rooms on both sides of the **hallway**. (복도 양쪽에 방이 있다)

- ☐ They are going down the river on a **raft**. (그들은 고무보트를 타고 강을 내려가고 있다)

- ☐ The **validation** process is essential for gaining scientific credibility. (검증과정은 과학적 신뢰성을 얻기 위해 반드시 필요하다)

- ☐ He serves as a **liaison** between labor and management. (그는 노사간의 연락책의 역할을 맡고 있다)

Day 31 》
Quick Review
답은 왼쪽 페이지 아래

☐ blizzard	☐ closure	☐ sightseeing	☐ turnout
☐ occurrence	☐ stopover	☐ conductor	☐ workforce
☐ wholesaler	☐ default	☐ publication	☐ aviation
☐ gathering	☐ booking	☐ duration	☐ limitation

Check 1　　Listen 》

☐ 0513
distraction
/distrǽkʃən/
Part 2, 3

명❶**마음을 산만하게 하는 것** ❷기분 전환, 오락
동distract:(사람)의 마음을 (…에서) 분산시키다, (주의)를 (…에서) 분산시키다, 피하다(from…)
형distracting:마음이 산만한, 집중할 수 없는

☐ 0514
competence
/kámpətəns/
Part 5, 6

명(~의)**능력**;적성(in[for]~)(⇔incompetence)
형competent:❶(일에)유능한(at[in]~);(~하는)능력이 있는(to do);(~하기 위해)적격인(to do) ❷(일이)만족스러운

☐ 0515
allocation
/ǽləkéiʃən/
Part 7

명**할당**, 배분:할당량[액]
동allocate:❶(allocate A for B로)A를 B로 할당하다, 충당하다, 계상하다 ❷(allocate A to B)로)A를 B에게 할당하다, 배분하다

☐ 0516
gear
/gíər/
Part 2, 3

명❶(집합적으로)**도구**, 용구일절 ❷(차의)기어, 톱니바퀴
동~을 (…에) 적합하게 하다(to…)

☐ 0517
beep
/bíːp/
Part 4

명(삑 하는)**발신음**, 신호음(≒tone)
동❶삑 하는 소리를 내다 ❷(호루라기)를 불다

☐ 0518
copyright
/kápiràit/
비즈니스문제

명(~의)**저작권**, 판권(on[to, for]~) ➕기호는 ⓒ
동~의 저작권을 얻다
형저작권이 있는

☐ 0519
prospectus
/prəspéktəs/
Part 7

명(대학·회사의)**안내도**, 사업소개

☐ 0520
implementation
/ìmpləmentéiʃən/
Part 5, 6

명**실행**, 실시, 이행
명implement:도구, 용구
동implement:(계획·약속)을 실행[이행]하다

---

continued ▼

☐ 듣기 모드　Check 1
☐ 확인 모드　Check 1 ▸ 2
☐ 완벽 모드　Check 1 ▸ 2 ▸ 3

Check 2　Phrase

☐ **reduce driver distraction**(운전사의 주의산만을 감소시키다)
☐ **a pleasant distraction**(즐거운 기분전환)

☐ **competence in English**(영어능력)
☐ **competence as a teacher**(교사로서의 적성)

☐ **the allocation of funds**(자금의 할당)

☐ **fishing [rain] gear**(낚시[비]용품)
☐ **a car with five gears**(5단 기어의 차)

☐ **a warning beep**(경고음)

☐ **own [hold] the copyright on ~**(~의 저작권을 가지고 있다)
☐ **a violation of copyright laws**(저작권법 위반)

☐ **a college [business] prospectus**(대학[사업]안내서)

☐ **implementation of a plan**(계획의 실행)

Check 3　Sentence

☐ **Talking on a cellphone can be a distraction from driving.**(휴대전화 통화는 운전에서 주의를 분산시킨다)

☐ **Applicants must demonstrate competence in programming using a high-level program language.**(지원자는 고도의 프로그램언어를 사용한 프로그램의 능력을 증명하지 않으면 안 된다) ⊕ 구인광고의 표현

☐ **A fairer allocation of wealth is crucial to reducing the gap between the rich and poor.**(보다 공평한 부의 배분은 빈부의 격차를 줄이기 위해 매우 중요하다)

☐ **I loaded camping gear into my car.**(나는 차에 캠프용품을 실었다)

☐ **Please leave your name and message after the beep.**(발신음 후에 이름과 메시지를 남겨주세요) ⊕ 부재중 전화의 표현

☐ **Copyright lasts 70 years after the author's death.**(저자의 사후 저작권은 70년간 계속된다)

☐ **Please read the prospectus carefully before you invest.**(투자하기 전에 사업 소개를 자세히 읽어주세요) ⊕ 투자 팸플릿 등의 표현

☐ **The implementation of the project was delayed due to a lack of funds.**(그 프로젝트의 실시는 자금부족 때문에 연기되었다)

continued
▼

Check 1 　Listen 》

□ 0521
momentum
/mouméntəm/
Part 7

명가속도, 탄력

□ 0522
tenant
/ténənt/
비즈니스문제

명임차인(≒lessee)(⇔landlord:지주, 가주)
명tenancy:❶차용(권) ❷차용기간

□ 0523
mandate
/mǽndeit/
Part 5, 6

명❶권한(≒authority) ❷(공식의)명령, 지령(≒order, command)
동❶~에 (…하도록) 명령하다(to do) ❷~에 (…하는) 권한을 주다(to do)
형 mandatory: 의무 [강제] 적인

□ 0524
shuttle
/ʃʌ́tl/
Part 2, 3

명정기왕복편
동(~의 사이를)(정기적으로)왕복하다(between~)(≒ply)

□ 0525
farewell
/fὲərwél/
Part 4

명❶작별 ❷작별의 말[인사]

□ 0526
vicinity
/vɪsínəti/
Part 5, 6

명(~의)부근, 주변(of~)(≒neighborhood)

□ 0527
beneficiary
/bènəfíʃièri/
❗ 강세주의
Part 7

명(유산・연금의)수취인, 수급자

□ 0528
aging
/éidʒiŋ/
Part 5, 6

명노화, 고령화
형나이든, 고령의;노후화한
명age:연령, 나이
동age:나이가 들다
형aged:(수사 앞에 와서)~세의

Day 32 》
Quick Review
답은 오른쪽 페이지 아래

□ 자극	□ 당뇨병	□ 모순	□ 복도
□ 조사원	□ 낙관	□ 배포자료	□ 고무보트
□ 경계선	□ 책임	□ 종이상자	□ 검증
□ 반복	□ 손수레	□ 잔해	□ 연락담당

Check 2　Phrase	Check 3　Sentence

☐ lose momentum (가속도를 잃다)
☐ gain [gather] momentum (탄력을 주다, 가속하다)

▶ ☐ The global economy is losing momentum. (세계경제는 탄력을 잃어가고 있다)

☐ the tenant of the house (그 집의 임차인)

▶ ☐ The office building has very few tenants. (그 사무실 건물에는 임차인이 거의 들어오지 않았다)

☐ have a mandate to do ~ (~할 권한을 가지고 있다)
☐ a royal mandate (왕의 명령)

▶ ☐ The government has a mandate to govern the country. (정부는 나라를 통치할 권한을 가지고 있다)

☐ take the shuttle from the airport to the city center (공항에서 도심으로 정기왕복편을 타다)

▶ ☐ The hotel has a free shuttle bus between the airport and the hotel. (그 호텔에는 공항과 호텔 사이의 무료왕복버스가 있다)

☐ a farewell speech (작별의 말)
☐ bid [say] farewell to her (그녀에게 작별을 고하다)

▶ ☐ A farewell party for Mr. Tanaka will be held this Friday. (다나카 씨의 송별회가 이번 주 금요일에 열린다)

☐ in the vicinity of ~ (~의 근처에[서])

▶ ☐ There was a fire in the immediate vicinity of my house. (나의 집의 바로 옆에서 화재가 있었다)

☐ pension beneficiaries (연금수급자)

▶ ☐ She was the sole beneficiary of her father's inheritance. (그녀는 아버지 유산의 유일한 수취인이었다)

☐ prevent aging (노화를 막다)

▶ ☐ Memory loss is a normal part of aging. (건망증은 노화의 평범한 현상이다)

Day 32 》
Quick Review
답은 왼쪽 페이지 아래

☐ stimulation ☐ diabetes ☐ contradiction ☐ hallway
☐ investigator ☐ optimism ☐ handout ☐ raft
☐ boundary ☐ accountability ☐ cardboard ☐ validation
☐ repetition ☐ wheelbarrow ☐ debris ☐ liaison

Check 1　Listen 》

□ 0529
clutter
/klʌ́tər/
Part 2, 3

명 **잡동사니** (의 산), 난잡, 혼란(≒ mess)
동 ❶(사물이)(장소)에 어질러져 있다 ❷(장소)를 (…으로) 채우다
(with...)

□ 0530
awning
/ɔ́:niŋ/
Part 1

명 (가게의) **차양**

□ 0531
grandeur
/grǽndʒər/
Part 5, 6

명 **웅대함**, 장대함(≒ magnificence)
형 grand: ❶장대[웅대]한 ❷위대[숭고]한

□ 0532
plaque
/plǽk/
❗ 발음주의
Part 1

명 ❶**기념 액자**; 장식 액자 ❷치석 ➕ 영국 영어에서는 ❷는
(/plá:k/)이라 발음하기도 하다

□ 0533
turnaround
/tə́:rnəràund/
비즈니스문제

명 (기업업적 등의) **호전**, (흑자로) 전환
동 turn around: (경제)를 호전시키다

□ 0534
hypothesis
/haipάθəsis/
❗ 강세주의
Part 5, 6

명 **가설** ➕ 복수형은 hypotheses
형 hypothetical: 가설[가정](상)의

□ 0535
diligence
/dílədʒəns/
Part 5, 6

명 **근면**, 부단한 노력
형 diligent: (~에) 근면한 (in[about]~)
부 diligently: 근면하게, 부지런히

□ 0536
consolidation
/kənsὰlədéiʃən/
비즈니스문제

명 ❶(회사의) **합병**, 정리통합 ❷강화
동 consolidate: ❶(회사)를 합병하다, 정리통합하다 ❷합병하다
❸~을 강화하다

---

continued ▼

□ 듣기 모드　Check 1
□ 확인 모드　Check 1 ▸ 2
□ 완벽 모드　Check 1 ▸ 2 ▸ 3

Check 2　Phrase

□ **clutter** in the kitchen (부엌의 잡동사니)
□ **be in a clutter** (어질러져 있다)

□ **a striped awning** (줄무늬 차양)

□ **the grandeur of Beethoven's 9th symphony** (베토벤 교향곡 제9번의 장대함)

□ **a bronze plaque** (기념 동판)
□ **remove plaque** (치석을 제거하다)

□ **the turnaround of the Japanese economy** (일본경제의 호전)

□ **support [establish] a hypothesis** (가설을 뒷받침하다[증명하다])

□ **work with diligence** (근면하게 일하다)

□ **the consolidation of two insurance companies** (두 보험회사의 합병)
□ **the consolidation of the domestic industry** (국내산업의 강화)

Check 3　Sentence

□ **Keep your room free of clutter.** (방을 어질러서는 안 돼)

□ **The awning covers the entrance of the store.** (차양이 그 가게 입구를 덮고 있다)

□ **I was overwhelmed by the grandeur of the Rocky Mountains.** (나는 로키산맥의 웅대함에 압도당했다)

□ **Several plaques are installed on the wall.** (벽에 여러 개의 기념 액자가 걸려 있다)

□ **The company made a miraculous performance turnaround.** (그 회사는 기적적인 사업호전을 달성했다)

□ **The widely accepted hypothesis is that birds evolved from dinosaurs.** (폭넓게 알려진 가설은 조류가 공룡에서 진화했다는 것이다)

□ **Diligence and persistence are the key to success.** (근면과 끈기가 성공의 열쇠다)

□ **The automaker announced the consolidation of its three factories into one.** (그 자동차회사는 3개 공장을 하나로 통합하는 것을 발표했다)

continued
▼

Check 1　　Listen))

☐ 0537
appraisal
/əpréizəl/
비즈니스문제

명(~의)**평가**, 감정, 사정(of~)(≒assessment, evaluation)
동appraise:~을 (…라) 평가[감정, 사정]하다(at...)

☐ 0538
criterion
/kraitíəriən/
Part 5, 6

명(판단·평가를 위한) **기준**, 척도(for~)　➕복수형은 criteria이지만, criteria를 단수로 사용하는 경우도 많다

☐ 0539
rubble
/rʌ́bl/
Part 7

명**잔해**, 파편, 돌더미(≒debris)

☐ 0540
usage
/júːsidʒ/
Part 4

명❶**사용**(법, 량) ❷(언어의)어법, 관용법

☐ 0541
insurer
/inʃúərər/
비즈니스문제

명**보험회사**[업자]
명insurance:보험
동insure:~에 (…에 대비하여) 보험을 들다(against...)

☐ 0542
dormitory
/dɔ́ːrmətɔ̀ːri/
Part 7

명(대학의) **기숙사**

☐ 0543
bidder
/bídər/
비즈니스문제

명**입찰자**, 경쟁자
명bid:❶(공장의)입찰(for~) ❷(~을 위한)기획, 시도(for~)
동bid:❶(bid for로)~에 입찰하다 ❷(bid A for B로)(경매에서) A(값)을 B(물건)에 붙이다

☐ 0544
collateral
/kəlǽtərəl/
비즈니스문제

명**담보**(≒security)
형❶(~에)부수하다(with~) ❷부차적인

Day 33))
Quick Review
답은 오른쪽 페이지 아래

☐ 마음을 산만하게 하는 것　☐ 발신음　☐ 가속도　☐ 작별
☐ 능력　☐ 저작권　☐ 임차인　☐ 부근
☐ 할당　☐ 안내도　☐ 권한　☐ 수취인
☐ 도구　☐ 실행　☐ 정기왕복편　☐ 노화

Check 2　Phrase

- [ ] a job [performance] appraisal (근무평가)
- [ ] make an appraisal of ~ (~을 평가하다)

- [ ] the criterion of judgment (판단의 기준)

- [ ] the rubble of the broken wall (무너진 벽의 잔해)
- [ ] reduce ~ to rubble (~을 산산이 부수다)

- [ ] a usage rate (사용률)
- [ ] modern English usage (현대영어용법)

- [ ] the second-biggest insurer in the world (세계 제2위의 보험회사)

- [ ] a student [company] dormitory (학생[사원]기숙사)

- [ ] the highest bidder (최고 입찰자)
- [ ] a rival bidder (경쟁 입찰자)

- [ ] put up ~ as collateral for . . . (~을 …의 담보로 하다)

Check 3　Sentence

- [ ] Most companies conduct performance appraisals annually. (대부분의 회사는 1년에 한 번 근무평가를 하고 있다)

- [ ] The criteria for choosing a college are different for every student. (대학을 선택한 기준은 학생마다 다르다)

- [ ] Rescue workers searched the rubble for survivors. (구조원들은 생존자가 없는지 잔해 속을 수색했다)

- [ ] Electricity usage goes up in summer and down in winter. (전기의 사용량은 여름에는 증가하고 겨울에는 줄어든다)

- [ ] If you need to make an insurance claim, please contact your insurer directly. (보험금을 청구할 필요가 있는 경우는 보험회사에 직접 연락하주세요)

- [ ] The university has both men's and women's dormitories. (그 대학에는 남자 기숙사와 여자 기숙사가 있다)

- [ ] The painting will go to the highest bidder. (그 회화는 최고 입찰자 손에 건네질 예정이다)

- [ ] He put up his house as collateral for the loan. (그는 집을 그 대출의 담보로 했다)

Day 33))
Quick Review
답은 왼쪽 페이지 아래

- [ ] distraction
- [ ] competence
- [ ] allocation
- [ ] gear
- [ ] beep
- [ ] copyright
- [ ] prospectus
- [ ] implementation
- [ ] momentum
- [ ] tenant
- [ ] mandate
- [ ] shuttle
- [ ] farewell
- [ ] vicinity
- [ ] beneficiary
- [ ] aging

Day 35 명사21

□ 0545
dignity
/dígnəti/
Part 5, 6

몡**위엄**, 존엄
동 dignify:~ 에게 (…으로) 위엄 있게 보이다 (with[by]…

□ 0546
pathway
/pǽθwèi/
Part 1

몡**오솔길**, 좁은 길(≒path, lane)

□ 0547
testimonial
/tèstəmóuniəl/
Part 7

몡**감사의 표시**, 감사장, 표창장

□ 0548
medium
/mí:diəm/
Part 5, 6

몡❶(전달의)**수단**(≒means) ❷매체[매개](물) ➕복수형은 media와 mediums의 두 가지가 있다
혱❶중간의, 중립의 ❷(스테이크가)미디엄의

□ 0549
standstill
/stǽndstìl/
Part 7

몡(a~)**정지**, 휴지;막다른 곳

□ 0550
boarding
/bɔ́:rdiŋ/
Part 4

몡**탑승**, 승차, 승선
동board:(비행기)에 타다

□ 0551
avoidance
/əvɔ̀idns/
Part 5, 6

몡(~을)**회피**(하는 것)(of~)
동avoid:❶~을 피하다 ❷(avoid doing로)~하는 것을 피하다;~하지 않도록 하다

□ 0552
delegation
/dèligéiʃən/
Part 7

몡(집합적으로)**대표**[파견]**단**
몡delegate:(정치적 회의의)대표자, 사절
동delegate:❶(임무)를 (…에게) 위임하다(to…) ❷~을 (…하도록) 대표에 세우다(to do)

continued ▼

Check 2　Phrase

☐ **a man of dignity** (위엄있는 사람)
☐ **human dignity** (인간의 존엄)

☐ **a pedestrian pathway** (보도)

☐ **give a testimonial to ~** (~에 감사의 마음을 전하다)
☐ **a testimonial letter** (감사장)

☐ **a medium of transportation** (교통수단)
☐ **the medium of television** (텔레비전 매체)

☐ **come [grind] to a standstill** (정지하다, 막다르게 되다)
☐ **be at a standstill** (길이 막히다)

☐ **a boarding pass** (탑승권)

☐ **the avoidance of danger** (위험회피)
☐ **tax avoidance** ([합법적]절세) ➕ '탈세'는 tax evasion

☐ **send a delegation to ~** (~에 대표단을 파견하다)

Check 3　Sentence

☐ **She is a woman of grace and dignity.** (그녀는 기품과 위엄있는 여성이다)

☐ **The pathway leads through the woods.** (숲속에 오솔길이 나 있다)

☐ **I would like to give you a testimonial for your efforts.** (당신의 노고에 감사의 인사를 올립니다)

☐ **E-mail has become a primary medium of communication in business.** (전자메일은 비즈니스에서의 주요한 전달수단이 되었다)

☐ **Heavy snow brought traffic to a standstill.** (대설로 교통은 마비되었다)

☐ **Ladies and gentlemen, boarding will start in 10 minutes.** (여러분, 탑승은 10분 뒤에 시작합니다. ➕공항 안내방송

☐ **The avoidance of overtraining is important for injury reduction.** (과도한 연습을 피하는 것은 부상을 줄이기 위해 중요하다)

☐ **A US delegation arrived in Tokyo to discuss trade issues.** (무역문제에 대해 협의하기 위해 미국의 대표단이 도쿄에 도착했다)

continued
▼

Check 1   Listen 》

☐ 0553
incidence
/ínsədəns/
Part 5, 6

명 (병·사건의) **발생** (율)(≒occurrence)
명 incident: 일, 사건, 사고
형 incident: (~에) 있는 경향의, 일어나기 일쑤의

☐ 0554
respondent
/rispándənt/
Part 5, 6

명 **응답자**
명 response: (~에) 회답, 응답(to~)
동 respond: (respond to로) ❶~에 응답[대답]하다, ❷~에 응답하다

☐ 0555
housekeeping
/háuskìːpiŋ/
Part 2, 3

명 **가사** ; 가계비
형 housekeeper: 가정부

☐ 0556
pundit
/pándit/
Part 7

명 **평론**[비평]**가**(≒critic, reviewer), 전문가(≒expert)

☐ 0557
vocation
/voukéiʃən/
비즈니스문제

명 ❶**천직** ❷업무(≒job, occupation, profession, career)
형 vocational: 직업(상)의

☐ 0558
cultivation
/kʌ̀ltəvéiʃən/
Part 5, 6

명 ❶**재배** ❷경작 ❸교양, 수양
동 cultivate: ❶~을 경작하다 ❷~을 재배하다 ❸(재능)을 키우다
형 cultivated: ❶교양 있는, 세련된 ❷재배된 ❸경작된

☐ 0559
benchmark
/béntʃmàːrk/
Part 7

명 (가치 판단의) **기준**, 척도(≒standard)

☐ 0560
constraint
/kənstréint/
Part 7

명 ❶(~에 대한) **제약**(on~)(≒restriction) ❷강제
동 constrain: ~을 억제[억지]하다

Day 34 》
Quick Review
답은 오른쪽 페이지 아래

☐ 잡동사니   ☐ 호전   ☐ 평가   ☐ 보험회사
☐ 차양   ☐ 가설   ☐ 기준   ☐ 기숙사
☐ 웅대함   ☐ 근면   ☐ 잔해   ☐ 입찰자
☐ 기념 액자   ☐ 합병   ☐ 사용   ☐ 담보

☐ the incidence of traffic accidents (교통사고의 발생률)

☐ Residents in the area are concerned about the increasing incidence of crime. (그 지역의 주민은 범죄발생의 증가를 걱정하고 있다)

☐ a questionnaire [poll] respondent (설문지[여론조사]의 응답자)

☐ The survey showed that nearly 70 percent of respondents disapproved of the cabinet. (그 조사에서 70% 가까운 응답자들이 내각을 지지하지 않는다는 사실이 밝혀졌다)

☐ be good at housekeeping (집안일을 잘하다)

☐ Doing the laundry is one of the most important parts of housekeeping. (세탁은 가사의 가장 중요한 부분 중 하나다)

☐ a sports pundit (스포츠 평가론)

☐ He is one of the most influential political pundits. (그는 가장 영향력이 있는 정치평론가 중 한 사람이다)

☐ regard one's profession as a vocation (자신의 직업을 천직이라 생각하다)
☐ one's vocation as a teacher (교사로서의 일)

☐ He found his vocation as a composer after some years spent as a pianist. (그는 몇 년간 피아니스트로 지낸 뒤 작곡가로서의 소명을 깨달았다)

☐ the cultivation of rice (쌀의 재배)
☐ land under cultivation (경작 중인 토지)

☐ The cultivation of marijuana is a criminal offense in many countries. (마리화나 재배는 많은 국가에서 범죄다)

☐ a benchmark of evaluation (평가의 기준)

☐ The prime rate is a benchmark for setting interest rates on many types of loans. (우대금리란 많은 종류의 대출 이율을 설정할 때에 기준이 되는 것이다)

☐ financial constraints (재정적 제약)
☐ under constraint (어쩔 수 없이, 강제하여)

☐ The construction of the bridge was cancelled due to budget constraints. (그 다리의 건설은 예산의 제약 때문에 취소되었다)

Day 34 》
Quick Review
답은 왼쪽 페이지 아래

☐ clutter	☐ turnaround	☐ appraisal	☐ insurer
☐ awning	☐ hypothesis	☐ criterion	☐ dormitory
☐ grandeur	☐ diligence	☐ rubble	☐ bidder
☐ plaque	☐ consolidation	☐ usage	☐ collateral

Day 36 명사22

Check 1　　Listen))

□ 0561
grain
/gréin/
Part 7

명❶(집단적으로) **곡물**(≒ cereal) ❷(곡물의) 낱알

□ 0562
specimen
/spésəmən/
Part 1

명❶**표본** ❷견본

□ 0563
commentary
/káməntèri/
Part 4

명(~의)(실황) **해설**;논평(on~)
명 comment:(~에 대한)논평, 코멘트(about[on]~)
동 comment:(comment on로)~에 대한 논평[코멘트]하다

□ 0564
administrator
/ædmínəstrèitər/
Part 7

명**관리자**, 경영자
명 administration:❶관리, 경영 ❷행정;(때때로 the A~)정부, 내각
동 administer:❶~을 관리[경영]하다 ❷~을 통치하다
형 administrative:❶관리의, 경영상의 ❷행정상의

□ 0565
gymnasium
/dʒimnéiziəm/
❗ 강세주의
Part 1

명**체육관**, 헬스클럽　➕단축형은 gym

□ 0566
trustee
/trʌstíː/
Part 4

명❶(회사·학교의) **이사**, 임원, 평의원 ❷(타인의 재산의)관리[보관]인

□ 0567
literacy
/lítərəsi/
Part 7

명❶(컴퓨터의) **사용능력**;(특정분야의)지식, 능력 ❷어학능력, 읽는 능력
형 literate:❶읽고 쓸 수 있는 ❷(특정분야의)지식[기능]이 있는

□ 0568
diner
/dáinər/
Part 1

명❶**식사 손님** ❷간이식당, 작은 식당
명 dinner:디너, 식사
동 dine:(~와)식사를 하다(with~)

continued ▼

☐ 듣기 모드　Check 1
☐ 확인 모드　Check 1 ▶ 2
☐ 완벽 모드　Check 1 ▶ 2 ▶ 3

Check 2　Phrase	Check 3　Sentence
☐ a field of grain (곡물밭) ☐ a grain of wheat (밀알)	☐ Rice is the staple grain of North East and South East Asia. (쌀은 동북아시아와 동남아시아의 주요 곡물이다)
☐ a fossil specimen (화석의 표본) ☐ a fine specimen of ~ (~의 좋은 견본)	☐ The man is examining a specimen. (그 남자는 표본을 조사중이다)
☐ a basketball commentary (농구 해설)	☐ He writes political commentary for {The Washington Post.} (그는 〈워싱턴포스트〉지에 정치논평을 쓰고 있다)
☐ a system administrator (시스템관리자) ☐ a business administrator (기업경영자)	☐ He works as a school administrator. (그는 학교관리자로서 근무하고 있다)
☐ a school gymnasium (학교의 체육관)	☐ They are exercising in the gymnasium. (그들은 체육관에서 운동하고 있다)
☐ the board of trustees (이사회) ☐ a trustee in bankruptcy (파산관리인)	☐ She is a member of the university board of trustees. (그녀는 그 대학의 이사회 멤버다)
☐ computer literacy (컴퓨터 사용능력) ☐ the literacy rate (문맹률)	☐ Computer literacy is essential for this position. (컴퓨터의 사용능력은 이 일에 필수다) ➕구인광고의 표현
☐ restaurant diners (레스토랑의 손님) ☐ a diner along the road (길가의 간이식당)	☐ The restaurant is almost full of diners. (레스토랑은 손님으로 거의 만석이다)

continued ▼

CHAPTER 1
CHAPTER 2
CHAPTER 3
CHAPTER 4
CHAPTER 5
CHAPTER 6
CHAPTER 7
CHAPTER 8
CHAPTER 9

Check 1   Listen 》

□ 0569
breadth
/brédθ/
Part 5, 6

명❶폭, 가로폭(≒width) ➕'길이'는 length, '깊이'는 depth ❷(지식의) 넓이

□ 0570
crackdown
/krǽkdàun/
Part 7

명(~에 대한) **엄중한 단속**(on~)
동crack down on:~을 엄하게 단속하다

□ 0571
hub
/hʌ́b/
Part 5, 6

명**중심**(지), 중핵, 중추(≒center)

□ 0572
screening
/skrí:niŋ/
Part 7

명❶**선고**, 선발, 심사 ❷검진, 의학검사
동screen:❶~을 선별하다 ❷~을 (…에서) 지키다;숨기다 (from…)

□ 0573
patron
/péitrən/
❗ 발음주의
비즈니스문제

명❶**고객**, 단골손님(≒client, customer) ❷후계자(≒sup-porter)
명patronage:(가게의) 단골손님

□ 0574
citizenship
/sítəzənʃip/
Part 5, 6

명**시민**[공민]**권**, 국적
명citizen:❶시민 ❷국민

□ 0575
affluence
/ǽfluəns/
Part 5, 6

명**풍부함**, 유복(≒wealth)
형affluent:유복한, 풍부한

□ 0576
fixture
/fíkstʃər/
Part 7

명(통례~s)(가옥 내의) **설비**, 비품

Day 35 》
Quick Review
답은 오른쪽 페이지 아래

□ 위엄
□ 오솔길
□ 감사의 표시
□ 수단

□ 정지
□ 탑승
□ 회피
□ 대표단

□ 발생
□ 응답자
□ 가사
□ 평론가

□ 천직
□ 재배
□ 기준
□ 제약

<table>
<tr><td>

Check 2　　Phrase

□ **the breadth of the table** (그 테이블의 폭)

□ **the breadth of his knowledge** (그의 지식의 폭)

□ **a crackdown on speeding** (속도위반에 대한 엄중한 단속)

□ **the hub of the town** (마을의 중심지)

□ **a hub airport** (거점공항, 허브공항)
➕ 항공네트워크의 중심이 되는 공항

□ **a screening process** (선발과정)
□ **cancer screening** (암 검진)

□ **patrons of the store** (그 가게의 단골손님)

□ **a patron of charities** (자선단체의 후원자)

□ **acquire [lose, grant] citizenship** (시민권을 얻다[잃다, 주다])
□ **dual citizenship** (이중국적)

□ **material [spiritual] affluence** (물질적[정신적]인 풍부함)

□ **live in affluence** (유복하게 생활하다)

□ **lighting fixtures** (조명설비)

</td><td>

Check 3　　Sentence

□ **The length of the rectangle is twice its breadth.** (그 직사각의 길이는 폭의 두 배다)

□ **Police will begin an unprecedented crackdown on drunk driving.** (경찰은 음주운전에 대한 전례 없는 엄중한 단속을 시작할 예정이다)

□ **Wall Street is the hub of global financial markets.** (월가는 세계의 금융시장의 중심이다)

□ **The initial screening of applicants is based on academic performance.** (지원자의 제1차 선발은 학업성적에 근거하고 있다)

□ **We need to maintain and develop a relationship with our patrons.** (우리들은 고객과의 관계를 유지하고 발전시켜갈 필요가 있다)

□ **She acquired US citizenship last year.** (그녀는 작년 미국 시민권을 얻었다)

□ **In the country, a very few enjoy affluence, while the majority of people live in poverty.** (그 나라에서는 소수의 사람들이 풍족함을 누릴 수 있는 한편, 대다수의 사람들은 가난한 생활을 하고 있다)

□ **The price includes all furniture and fixtures.** (가격에는 모든 가구와 설비가 포함되어 있다) ➕ 주택광고의 표현

</td></tr>
</table>

Day 35 》
Quick Review
답은 왼쪽 페이지 아래

□ dignity　　□ standstill　　□ incidence　　□ vocation
□ pathway　　□ boarding　　□ respondent　　□ cultivation
□ testimonial　□ avoidance　　□ housekeeping　□ benchmark
□ medium　　□ delegation　　□ pundit　　□ constraint

Day 37 명사23

□ 0577
ventilation
/vèntəléiʃən/
Part 7

명환기, 통풍
동ventilate:(방)을 환기하다

□ 0578
proximity
/prɑksíməti/
Part 5, 6

명(~에)가까운 것(to~), 근접(≒nearness)

□ 0579
diplomat
/dípləmæt/
Part 4

명❶외교관 ❷외교가
명diplomacy:❶외교 ❷외교적 수완
형diplomatic:❶외교(상의) ❷외교적 수완이 있는

□ 0580
confidentiality
/kànfədenʃiǽləti/
Part 5, 6

명기밀[비밀]성[유지]
명confidence:❶신뢰 ❷자신 ❸비밀
형confidential:비밀[내밀]의
부confidentially:내밀하게

□ 0581
lag
/lǽg/
Part 5, 6

명지연(≒delay)
동늦다;(~보다)진행이 늦다(behind~)

□ 0582
shortcut
/ʃɔ́:rtkʌ̀t/
Part 2, 3

명(~으로의)지름길(to~)(⇔detour:우회로)　➕비유적인 의미
에서도 사용된다

□ 0583
pointer
/pɔ̀intər/
❗정의주의
Part 7

명(~에 대한)조언, 힌트(on~)(≒tip, hint)
동point:❶(point at로)~을 제시하다, 가리키다 ❷~을 (…에)
향하다(at…)

□ 0584
funding
/fʌ́ndiŋ/
비즈니스문제

명(~을 위한)재정적 지원, 자금제공, 재원(for~)
명fund:(때때로~s)(~을 위한)자금, 기금(for~)
동fund:~에 자금을 제공하다

continued
▼

☐ 듣기 도드　Check 1
☐ 확인 도드　Check 1 ▸ 2
☐ 완벽 도드　Check 1 ▸ 2 ▸ 3

Check 2　Phrase

☐ a **ventilation** system (환기시스템)

☐ have good [poor] **ventilation** ([집이]환기가 잘되다[잘 안되다])

☐ in close **proximity** to ~ (~의 바로 곁에[서])

☐ a **diplomat** posted in France (프랑스 주재의 외교관)

☐ the **confidentiality** of votes (투표의 비밀성)
☐ a breach of **confidentiality** (비밀엄수의 의무위반)

☐ a time **lag** (시간의 지연)
☐ jet **lag** (시차증)

☐ take a **shortcut** (지름길을 가다)

☐ give him **pointers** on ~ (그에게 ~에 대한 조언을 생각하다)

☐ **funding** for the project (그 프로젝트를 위한 재정적 지원)
☐ get [give] **funding** for ~ (~을 위한 재정적 지원을 얻다[주다])

Check 3　Sentence

☐ **Good ventilation is essential to both comfort and health.** (충분한 환기는 쾌적함과 건강 모두에 필요하다)

☐ **The best thing about the house is its proximity to the station.** (그 집의 가장 좋은 점은 역 근처라는 것이다)

☐ **My dream was to be a diplomat.** (나의 꿈은 외교관이 되는 것이었다)

☐ **The doctor-patient relationship is based on confidentiality.** (의사와 환자의 관계는 기밀유지에 근거하고 있다)

☐ **There is always a time lag between a financial market's crisis and its effect on the real economy.** (금융시장의 위기와 실체 경제에 미치는 영향의 사이에는 시간 차가 있다)

☐ **There is no shortcut to success.** (성공으로 가는 지름길은 없다)

☐ **He gave me some pointers on how to write a term paper.** (그는 기말 리포트 작성에 대해서 내게 몇 가지 조언을 해주었다)

☐ **The bank received emergency funding from the government.** (그 은행은 정부에서 긴급재정지원을 받았다)

continued
▼

Check 1   Listen 🔊

□ 0585
regime
/rəʒíːm/
Part 5, 6

명 정권 (≒ government)

□ 0586
mentor
/méntɔːr/
Part 2, 3

명 (신뢰할 수 있는) 조언[지도]자, 멘토

□ 0587
synergy
/sínərdʒi/
비즈니스문제

명 상승효과

□ 0588
artisan
/ɑ́ːrtəzən/
비즈니스문제

명 장인 (≒ craftsman)

□ 0589
correction
/kərékʃən/
Part 5, 6

명 수정, 정정, 교정 ➕ collection(수집물)과 혼동하지 않도록 주의
동 correct: (잘못)을 정정하다
형 correct: ❶ 바른, 정확한 ❷ 적절한, 타당한
부 correctly: 옳게, 정확히

□ 0590
adherence
/ædhíərəns/
Part 7

명 ❶ (규칙의) 엄수(to~) ❷ (~에 대한) 고집, 집착(to~)
명 adherent: (~의) 지지자(of~)
동 adhere: (adhere to로) ❶ (규칙)을 엄수하다 ❷ (생각)을 고집하다

□ 0591
influx
/ínflʌks/
Part 7

명 (~의) 유입, 도래(of~)

□ 0592
saturation
/sæ̀tʃəréiʃən/
비즈니스문제

명 (시장의) 포화(상태), 과잉공급
동 saturate: ❶ (시장)에 상품을 과잉공급하다 ❷ ~을 (…로) 채우다(with…)

Day 36 🔊
Quick Review
답은 오른쪽 페이지 아래

□ 곡물	□ 체육관	□ 폭	□ 고객
□ 표본	□ 이사	□ 엄중한 단속	□ 시민권
□ 해설	□ 사용능력	□ 중심	□ 풍부함
□ 관리자	□ 식사 손님	□ 선고	□ 설비

Check 2　Phrase

- □ the military **regime** (군사정권)

- □ the ideal **mentor** (이상적인 조언자)

- □ create [generate, produce] **synergy** (상승효과를 낳다)

- □ a skilled **artisan** (숙련된 장인)

- □ make a **correction** (수정[정정]하다)
- □ **correction** marks (교정기호)

- □ **adherence** to laws (법률의 엄수)
- □ **adherence** to old ideas (낡은 생각에 대한 고집)

- □ an **influx** of foreign capital (외국자본의 유입)

- □ market **saturation** (시장의 포화상태) ➕공급이 수요를 웃도는 상태
- □ **saturation** point (포화점, 포화상태)

Check 3　Sentence

- □ Saddam Hussein's **regime** was overthrown by US forces. (사담 후세인 정권은 미군에 의해 쓰러졌다)

- □ My current boss is my best **mentor**. (나의 현재 상사는 나의 최고의 멘토다)

- □ The partnership of the two companies will create **synergy**. (양사의 제휴는 상승효과를 낳을 것이다)

- □ Small manufacturers are faced with an acute shortage of skilled **artisans**. (소규모 제조사는 심각한 숙련공 부족에 직면에 있다)

- □ My essay was returned with lots of **corrections**. (나의 소논문은 많은 수정이 되어 되돌아왔다)

- □ **Adherence** to safety regulations is of the utmost importance. (안전규칙의 엄수가 가장 중요하다)

- □ The country is faced with an **influx** of Iraqi refugees. (그 나라는 이라크 난민의 유입에 직면해 있다)

- □ The mobile phone market has almost reached **saturation**. (휴대전화 시장은 포화상태에 거의 다다랐다)

Day 36 〉〉
Quick Review
답은 왼쪽 페이지 아래

- □ grain
- □ specimen
- □ commentary
- □ administrator
- □ gymnasium
- □ trustee
- □ literacy
- □ diner
- □ breadth
- □ crackdown
- □ hub
- □ screening
- □ patron
- □ citizenship
- □ affluence
- □ fixture

Check 1　　Listen 》

□ 0593
heredity
/hərédəti/
Part 7

명 **유전**(적 형질) ➕ '유전자'는 gene
형 hereditary : ❶유전(성)의 ❷세습의

□ 0594
brokerage
/bróukəridʒ/
비즈니스문제

명 ❶**증권회사**(≒ brokerage house[firm]) ❷중개수수료

□ 0595
excellence
/éksələns/
Part 4

명 (~에 있어) **우수함**, 탁월(in~)
동 excel : (excel in[at]로)~에 뛰어나다
형 excellent : 훌륭한, 매우 우수한

□ 0596
perk
/pə́ːrk/
비즈니스문제

명 (통례~s)(지위에 동반한) **특전**, 특권, 부수입(≒ perquisite)

□ 0597
contributor
/kəntríbjutər/
Part 5, 6

명 ❶(~의) **원인**(to~) ❷(~에)기부자, 공헌자(to~) ❸(~의) 기고자(to~)
명 contribution : ❶공헌, 기여 ❷기부(금)
동 contribute : ❶(contribute A to[toward] B로)A를 B로 기부하다 ❷(contribute to로)~에 공헌[기부]하다

□ 0598
probation
/proubéiʃən/
비즈시스문제

명 ❶**견습**[실습] **기간** ❷집행유예, 보호관찰

□ 0599
annuity
/ənjúːəti/
Part 7

명 **연금**(≒ pension)

□ 0600
depot
/díːpou/
❗ 발음주의
Part 5, 6

명 ❶**창고**, 저장소(≒ warehouse, storehouse) ❷(철도의)역, (버스의)발착지

continued ▼

174 ▶ 175

☐ 듣기 코드　Check 1
☐ 확인 코드　Check 1 ▸ 2
☐ 완벽 코드　Check 1 ▸ 2 ▸ 3

Check 2　Phrase

☐ a disease due to **heredity**(유전에 의한 병)

☐ a mid-sized **brokerage**(중견 증권회사)

☐ **excellence** in studies(학업의 우수함)

☐ give **perks** to ~ (~에 특전을 주다)
☐ the **perks** of the job(그 일의 특전)

☐ a **contributor** to the current economic crisis(현재의 경제위기의 원인)
☐ a **contributor** to charities(자선단체의 기부자)

☐ put [place] ~ on **probation**(~을 인턴으로 채용하다)
☐ give ~ three years' **probation**(~을 집행유예 3년으로 하다)

☐ **annuity** insurance(연금보험)
☐ receive an **annuity**(연금을 받다)

☐ a weapons **depot**(무기고)
☐ a bus **depot**(버스 정류소)

Check 3　Sentence

☐ **Heredity** is the most common factor in hair loss. (유전은 탈모의 가장 일반적인 요인이다)

☐ Most **brokerages** suffered huge losses last year. (대부분 증권회사는 작년 큰 손실을 입었다)

☐ He was cited for his **excellence** in sales performance. (그는 우수한 영업성적으로 표창을 받았다)

☐ One of the **perks** of freelancing is the flexibility in your schedule. (프리랜서의 특전 중 하나는 스케줄의 유연성이다)

☐ Carbon dioxide is one of the main **contributors** to global warming. (이산화탄소는 지구온난화의 원인 중 하나다)

☐ You will be on **probation** for three months before being considered a regular employee. (정사원으로 인정받기 전에 당신은 3개월간 인턴으로 일해야 한다)

☐ Under this form of payment, you will receive an **annuity** of $5,000 each year for the rest of your life. (이 지불방식으로는 당신은 연간 5,000달러의 연금을 평생 받게 된다)

☐ There was an explosion at the fuel **depot** yesterday. (어제 그 연료저장소에서 폭발이 있었다)

continued ▼

Check 1 　　Listen 》

☐ 0601 **plea** /plíː/ Part 5, 6	몡 ❶(~에 대한) **탄원**, 청원(for~)(≒appeal, request) ❷(소송에서 사실의)신청 ❸변명, 구실(≒excuse) 동 plead:❶(plead for로)~을 탄원[호소]하다 ❷(plead with A to do로)A에게 ~해달라고 호소하다
☐ 0602 **transparency** /trænspéərənsi/ Part 5, 6	몡 ❶(상황·과정의) **투명성** ❷투명(도) 혱 transparent:투명한
☐ 0603 **crease** /kríːs/ Part 5, 6	몡 (천의) **주름**;(바지의)접는 선(≒fold, wrinkle) 동 ❶~을 주름투성이로 만들다, ~에 주름선을 만들다 ❷주름이 되다;주름이 생기다
☐ 0604 **adversary** /ǽdvərsèri/ ❗ 강세주의 Part 7	몡 **적**;(시합의)상대, 라이벌(≒enemy, opponent) 혱 adverse:❶불이익한;(효과가)마이너스의 ❷적의에 가득한
☐ 0605 **carousel** /kæ̀rəsél/ ❗ 강세주의 Part 1	몡 ❶(공항에 있는) **회전식 컨베이어** ❷회전목마(≒merry-go-round)
☐ 0606 **misunderstanding** /mìsʌndərstǽndiŋ/ Part 7	몡 (~에 대한) **오해**, 생각의 차이(of[about]~) 동 misunderstand:~을 오해한다 혱 misunderstood:오해된
☐ 0607 **semiconductor** /sémikəndʌ̀ktər/ 비즈니스문제	몡 **반도체**
☐ 0608 **lecturer** /léktʃərər/ Part 1	몡 **강연자**, 강사 몡 lecture:(~에 대한)강의, 강연(on[about]~) 동 lecture:❶~에게 (…에 대하여) 강의[강연]하다(on[about]~) ❷~에게 (…로) 설교하다(on[about, for]...)

□ **make a** plea **for** ~ (~을 탄원하다)
□ **make [enter] a** plea **of not guilty** (무죄 신청을 하다)

□ **the** transparency **of the electoral process** (선거과정의 투명성)
□ **the** transparency **of the lake** (그 호수의 투명도)

□ **iron** creases **[a crease]** (주름에 다림질을 하다[다리미로 주름을 잡다])

□ **a political** adversary (정적)

□ **pick up one's baggage from a** carousel (회전식 컨베이어에서 수하물을 들어올리다)
□ **ride (on) a** carousel (회전목마에 타다)

□ **have a** misunderstanding **of [about]** ~ (~을 오해하다)

□ **a** semiconductor **chip** (반도체 칩)
□ semiconductor **business** (반도체 사업)

□ **a** lecturer **in economics** (경제학의 강사)

□ **She made a tearful** plea **for help.** (그녀는 눈물을 흘리면서 도움을 청했다)

□ **The government should improve the** transparency **of its ODA program.** (정부는 ODA 프로그램의 투명성을 개선해야 한다)

□ **To remove** creases **from velvet, hang it in a steamy bathroom.** (벨벳에서 주름을 없애기 위해서는 열기가 많은 욕실에서 말려주세요)

□ **Hillary Clinton was Obama's** adversary **in the Democratic primaries.** (힐러리 클린턴은 민주당의 예비선거에서 오바마의 라이벌이었다)

□ **They are waiting for their baggage by the** carousel. (그들은 회전식 컨베이어 옆에서 수하물을 기다리고 있다)

□ Misunderstanding **often leads to disagreement.** (오해는 때때로 (의견)충돌로 이어진다)

□ Semiconductors **are essential components of computers and many electrical devices.** (반도체는 컴퓨터나 많은 전자기기에 빠지지 않는 부품이다)

□ **They are listening to the** lecturer. (그들은 강연자의 이야기를 듣고 있다)

Day 37 》
Quick Review
답은 왼쪽 페이지 아래

□ ventilation	□ lag	□ regime	□ correction
□ proximity	□ shortcut	□ mentor	□ adherence
□ diplomat	□ pointer	□ synergy	□ influx
□ confidentiality	□ funding	□ artisan	□ saturation

Check 1　　Listen))

☐ 0609
enhancement
/inhǽnsmənt/
Part 5, 6

명 **증진**, 증대, 강화
동 enhance:(힘 · 가치)를 높이다, 향상시키다

☐ 0610
reservoir
/rézərvwɑ̀ːr/
Part 7

명 ❶ **저수지** ❷(지식의)축적, 보고(of~)

☐ 0611
confiscation
/kɑ̀nfiskéiʃən/
Part 7

명 **몰수[압수]품**
동 confiscate:~을 (…에서) 몰수[압수]하다(from...)

☐ 0612
bachelor
/bǽtʃələr/
Part 7

명 ❶ **학사** ➕ '석사'는 master, '박사'는 doctor ❷미혼 남자

☐ 0613
discouragement
/diskə́ːridʒmənt/
Part 5, 6

명 **낙담**, 실망하는 것
동 discourage:❶~을 낙담시키다;~의 의욕을 상실하다 ❷(discourage A from doing로)A에게 ~하는 것을 그만두게 하다, 생각에 그치게 하다
형 discouraging:맥 빠지게 하는, 낙담시키다

☐ 0614
installment
/instɔ́ːlmənt/
비즈니스문제

명 **분할지불**(의 1회분) ➕ installation는 '(기계의)장치'

☐ 0615
quarantine
/kwɔ́ːrəntìːn/
Part 7

명 ❶(전염병 예방을 위한)**격리**(기간) ❷검역
동 ~을 격리하다

☐ 0616
pledge
/plédʒ/
Part 7

명 (~한다는)**맹세**, 공약, 굳은 약속(to do)(≒promise, vow)
동 ❶~을 굳게 약속하다 ❷(pledge to do로)~할 것을 굳게 약속하다, 맹세하다

---

continued ▼

178 ▶ 179

☐ 듣기 모드   Check 1
☐ 확인 모드   Check 1 ▸ 2
☐ 완벽 모드   Check 1 ▸ 2 ▸ 3

Check 2   Phrase

☐ **enhancement of health**(건강의 증진)

☐ **the water level of the reservoir**(그 저수지의 수위)
☐ **a reservoir of information**(정보의 보고)

☐ **the confiscation of private property**(사유재산의 몰수)

☐ **a Bachelor of Arts [Science]**(문[이]학사)
☐ **a confirmed bachelor**(독신주의 남성)

☐ **a feeling of discouragement**(낙담감)

☐ **buy ~ on installment**(~을 분할지불로 사다)
☐ **pay for ~ in installments**(~을 분할로 지불하다)

☐ **put [place] ~ in [under] quarantine**(~을 격리하다)
☐ **a quarantine officer**(검역관)

☐ **make [take, give] a pledge to do ~**(~하는 것을 맹세하다)
☐ **fulfill one's pledge**(굳은 약속을 지키다)

Check 3   Sentence

☐ **The enhancement of productivity is one of the company's top priorities.**(생산성의 강화가 그 회사의 최우선 사항 중 하나다)

☐ **The reservoir is nearly dry due to the drought.**(그 저수지는 가뭄 때문에 거의 말라 있다)

☐ **Any use of a cellphone during class will result in confiscation of the phone.**(수업중의 휴대전화의 사용은 전화기의 압수로 이어진다)

☐ **She holds a bachelor's degree from Harvard University.**(그녀는 하버드 대학의 학사학위를 가지고 있다)

☐ **Don't let discouragement stop you.**(낙담해 멈춰 있어서는 안 된다)

☐ **You can pay for the car in monthly installments.** 당신은 그 차 대금을 월부로 지불할 수 있다)

☐ **The poultry farm was placed under quarantine due to an outbreak of bird flu.**(그 양계장은 조류 인플루엔자가 발생하였기 때문에 격리도 었다)

☐ **The government made a pledge not to raise consumption tax next year.**(정부는 소비세를 내년에는 인상하지 않는다고 약속했다)

continued
▼

Check 1　　Listen 🔊

□ 0617
broom
/brúːm/
Part 1

명 빗자루 ➕bloom(꽃)과 혼동하지 않도록 주의. '쓰레받기'는 dustpan

□ 0618
gratuity
/grətjúːəti/
Part 2, 3

명 팁(≒tip)

□ 0619
speculator
/spékjulèitər/
비즈니스문제

명 투기[투자]가(≒investor)
명 speculation: ❶추측, 추량 ❷투기, 매입
동 speculate: ❶~라고 추측하다 ❷(speculate on[about]로)~에 대해 추측하다 ❸(speculate in로)(주식)에 투기하다, ~을 매입[매도]하다

□ 0620
poultry
/póultri/
Part 7

명 (집합적으로) 가축 ➕닭, 칠면조, 오리, 거위 등

□ 0621
bookkeeping
/búkkìːpiŋ/
비즈니스문제

명 부기
명 bookkeeper: 부기담당

□ 0622
descent
/disént/
Part 4

명 ❶강하, 하강(⇔ascent) ❷가계, 혈통 ❸(상태의)(~에)저하, 하락(into~)
동 descend: ❶(~에서/…로)내려가다(from~/to...) ❷(be descended from로)~의 손자다, 계통을 이어받다

□ 0623
archive
/áːrkàiv/
Part 5, 6

명 ❶공문서[기록]보관소 ❷(컴퓨터의)아카이브
동 ~을 (공문서 보관소에) 보관하다

□ 0624
consortium
/kənsɔ́ːrʃiəm/
비즈니스문제

명 공동사업[기업]체, 합병기업, 컨소시엄 ➕복수형은 consortia와 consortiums 두 가지

Day 38 🔊
Quick Review
답은 오른쪽 페이지 아래

□ 유전　□ 원인　□ 탄원　□ 회전식 컨베이어
□ 증권회사　□ 견습기간　□ 투명성　□ 오해
□ 우수함　□ 연금　□ 주름　□ 반도체
□ 특전　□ 창고　□ 적　□ 강연자

<table>
<tr><td>

Check 2   Phrase

□ a bamboo **broom** (대나무 빗자루)

□ give a **gratuity** to ~ (~에 팁을 주다)
□ receive a **gratuity** from ~ (~에서 팁을 받다)

□ foreign **speculators** (해외투자가)

□ **poultry** products (가금식품)
□ a **poultry** farmer (양계업자)

□ do **bookkeeping** (장부를 적다)
□ be good at **bookkeeping** (부기가 능하다)

□ make a steep **descent** (급낙하하다)
□ people of Chinese **descent** (중국계 사람들)

□ **archive** material (공문서 보관소의 자료)

□ a **consortium** of three oil companies (석유회사 3사의 공동사업체)

</td><td>

Check 3   Sentence

□ The woman is sweeping the floor with a **broom**. (그 여자는 비로 바닥을 쓸고 있다)

□ In the US, it is customary to give **gratuities** in recognition of service. (미국에서는 서비스를 평가하여 팁을 주는 습관이 있다)

□ The government should prevent **speculators** from manipulating stock prices. (정부는 투기꾼들이 주가를 조작하는 것을 막아야 한다)

□ **Poultry** farmers are faced with increasing energy and feed costs. (양계업자는 연료비와 사료대의 급등에 직면해 있다)

□ At least five years' experience in **bookkeeping** is required. (적어도 5년간 부기의 경험이 필수다) ➕구인광고의 표현

□ Ladies and gentlemen, we're beginning our final **descent** into Narita International Airport. (여러분, 우리 비행기는 나리타 국제공항으로 최종 강하를 시작하고 있습니다) ➕비행기의 안내방송

□ **Archives** are useful in obtaining information about the past. (공문서 보관소는 과거에 관한 정보를 얻는 데 도움이 된다)

□ A **consortium** of four construction companies built the bridge. (건설회사 4곳의 공동사업체가 그 다리를 건설했다)

</td></tr>
</table>

Day 38))
Quick Review
답은 왼쪽 페이지 아래

□ heredity
□ brokerage
□ excellence
□ perk
□ contributor
□ probation
□ annuity
□ depot
□ plea
□ transparency
□ crease
□ adversary
□ carousel
□ misunderstanding
□ semiconductor
□ lecturer

Day 40　명사26

☐ 0625
abbreviation
/əbrìːviéiʃən/
Part 2, 3

명 (~의) **생략형**, 약어(of[for]~)
동 abbreviate:(abbreviate A as[to] B로)A를 B에게 단축[생략]하다

☐ 0626
strait
/stréit/
Part 7

명 **해협**

☐ 0627
litigation
/lìtəgéiʃən/
Part 7

명 **소송**(≒ suit, lawsuit)
동 litigate:❶소송을 일으키다 ❷~을 소송에 가져가다

☐ 0628
feedback
/fíːdbæk/
Part 2, 3

명 (~에 대한)(이용자의)**반응**, 반향, 감상(on[about]~)

☐ 0629
canteen
/kæntíːn/
Part 1

명 ❶**물통** ❷(공장·학교의)식당(≒ cafeteria)

☐ 0630
myriad
/míriəd/
Part 5, 6

명 **무수**(한 사람, 물건)(of~)
형 무수한

☐ 0631
precipitation
/prisìpətéiʃən/
Part 7

명 **강수**[강우, 강설]**량**

☐ 0632
gateway
/géitwèi/
Part 7

명 (the~)(~의) **입구**, 통로(to~) ➕비유적인 의미로도 사용된다

---

continued ▼

□ 듣기 모드　Check 1
□ 확인 모드　Check 1 ▸ 2
□ 완벽 모드　Check 1 ▸ 2 ▸ 3

Check 2　Phrase

□ the **abbreviation** of {unidentified flying object}('미확인비행물체'의 약어) ➕UFO

□ the **Straits** of Dover (도버해협)

□ the expense of **litigation** (소송 비용)

□ **feedback** from customers on the new product (신제품에 대한 고객의 반응)

□ a plastic **canteen** (플라스틱제의 물통)
□ a school **canteen** (학교의 식당)

□ a **myriad** of stars (무수한 별)

□ mean [average] annual **precipitation** (평균 연간 강수량)

□ the **gateway** to the American West (미국 서부로 가는 입구) ➕세인트루이스
□ the **gateway** to victory (승리로 가는 길)

Check 3　Sentence

□ IOC is an **abbreviation** for the International Olympic Committee. (IOC는 국제올림픽위원회의 약어다)

□ A tunnel under the **Straits** of Gibraltar has been officially under consideration. (지브롤터 해협 터널이 공식적으로 검토되고 있다)

□ The company agreed to the settlement to avoid **litigation**. (그 회사는 소송을 피하기 위해 합의를 보았다)

□ **Feedback** from the participants on the event was positive. (그 이벤트에 관한 참가자들의 반응은 좋았다)

□ The boy is drinking from a **canteen**. (소년은 물통의 물을 마시고 있다)

□ American consumers have a **myriad** of choices on almost everything. (미국의 소비자는 거의 모든 물건에 있어 무수한 선택의 여지가 있다)

□ We had 120.2 millimeters of **precipitation** last month. (지난달 강우량은 120.2밀리미터였다)

□ Knowledge is the **gateway** to success. (지식은 성공으로 가는 지름길이다)

continued ▼

Check 1　　Listen 》

□ 0633
additive
/ǽdətiv/
Part 5, 6

명첨가물

□ 0634
zeal
/zíːl/
Part 5, 6

명(~에 대한) **열의**, 열중(for~)(≒enthusiasm, eagerness)
형zealous: 열심인, 열렬한

□ 0635
hygiene
/háidʒin/
Part 5, 6

명**위생**(상태); 위생학
형hygienic: 위생(상)의, 위생적인

□ 0636
lapse
/lǽps/
Part 7

명❶**약간의 잘못**, 과실 ❷(시간의)경과(of~)
동❶(계약이)실효하다, 무효가 되다 ❷끝나다

□ 0637
footing
/fútiŋ/
Part 7

명❶(사물의) **기반**, 기초 ❷발아래, 발걸음 ❸토대(≒base)

□ 0638
showdown
/ʃóudàun/
Part 7

명(~와/…사이의)**결정적**[최후의] **대결**, 막판(with~/be-tween...)

□ 0639
usher
/ʌ́ʃər/
Part 4

명(극장의) **안내**
동~을 (…로) 안내하다(to[into]...)

□ 0640
overview
/óuvərvjùː/
Part 7

명**개관**, 전체상

Day 39 》
Quick Review
답은 오른쪽 페이지 아래

□ 증진
□ 저수지
□ 몰수품
□ 학사

□ 낙담
□ 분할지불
□ 격리
□ 맹세

□ 빗자루
□ 팁
□ 투기가
□ 가축

□ 부기
□ 강하
□ 공문서 보관소
□ 공동사업체

Check 2 Phrase

- □ food **additives** (식품첨가물)

- □ show **zeal** for ~ (~에 열의를 표하다)
- □ with **zeal** (열의를 담아, 열심히)

- □ public **hygiene** (공중위생)
- □ good [bad] **hygiene** (좋은[나쁜] 위생상태)

- □ a **lapse** of judgment (판단의 잘못)
- □ the **lapse** of time (시간의 경과)

- □ a firm [solid] **footing** (견고한[확실한] 기반)
- □ lose [miss] one's **footing** (발이 미끄러지다)

- □ a **showdown** between the two parties (양자 간의 결정적인 대결)
- □ a courtroom **showdown** (법정에서의 대결)

- □ a theater **usher** (극장의 안내)

- □ give him an **overview** of ~ (그에게 ~의 개관을 전하다)

Check 3 Sentence

- □ Most processed foods contain **additives**. (대부분의 가공식품에는 첨가물이 들어가 있다)

- □ The prime minister showed great **zeal** for addressing global warming. (수상은 지구온난화 문제를 다루는 데 있어 강한 열의를 나타냈다)

- □ Tooth decay is caused by poor dental **hygiene**. (충치는 치아가 위생적이지 못해 일어난다)

- □ Anyone can have a **lapse** of memory. (누구나 깜박할 때가 있다)

- □ The company is on a firm financial **footing**. (그 회사는 견고한 재정 기반이 지탱하고 있다)

- □ There was a **showdown** between the top two teams in the American League. (아메리카 리그의 최고 두 팀 사이의 결전이 있었다)

- □ If you arrive late, an **usher** will lead you to your seat. (늦게 도착한 경우는 안내원이 당신을 자리로 안내한다)

- □ He gave the board a brief **overview** of the plan. (그는 중역들에게 계획의 개요를 간결하게 전했다)

Day 39 》
Quick Review
답은 왼쪽 페이지 아래

□ enhancement	□ discouragement	□ broom	□ bookkeeping
□ reservoir	□ installment	□ gratuity	□ descent
□ confiscation	□ quarantine	□ speculator	□ archive
□ bachelor	□ pledge	□ poultry	□ consortium

Check 1　Listen))

□ 0641
epicenter
/épəsèntər/
❶ 정의주의
Part 7

圆 ❶(활동의) **중심**, 중핵 ❷진원지

□ 0642
boulevard
/búləvàːrd/
Part 4

圆**큰 거리**(≒avenue)

□ 0643
helm
/hélm/
Part 5, 6

圆(the~) **지배**, 지휘(권)

□ 0644
culprit
/kʌ́lprit/
Part 7

圆**범인**, 죄인(≒offender, criminal) ➕'용의자'는 suspect

□ 0645
prosecution
/prὰsikjúːʃən/
Part 5, 6

圆❶(the~)(집합적으로) **검찰측**[당국](⇔defense:피고측) ❷기소[소추](수속) ❸실행, 수행
圆 prosecutor: 검찰관
동 prosecute:❶~ 을 (…으로) 기소하다 (for...) ❷~ 을 수행하다

□ 0646
meltdown
/méltdàun/
❶ 정의주의
비즈니스문제

圆❶(회사의) **붕괴**;주가의 대폭락 ❷(원자로의)노심용융

□ 0647
confectionery
/kənfékʃənèri/
Part 7

圆(집합적으로)**과자류**, 설탕과자(≒sweets)

□ 0648
glimmer
/glímər/
Part 7

圆❶(희망의)**약간의 조짐**, 희미한 빛 ❷반짝이는 빛
동반짝반짝 빛나다

---

continued ▼

Check 2　Phrase

☐ the epicenter of fashion (패션의 중심지)
☐ the epicenter of an earthquake (지진의 진앙)

☐ stroll along the boulevard (큰 거리를 따라 산책하다)
☐ Sunset Boulevard ([할리우드의] 선셋 대로)

☐ take the helm of ～ (～을 지배하다)
☐ be at the helm (지휘봉을 잡다)

☐ the search for the culprit (그 범인에 대한 수색)

☐ the prosecution witness (검찰측 증인)
☐ a criminal prosecution (형사고발)

☐ economic meltdown (경제붕괴)
☐ a meltdown accident (노심용융 사건)

☐ a confectionery company (제약회사)

☐ a glimmer of hope (약간의 희망 조짐)
☐ the glimmer of a candle (양초의 반짝거리는 빛)

Check 3　Sentence

☐ New York is the epicenter of the global financial market. (뉴욕은 세계의 금융시장의 중심이다)

☐ There are many restaurants along the boulevard. (그 거리를 따라 많은 레스토랑이 있다)

☐ He has been at the helm of the company for almost 20 years. (그는 거의 20년간, 그 회사의 지휘봉을 잡고 있다)

☐ Police have finally tracked down the culprit. (경찰은 드디어 그 범인을 밝혀냈다)

☐ The prosecution demanded a three-year prison sentence for the accused. (검찰측은 피고인에게 징역 3년을 구형했다)

☐ The whole world is facing global recession and financial meltdown. (전 세계는 세계적인 경기후퇴와 금융붕괴에 직면하고 있다)

☐ Confectionery sales decreased 3 percent compared to the previous year. (과자류의 매출은 전년과 비교하여 3퍼센트 낮아졌다)

☐ There is a glimmer of hope that the economy is recovering. (경기가 회복하고 있다는 약간의 희당의 조짐이 있다)

continued
▼

Check 1　　Listen 》

□ 0649
occupancy
/ákjupənsi/
Part 5, 6

명(토지·가옥의) **거주**, 점유;(호텔방의)사용
명occupant:(토지·가옥의)점유자, 거주자
동occupy:❶(장소)를 차지하다, 점유하다 ❷(be occupied with 로)~에 종사하다, ~으로 바쁘다

□ 0650
tribute
/tríbjuːt/
Part 4

명(~에 대한) **존경**[감사, 칭찬]**의 표시**;찬사(to~)

□ 0651
proponent
/prəpóunənt/
Part 5, 6

명(~의) **지지자**, 찬성자(of~)(⇔opponent:반대자)

□ 0652
inequality
/ìnikwáləti/
Part 5, 6

명**불평등**, 불균형(⇔equality)

□ 0653
detector
/ditéktər/
Part 5, 6

명**탐지기**, 검출기
명detection:탐지;발견
명detective:형사;탐정
동detect:~을 감지[탐지]하다;~을 발견하다

□ 0654
acumen
/əkjúːmən/
Part 7

명**통찰력**, 안식, 명민

□ 0655
faction
/fǽkʃən/
Part 5, 6

명**파벌**, 당파
형factional:파벌[당파]의;당파적인

□ 0656
repertoire
/répərtwàːr/
❗ 발음주의
Part 7

명**레퍼토리**, 연주곡목, 상연목록

Day 40 》
Quick Review
답은 오른쪽 페이지 아래

□ 생략형
□ 해협
□ 소송
□ 반응

□ 물통
□ 무수
□ 강수량
□ 입구

□ 첨가물
□ 열의
□ 위생
□ 약간의 잘못

□ 기반
□ 결정적 대결
□ 안내
□ 개관

Check 2 — Phrase

- ☐ an **occupancy** rate (거주율;[호텔 방의]이용률)
- ☐ take **occupancy** of ～ (～을 점유하다;～에 입거하다)

- ☐ pay **tribute** to ～ (～에 경의를 표하다, ～에 찬사를 보내다)
- ☐ as a **tribute** to ～ (～에 감사의 표시로서)

- ☐ a **proponent** of tax cuts (감세의 지지자)

- ☐ prevent racial **inequality** (인종적 불평등을 막다)
- ☐ **inequality** between men and women (남녀 간의 불평등)

- ☐ a metal **detector** (금속 탐지기)
- ☐ a lie **detector** (거짓말 탐지기)

- ☐ political **acumen** (정치적 통찰력)
- ☐ business **acumen** (뛰어난 사업 감각)

- ☐ the right-wing **faction** of the party (그 정당의 우파)

- ☐ have a large **repertoire** (레퍼토리가 넓다)

Check 3 — Sentence

- ☐ The **occupancy** rate of the condominium is about 60 percent. (그 분양맨션의 거주율은 약 60퍼센트다)

- ☐ I would like to pay **tribute** to his remarkable contribution to the project. (프로젝트에 대한 그의 현저한 공헌에 경의를 표하고 싶다)

- ☐ She is one of the leading **proponents** of early childhood education. (그녀는 조기 유아교육의 주요한 지지자 중 한 사람이다)

- ☐ In Japan, income **inequality** between the rich and the poor is increasing. (일본에서는 빈부의 소득격차가 증가하고 있다)

- ☐ The installation of smoke **detectors** is required by law. (연기 탐지기의 설치가 법률로 의무화되어 있다)

- ☐ The entrepreneur has excellent business **acumen**. (그 기업가는 훌륭한 사업 감각을 가지고 있다)

- ☐ He is the leader of the largest **faction** of the Liberal Democratic Party. (그는 자유민주당의 최대파벌의 리더다)

- ☐ The ballet company has more than 50 ballets in its **repertoire**. (그 발레단은 50개 이상의 발레 레퍼토리가 있다)

Day 40 》
Quick Review
답은 왼쪽 페이지 아래

☐ abbreviation	☐ canteen	☐ additive	☐ footing
☐ strait	☐ myriad	☐ zeal	☐ showdown
☐ litigation	☐ precipitation	☐ hygiene	☐ usher
☐ feedback	☐ gateway	☐ lapse	☐ overview

Check 1   Listen 》

☐ 0657
stratum
/strǽtəm/
Part 5, 6

몡 ❶(사회적인)**계층**, 계급 ❷층;지층 ➕복수형은 strata와 stratums 두 가지가 있다

☐ 0658
dignitary
/dígnətèri/
Part 5, 6

몡**고관**, 고위의 사람

☐ 0659
centerpiece
/séntərpìːs/
Part 7

몡 (the~)(정책의)**핵심**, 가장 중요한 것(of~)

☐ 0660
forefront
/fɔ́ːrfrʌnt/
Part 7

몡 (the~)**최전선**;최첨단

☐ 0661
fingerprint
/fíŋgərprìnt/
Part 5, 6

몡 (통례~s)**지문**
동 ~의 지문을 채취하다

☐ 0662
novice
/nάvis/
Part 7

몡 (~의)**초심자**, 초보자(at~)(≒beginner)

☐ 0663
start-up
/stάːrtʌ̀p/
비즈니스문제

몡**신흥** [벤처]**기업**
형 신진의, 활동을 막 시작한
동 start up: ❶나타나다, 발생하다 ❷~을 시작하다, 일어나다

☐ 0664
keynote
/kíːnòut/
Part 4

몡 (정책의)**기본방침**, 기조
동 (회사)에서 기조연설을 하다

continued
▼

☐ 듣기 모드　Check 1
☐ 확인 모드　Check 1 ▸ 2
☐ 완벽 모드　Check 1 ▸ 2 ▸ 3

Check 2　Phrase

☐ **strata** of American society
（미국 사회의 계층）

☐ a **stratum** of the Jurassic period（쥐라기의 지층）

☐ a government **dignitary**（정부 고관）

☐ the **centerpiece** of the economic stimulus package（경제자극 정책의 핵심）

☐ be in [at] the **forefront** of ~
（~의 최전선[최첨단]에 있다）

☐ take his **fingerprints**（그의 지문을 채취하다）

☐ a **novice** at golf ＝ a **novice** golfer（골프의 초심자）

☐ an Internet **start-up**（인터넷 관련 신흥기업）

☐ a **keynote** speech [address]
（기본방침연설, 기조연설）

Check 3　Sentence

☐ **Domestic violence** is a problem in every **stratum** of society.（가정 내 폭력은 사회의 모든 계층에서 문제가 되고 있다）

☐ About 180 foreign **dignitaries** attended the inaugural ceremony.（약 180개국의 고관이 그 취임식에 출석했다）

☐ Tax cuts are the **centerpiece** of the president's plan to revive the economy.（감세가 대통령의 경제부흥계획의 핵심이다）

☐ The university is at the **forefront** of nanotechnology research.（그 대학은 테크놀로지 연구의 최첨단에 있다）

☐ DNA can be extracted from **fingerprints**.（DNA는 지문에서 추출할 수 있다）

☐ This motorcycle is too powerful for a **novice** to control.（이 오토바이는 힘이 강해 초보자는 제어할 수 없다）

☐ Almost 60 percent of **start-ups** fail within their first three years.（신흥기업의 거의 60퍼센트는 최초 3년 이내에 도산한다）

☐ Mr. Palmer will deliver a **keynote** address after the opening ceremony.（개회식 뒤에 파머 씨가 기조연설을 할 예정이다）

continued ▼

Check 1　　Listen 》

□ 0665
reasoning
/ríːzəniŋ/
Part 5, 6

명**논법** ; 추론
명reason: ❶(~의)이유, 변명(for~) ❷도리, 이치
동reason: ~ 라고 판단[추측, 추론]하다
형reasonable: ❶이치에 맞은 ❷(값이)저렴한

□ 0666
philanthropy
/filǽnθrəpi/
Part 7

명**자선활동**[사업](≒charity)

□ 0667
oversight
/óuvərsàit/
Part 7

명❶**실수**(≒mistake) ❷감시, 감독(≒supervision)

□ 0668
turmoil
/tə́ːrmɔil/
Part 5, 6

명**혼란**, 소동(≒tumult)

□ 0669
latitude
/lǽtətjùːd/
Part 5, 6

명**위도** ➕'경도'는 longitude

□ 0670
fable
/féibl/
Part 5, 6

명❶**우화** ❷만든 이야기

□ 0671
asthma
/ǽzmə/
❗ 발음주의
Part 4

명**천식**

□ 0672
degradation
/dègrədéiʃən/
Part 7

명(품질의)**악화**, 저하, 열화
동degrade: ❶~의 체면을 구기다 ❷(질)을 떨어뜨리다, 줄다

<table>
<tr><td>

Check 2   Phrase

</td><td>

Check 3   Sentence

</td></tr>
<tr><td>

☐ the **reasoning** behind ～(～의 배후에 있는 논법)
☐ logical **reasoning** (논리적인 추론)

</td><td>

☐ The **reasoning** behind the court's decision is very clear. (재판소의 판결 배후에 있는 논법은 매우 명쾌하다)

</td></tr>
<tr><td>

☐ corporate **philanthropy** (기업에 의한 자선활동)

</td><td>

☐ The company has been actively involved in **philanthropy**. (그 회사는 자선활동에 적극적으로 참여해오고 있다)

</td></tr>
<tr><td>

☐ a simple **oversight** (단순한 실수)
☐ an **oversight** committee (감시위원회)

</td><td>

☐ A small **oversight** can lead to big problems. (작은 실수가 큰 문제로 이어지기도 한다)

</td></tr>
<tr><td>

☐ be in **turmoil** (혼란상태에 있다)
☐ political **turmoil** (정치적 혼란)

</td><td>

☐ The world is in economic **turmoil**. (세계는 경제적 혼란상태에 있다)

</td></tr>
<tr><td>

☐ **latitude** 40 degrees north [south] = north [south] **latitude** 40 degrees (북[남]위 40도)

</td><td>

☐ London is higher in **latitude** than Tokyo. (런던은 도쿄보다도 고위도에 위치한다)

</td></tr>
<tr><td>

☐ the **fable** of the rabbit and the turtle (토끼와 거북의 우화)
☐ a mere **fable** (단순히 만들어진 얘기)

</td><td>

☐ Aesop's **Fables** are among the most famous **fables**. (이솝이야기는 가장 유명한 우화 중 하나다)

</td></tr>
<tr><td>

☐ suffer from [have] **asthma** (천식을 앓다)
☐ an **asthma** attack (천식 발작)

</td><td>

☐ Traffic exhaust can cause **asthma**. (차의 배기가스가 천식을 일으키기도 한다)

</td></tr>
<tr><td>

☐ environmental **degradation** (환경의 악화)

</td><td>

☐ The **degradation** of water quality is a major problem in the city. (수질 악화가 그 마을에서 큰 문제가 되고 있다)

</td></tr>
</table>

Day 41 🔊
Quick Review
답은 왼쪽 페이지 아래

☐ epicenter
☐ boulevard
☐ helm
☐ culprit
☐ prosecution
☐ meltdown
☐ confectionery
☐ glimmer
☐ occupancy
☐ tribute
☐ proponent
☐ inequality
☐ detector
☐ acumen
☐ faction
☐ repertoire

Day 43　명사29

Check 1　Listen 》

☐ 0673

defiance
/difáiəns/
Part 7

명 (~의) **무시**, 경멸(of~)
동 defy: ❶(사물이)(해결·이해)를 거부하다, 받아들이지 않는다
❷(사람이)~을 무시하다, 상대하지도 않는다
형 defiant: 도전[반항]적인, 싸움을 거는

☐ 0674

proprietor
/prəpráiətər/
비즈니스문제

명 (기업의) **경영자**, 소유자(≒owner)

☐ 0675

tribunal
/traibjúːnl/
Part 5, 6

명 (특정 문제의 재정을 실시하는) **재판소**, 법정(≒court)

☐ 0676

proliferation
/prəlìfəréiʃən/
Part 7

명 (~의) **급증**, 확산(of~)
동 proliferate: 급증하다

☐ 0677

stagnation
/stægnéiʃən/
비즈니스문제

명 **정체**, 침체;불경기, 불황
동 stagnate: 침체하다
형 stagnant: 정체[침체]한

☐ 0678

moratorium
/mɔ̀ːrətɔ́ːriəm/
Part 5, 6

명 ❶(~의) **일시정지**[연기](on~) ❷(~의)지불유예(기간)
(on~) ➕ 복수형은 moratoria와 moratoriums 2가지가 있다

☐ 0679

gala
/géilə/
Part 4

명 **축제**

☐ 0680

catastrophe
/kətǽstrəfi/
Part 7

명 ❶**대참사**, 대재해 ❷파멸, 파국
형 catastrophic: 괴멸적인

---

continued ▼

☐ 듣기 모드　Check 1
☐ 확인 모드　Check 1 ▸ 2
☐ 완벽 모드　Check 1▸ 2 ▸ 3

Check 2　Phrase

☐ in defiance of ~ (~을 무시하다)
☐ a look of defiance (경멸의 눈빛)

☐ a hotel proprietor (호텔경영자)

☐ a war crimes tribunal (전쟁범죄 재판소)

☐ the proliferation of small businesses (소규모 기업의 급증)
☐ the proliferation of nuclear weapons (핵무기의 확산)

☐ economic stagnation (경제정체)
☐ fall into stagnation (불황에 빠지다)

☐ a moratorium on commercial whaling (상업 포경의 일시정지)
☐ a moratorium on interest payments (금리의 지불유예)

☐ a gala day (축일, 제일)
☐ a gala dress (외출복)

☐ the catastrophe of World War II (제2차 세계대전의 대참사)
☐ move toward catastrophe (파멸로 향하다)

Check 3　Sentence

☐ Many Mexicans cross the border in defiance of US law. (많은 멕시코인이 미국의 법률을 무시하고 국경을 넘고 있다)

☐ He is the proprietor of a real estate company. (그는 부동산회사의 경영자다)

☐ The Supreme Court is the highest tribunal in the nation. (대법원은 국내에 있는 최고위 법정이다)

☐ The past few years have seen the proliferation of human rights NGOs. (최근 몇 년으로 인종 NGO의 급증이 보였다)

☐ The stagnation of household consumption is due to increased uncertainty about the future. (가계소비의 정체는 미래에 관한 불확실성이 높아지고 있기 때문이다)

☐ The government announced a moratorium on nuclear tests. (정부는 핵실험의 일시정지를 발표했다)

☐ Nearly 400 guests enjoyed a gala dinner at the hotel. (400명 가까운 내빈이 그 호텔에서의 축하 디너를 즐겼다)

☐ The Black Death was one of the most serious catastrophes in human history. (흑사병은 인류사에서 가장 심각한 참사 중 하나였다)

continued
▼

Check 1　Listen))

☐ 0681
downpour
/dáunpɔ̀ːr/
Part 7

명호우, 산사태

☐ 0682
landlord
/lǽndlɔ̀ːrd/
Part 5, 6

명집주인, 지주(⇔tenant:임차인)

☐ 0683
overture
/óuvərtʃər/
❗ 정의주의
Part 7

명❶(통례~s)(교섭을 시작하기 위한)신청, 제안, 타진 ❷(오페라의)서곡(to~)

☐ 0684
reviewer
/rivjúːər/
Part 7

명평론[비평]가(≒critic, pundit)
명review:❶재조사 ❷복습 ❸비평
동review:❶~을 재조사[검토]하다 ❷~을 복습하다 ❸~을 비평하다

☐ 0685
fate
/féit/
Part 5, 6

명운명, 운(≒destiny, doom)
명fatality:❶불의의 죽음, 사망자(수) ❷치사성
형fated:(~하도록)운명 지어진(to do)
형fateful:운명을 결정하는, 중대한
형fatal:치명적인

☐ 0686
migration
/maigréiʃən/
Part 7

명(사람·동물의)이동 ➕사람의 경우, 통례 국내에서의 '이동, 이주'를 나타낸다. immigration은 타국으로 '이주'
명migrant:❶철새 ❷외지에서 돈을 버는 노동자, 계절 노동자
동migrate:❶(동물이)이동하다 ❷(사람이)이주하다

☐ 0687
hassle
/hǽsl/
Part 4

명성가심, 고민하는 것 ➕hustle(활기차다)와 혼동하지 않도록 주의
동❶~을 고민하다, 괴로워하다 ❷(hassle A to do로)A에게 ~하도록 조르다

☐ 0688
anecdote
/ǽnikdòut/
Part 5, 6

명일화, 비화

Day 42))
Quick Review
답은 오른쪽 페이지 아래

☐ 계층	☐ 지문	☐ 논법	☐ 위도
☐ 고관	☐ 초심자	☐ 자선활동	☐ 우화
☐ 핵심	☐ 신흥기업	☐ 실수	☐ 천식
☐ 최전선	☐ 기본방침	☐ 혼란	☐ 악화

Check 2　Phrase

☐ a localized **downpour** (집중호우)

☐ **pay rent to a landlord** (집주인에게 임대료를 지불하다)

☐ **make overtures to** ～ (～에게 교섭을 신청하다)
☐ **the overture to** {The Magic Flute} (〈요술피리〉의 서곡)

☐ **a book reviewer** (서평가)

☐ **suffer [meet] the same fate as** ～ (～와 같은 운명과 만나다)
☐ **decide his fate** (그의 운명을 결정하다)

☐ **seasonal migration** (계절에 의한 이동)
☐ **the migration of swans** (백조의 이동)

☐ **avoid the hassle of doing** ～ (～하는 성가심을 피하다)

☐ **an amusing anecdote about** ～ (～에 관한 재미있는 일화)

Check 3　Sentence

☐ **The downpour is expected to continue through tonight.** (오늘밤 호우가 이어질 것으로 보인다)

☐ **The landlord demanded three months security deposit.** (집주인은 3개월의 보증금을 요구했다)

☐ **Israel made peace overtures to the Arab states.** (이스라엘은 아랍 여러 나라에 평화협상을 타진했다)

☐ **The film was received favorably by many reviewers.** (그 영화는 많은 평론가에게 호평을 받았다)

☐ **Everyone has the right to decide his or her own fate.** (누구에게나 자신의 운명을 결정할 권리가 있다)

☐ **There is a continuous migration of rural people into urban areas.** (농촌 사람들의 도시로의 이동이 이어지고 있다)

☐ **I don't want the hassle of moving to a new place anymore.** (새로운 곳으로 이사하는 성가심은 이제 원치 않는다)

☐ **He has numerous anecdotes about famous people.** (그는 유명인에 관한 일화를 많이 알고 있다)

Day 42 》
Quick Review
답은 왼쪽 페이지 아래

☐ stratum	☐ fingerprint	☐ reasoning	☐ latitude
☐ dignitary	☐ novice	☐ philanthropy	☐ fable
☐ centerpiece	☐ start-up	☐ oversight	☐ asthma
☐ forefront	☐ keynote	☐ turmoil	☐ degradation

Check 1　Listen 》)

□ 0689
infringement
/infríndʒmənt/
Part 7

명 ❶(권리의) **침해**(of[on]~) ❷(법률의)위반(of~)
동 infringe: ❶(권리)를 침해하다, (법률)에 위반하다 ❷(infringe on[upon]로)~을 침해하다

□ 0690
credibility
/krèdəbíləti/
Part 5, 6

명 **신용**[신뢰](성)(≒reliability)
형 credible: 신용[신뢰]할 수 있는

□ 0691
liquidation
/lìkwidéiʃən/
비즈니스문제

명 ❶(회사의) **파산**(≒bankruptcy) ❷(부채의)청산, 변제
동 liquidate: ❶(도산회사)를 해산[정리]하다 ❷(부채)를 청산[변제]하다

□ 0692
redundancy
/ridándənsi/
비즈니스문제

명 ❶**해고**(≒layoff);잉여인원 ❷여분
형 redundant: ❶여분의 ❷해고된

□ 0693
upside
/ápsàid/
Part 2, 3

명 (통상 나쁜 상황 속에서의) **좋은 면**, 이점(⇔downside)

□ 0694
fund-raising
/fándrèiziŋ/
Part 4

명 (정치·자선단체의) **자금 모집**, 자금조달, 모금
명 fund-raiser: ❶자금 모집을 위한 파티 ❷자금조달자
동 fund-raise:(자금)을 조달하다

□ 0695
courtyard
/kɔ́:rtjɑ̀:rd/
Part 4

명 (벽·건물에 둘러싸인) **중간 정원**

□ 0696
fabrication
/fæbrikéiʃən/
Part 5, 6

명 **거짓말**, 만들어진 얘기(≒lie)
동 fabricate:(거짓말)을 만들어내다, 날조하다

---

continued ▼

☐ 듣기 모드　Check 1
☐ 확인 모드　Check 1 ▸ 2
☐ 완벽 모드　Check 1 ▸ 2 ▸ 3

Check 2　Phrase

☐ **infringement of a patent** (특허권의 침해)
☐ **infringement of traffic regulations** (교통규칙의 위반)

☐ **gain [lose] credibility** (신용을 얻다[잃다])
☐ **the credibility of a witness's testimony** (목격자 증언의 신뢰성)

☐ **go into liquidation** (파산하다)
☐ **liquidation of debts** (빚의 청산)

☐ **voluntary redundancy** (희망퇴직)
☐ **labor redundancy** (과잉고용)

☐ **have upsides and downsides** (좋은 면도 나쁜 면도 있다)

☐ **a fund-raising event** (자금모금을 위한 이벤트)

☐ **a paved courtyard** (포장된 중간 정원)

☐ **a complete fabrication** (완벽한 거짓말)

Check 3　Sentence

☐ **Copyright infringement is severely punished.** (저작권의 침해는 엄하게 처벌된다)

☐ **The prime minister has lost credibility among the people.** (국무총리는 국민의 신용을 잃어버렸다)

☐ **The insurance company went into liquidation with debts of $2 billion.** (그 보험회사는 20억 달러의 부채를 안고 파산했다)

☐ **The automaker announced the redundancies of 3,000 staff.** (그 자동차 회사는 사원 3000명의 해고를 발표했다)

☐ **Is there any upside in starting a new business when the economy is shrinking?** (경제가 축소되어 있는데 새로운 사업을 시작하는 이점이 있을까요?)

☐ **The annual fund-raising campaign will take place on December 1.** (매년 모금운동이 12월 1일에 행해질 예정이다)

☐ **All of the guest rooms face a courtyard.** (모든 객실은 중간 정원에 면해 있다)

☐ **Her story turned out to be a fabrication.** (그녀의 이야기는 거짓말이라는 것을 알았다)

continued ▼

Check 1 Listen 》

□ 0697
outlay
/áutlèi/
비즈니스문제

명(~에)**지출**, 경비(on[for]~)(≒expenditure, spending, cost, expense)

□ 0698
buffet
/bəféi/
❗ 발음주의
Part 4

명**뷔페**

□ 0699
flagship
/flǽgʃìp/
❗ 정의주의
비즈니스문제

명❶(회사의)**주력제품**, 가장 중요한 것 ❷기반

□ 0700
stool
/stú:l/
Part 1

명❶**의자**, 스툴 ➕팔걸이나 등받이가 없는 의자를 가리킨다 ❷ 발판

□ 0701
feat
/fíːt/
Part 7

명**위업**, 공적;아슬아슬한 기술, 묘기

□ 0702
goodwill
/gúdwíl/
비즈니스문제

명❶(가게의)**신용**, 평판 ❷선의;친선

□ 0703
debacle
/deibáːkl/
❗ 발음주의
비즈니스문제

명**완전한 실패**, 대실패

□ 0704
rarity
/réərəti/
Part 7

명**드문**[희귀한] **일**[물건]
형rare:❶드문, 희귀한 ❷(고기가)레어로 구워진
부rarely:좀처럼[좀처럼] ~하지 않다

Day 43 》
Quick Review
답은 오른쪽 페이지 아래

□ 무시	□ 정체	□ 호우	□ 운명
□ 경영자	□ 일시정지	□ 집주인	□ 이동
□ 재판소	□ 축제	□ 신청	□ 성가심
□ 급증	□ 대참사	□ 평론가	□ 일화

- □ initial outlay (당초지출, 초기경비)
- □ outlay on [for] education (교육비)

- □ a buffet party (뷔페 파티)
- □ an all-you-can-eat buffet (마음껏 먹는 뷔페)

- □ the flagship of Apple's desktop computers (애플사의 데스크톱 컴퓨터의 주력제품)
- □ the company's flagship store (그 회사의 기반점)

- □ a piano stool (피아노용 의자)
- □ a three-legged stool (다리가 3개인 의자)

- □ accomplish [achieve] a feat (위업을 달성하다)
- □ circus feats (서커스의 묘기)

- □ customer goodwill (고객의 신용)
- □ as a gesture of goodwill (선의를 표시하다)

- □ end in a debacle (완전한 실패로 끝나다)
- □ an election debacle (선거에서 대패)

- □ be something of a rarity (상당히 드물다)
- □ rarity value (희소가치)

- □ With any business there is an initial outlay to get started. (어떠한 사업이라도 시작하기 위해서는 초기 경비가 있다)

- □ The hotel offers a complimentary breakfast buffet. (그 호텔에서는 무료 셀프서비스 방식의 조식을 제공하고 있다)

- □ Prius is one of the flagships of Toyota's range. (프리우스는 도요타의 주력 차종 중 하나다)

- □ The woman is sitting on a stool. (그 여자는 의자에 앉아 있다)

- □ The space station is a remarkable feat of engineering. (우주정거장은 공학기술의 눈부신 위업이다)

- □ Customer goodwill is one of the business's greatest assets. (고객의 신용은 기업의 가장 중요한 재산 중 하나다)

- □ The company's bankruptcy was one of the biggest business debacles in US history. (그 회사의 도산은 미국 역사에서 최대 사업의 실패 중 하나였다)

- □ Snow is a rarity in London. (눈은 런던에서는 좀처럼 내리지 않는다)

Day 43 》
Quick Review
답은 왼쪽 페이지 아래

- □ defiance
- □ proprietor
- □ tribunal
- □ proliferation
- □ stagnation
- □ moratorium
- □ gala
- □ catastrophe
- □ downpour
- □ landlord
- □ overture
- □ reviewer
- □ fate
- □ migration
- □ hassle
- □ anecdote

Chapter 4 Review

왼쪽 페이지의 (1)~(20) 의 명사의 동의 · 유의어 (≒), 반의 · 반대어 (⇔) 를 오른쪽 페이지의 A~T 에서 선택하여 괄호 안에 답을 적는다 . 의미를 모를 때는 색인 번호를 참조하고 복습하자 .(답은 오른쪽 아래)

- [ ] **(1) discrepancy** (0465) ≒ 은? (　　　)
- [ ] **(2) outing** (0472) ≒ 은? (　　　)
- [ ] **(3) wholesaler** (0483) ⇔ 은? (　　　)
- [ ] **(4) accountability** (0503) ≒ 은? (　　　)
- [ ] **(5) hallway** (0509) ≒ 은? (　　　)
- [ ] **(6) mandate** (0523) ≒ 은? (　　　)
- [ ] **(7) grandeur** (0531) ≒ 은? (　　　)
- [ ] **(8) appraisal** (0537) ≒ 은? (　　　)
- [ ] **(9) benchmark** (0559) ≒ 은? (　　　)
- [ ] **(10) hub** (0571) ≒ 은? (　　　)
- [ ] **(11) lag** (0581) ≒ 은? (　　　)
- [ ] **(12) annuity** (0599) ≒ 은? (　　　)
- [ ] **(13) adversary** (0604) ≒ 은? (　　　)
- [ ] **(14) pledge** (0616) ≒ 은? (　　　)
- [ ] **(15) litigation** (0627) ≒ 은? (　　　)
- [ ] **(16) prosecution** (0645) ⇔ 은? (　　　)
- [ ] **(17) novice** (0662) ≒ 은? (　　　)
- [ ] **(18) philanthropy** (0666) ≒ 은? (　　　)
- [ ] **(19) landlord** (0682) ⇔ 은? (　　　)
- [ ] **(20) liquidation** (0691) ≒ 은? (　　　)

A. defense
B. difference
C. promise
D. standard
E. responsibility
F. tenant
G. delay
H. magnificence
I. opponent
J. retailer
K. bankruptcy
L. evaluation
M. corridor
N. beginner
O. center
P. pension
Q. excursion
R. charity
S. authority
T. lawsuit

【해답】 (1) B　(2) Q　(3) J　(4) E　(5) M　(6) S　(7) H　(8) L　(9) D　(10) O
(11) G　(12) P　(13) I　(14) C　(15) T　(16) A　(17) N　(18) R　(19) F　(20) K

CHAPTER 5

동사 : 필수 112

Chapter 5에서는 TOEIC 필수 동사 112에 대하여 공부한다. 그런데 학습이 단조롭지 않은가? '990점을 돌파하는' 날을 향해 차근차근 어휘력을 익혀 가자.

TOEIC식 격언

Time and tide wait for no man.

세월은 사람을 기다려주지 않는다.
직역) 시간과 조류는 사람을 기다리지 않는다.

CHAPTER 1
CHAPTER 2
CHAPTER 3
CHAPTER 4
CHAPTER 5
CHAPTER 6
CHAPTER 7
CHAPTER 8
CHAPTER 9

Check 1　Listen 》)

□ 0705
scrutinize
/skrú:tənàiz/
Part 7

동 ~을 면밀하게 조사하다, 음미하다(≒examine, inspect)
명 scrutiny: 면밀[정밀]한 조사[검사]

□ 0706
disconnect
/dìskənékt/
Part 2, 3

동 ❶(가스·전기)의 공급을 중지하다 ❷~을 (…에서) 분리하다(from...)(⇔connect)

□ 0707
prosper
/práspər/
Part 7

동 번영[번성]하다(≒thrive, flourish); 성공하다(≒succeed)
명 prosperity:(특히 재정적인)번영, 번성
형 prosperous: 번영하는;(경제적으로)성공하는

□ 0708
unfold
/ʌ̀nfóuld/
Part 5, 6

동 ❶(접은 종이)을 펴다, 벌리다(⇔fold:~을 접다) ❷(이야기가)전개되다(≒develop)

□ 0709
bounce
/báuns/
Part 1

동 ❶~을 튕기다 ❷튀다(≒rebound)
명 ❶탄력 ❷활력, 활기

□ 0710
necessitate
/nəsésətèit/
Part 5, 6

동 ❶~을 필요로 하다 ❷(necessitate doing로)~하는 것을 필요로 하다
형 necessary:(~ 때문에)필요한, 없어서는 안 되는(for~)
부 necessarily:(부정문에서)반드시 ~않다

□ 0711
undermine
/ʌ̀ndərmáin/
Part 5, 6

동 ~을 서서히 퇴색시키다, 해치다

□ 0712
offset
/ɔ̀fsét/
Part 5, 6

동 ~을 상쇄하다, 메우다(≒compensate for, make up for)

---

continued
▼

□ 듣기 므드　Check 1
□ 확인 므드　Check 1 ▶ 2
□ 완벽 므드　Check 1 ▶ 2 ▶ 3

Check 2　Phrase

□ **scrutinize** the document(서류를 면밀히 조사하다)

□ **disconnect** electricity [gas, water] (전기[가스, 수도] 공급을 멈추다)
□ **disconnect** the hose from the faucet (호스를 수도꼭지에서 뽑다)

□ **prosper** in business (사업에 성공하다)

□ **unfold** a letter (편지를 펴다)
□ as the story **unfolds** (이야기가 전개되는 것에 대하여)

□ **bounce** the ball against the wall (공을 벽에 맞춰 튕기게 하다)
□ **bounce** off the wall (벽에 부딪혀 튕겨나오다)

□ **necessitate** further investigation (한층 더 조사를 필요로 하다)
□ **necessitate** closing the road ([공사가]도로의 폐쇄를 필요로 하다)

□ **undermine** the economy (경제를 서서히 쇠퇴시키다)
□ **undermine** physical health (몸의 건강을 해치다)

□ **offset** the losses ([이익이]손실을 메우다)

Check 3　Sentence

□ Police **scrutinized** the crime scene. (경찰은 범죄현장을 면밀하게 조사했다)

□ My cellphone was **disconnected** because I didn't pay the bill. (청구대금을 지불하지 않았기 때문에 내 핸드폰은 정지당하고 말았다)

□ The video game industry is **prospering** despite the economic crisis. (경제위기에도 불구하고 텔레비전 게임업계는 잘 나가고 있다)

□ He **unfolded** a map on the desk. (그는 책상 위에 지도를 펼쳤다)

□ The boy is **bouncing** a basketball. (그 아이는 농구공을 튀기고 있다)

□ An economic downturn **necessitates** budget cuts. (경기침체로 예산삭감이 필요해지고 있다)

□ Bank nationalization would **undermine** confidence in the financial system. (은행의 국유화는 금융시스템에 신뢰를 손상시킬 것이다)

□ The decline in domestic production was **offset** by the increase in overseas production. (국내 생산의 감소는 해외 생산의 증가에 의해 상쇄되었다)

continued
▼

Check 1   Listen 🔊

☐ 0713
commemorate
/kəmémərèit/
Part 4

동 ~을 기념하다, 축하다(≒celebrate)
명 commemoration: ❶기념(하는 것) ❷기념식; 기념물
형 commemorative: 기념의, 기념이 되는

☐ 0714
simulate
/símjulèit/
Part 4

동 ~의 모의실험을 하다, 시뮬레이션을 하다
명 simulation: 모의실험, 시뮬레이션

☐ 0715
administer
/ædmínistər/
Part 5, 6

동 ❶(회사·학교)을 관리[경영]하다 ❷(국가)을 통치하다 ❸(처벌)을 집행하다
명 administration: ❶관리, 경영 ❷행정
명 administrator: 관리자, 경영자
형 administrative: ❶관리의, 경영상의 ❷행정상의

☐ 0716
weave
/wíːv/
Part 1

동 ~을 엮다, 짜다
명 짜는 방법, 엮는 방법

☐ 0717
hamper
/hǽmpər/
Part 5, 6

동 ~을 방해하다, 막다(≒prevent, hinder)
명 ❶세탁바구니 ❷장바구니

☐ 0718
shred
/ʃréd/
Part 7

동 ~을 잘게 자르다, 파쇄기에 넣다
명 ❶조각 ❷(a shred of~로)약간의~

☐ 0719
convene
/kənvíːn/
Part 7

동 ❶~을 소집하다(≒summon) ❷소집되다

☐ 0720
relinquish
/rilíŋkwiʃ/
Part 7

동 ❶(권리)을 포기하다 ❷~을 (…에게) 넘기다, 양도하다 (to...)

Day 44 🔊
Quick Review
답은 오른쪽 페이지 아래

☐ 침해
☐ 신용
☐ 파산
☐ 해고
☐ 좋은 면
☐ 자금 모집
☐ 중간 정원
☐ 거짓말
☐ 지출
☐ 뷔페
☐ 주력제품
☐ 의자
☐ 위업
☐ 신용
☐ 완전한 실패
☐ 드문 일

Check 2　Phrase

- □ a stamp **commemorating** the landing on the moon (달 착륙을 기념한 우표)

- □ **simulate** an earthquake (지진의 모의실험을 하다)
- □ **simulate** an accident (사고의 시뮬레이션을 하다)

- □ **administer** a company (회사를 경영하다)
- □ **administer** a country (국가를 통치하다)

- □ **weave** a basket (바구니를 짜다)
- □ **weave** a rug (카펫을 짜다)

- □ **hamper** the progress of ~ (~의 진행을 방해하다)

- □ **shredded** carrot (당근을 잘게 자르다)
- □ **shred** the document (그 서류를 파쇄하다)

- □ **convene** a board (위원회를 소집하다)
- □ **convene** once a month ([위원회가] 한 달에 한 번 소집되다)

- □ **relinquish** a claim (요구를 포기하다)
- □ **relinquish** custody to ~ (양육권을 ~에게 양도하다)

Check 3　Sentence

- □ In 2008, we **commemorated** the 60th anniversary of the Universal Declaration of Human Rights. (2008년에 우리들은 세계인권선언 60주년을 기념했다)

- □ The machine can **simulate** different road conditions. (그 기계는 여러 가지 도로 상황의 시뮬레이션을 할 수 있다)

- □ The personnel department **administers** benefit programs for employees. (인사부는 종업원 대상의 복리 프로그램을 관리하고 있다)

- □ The woman is **weaving** cloth. (그 여자는 천을 짜고 있다)

- □ The rescue operation was **hampered** by bad weather. (구출 작업은 악천후로 방해받았다)

- □ **Shred** the cheese and sprinkle it over the potatoes. (치즈를 잘게 썰고 감자 위에 뿌리다) ➕ 레시피의 표현

- □ The meeting was **convened** to discuss the current economic crisis. (현재의 경제위기에 대하여 이야기하기 위해 회의가 소집되었다)

- □ He was forced to **relinquish** his position as CEO due to illness. (그는 병 때문에 CEO직을 그만둘 수밖에 없었다)

Day 44 》
Quick Review
답은 왼쪽 페이지 아래

□ infringement	□ upside	□ outlay	□ feat
□ credibility	□ fund-raising	□ buffet	□ goodwill
□ liquidation	□ courtyard	□ flagship	□ debacle
□ redundancy	□ fabrication	□ stool	□ rarity

Check 1　Listen 🔊

□ 0721
abolish
/əbáliʃ/
Part 5, 6

동(제도)을 폐지[철회]하다
명abolition:(제도의)폐지, 철폐(of〜)

□ 0722
withstand
/wiðstǽnd/
Part 5, 6

동〜에 잘 견디다, 인내하다, 저항하다(≒bear)

□ 0723
nurture
/nə́:rtʃər/
Part 5, 6

동〜을 키우다, 양육하다
명양육

□ 0724
hinder
/híndər/
Part 5, 6

동〜을 방해하다(≒prevent, hamper)
명hindrance:❶(〜의)방해, 방해(to〜) ❷(〜의)에 방해가 되는 물건[사람](to〜)

□ 0725
confer
/kənfə́:r/
Part 5, 6

동❶(〜와/…에 대하여)이야기하다, 협의하다(with〜/about [on]…) ❷(자격·학위)을 (…에게) 주다(on[upon]…)

□ 0726
recollect
/rèkəlékt/
Part 7

동❶〜을 떠올리다(≒remember, recall) ❷(recollect doing 로)〜한 것을 떠올리다
명recollection:❶추억 ❷기억(력)

□ 0727
subsidize
/sʌ́bsədàiz/
비즈니스문제

동〜에 보조[조성]금을 주다
명subside:보조[조성]금

□ 0728
overhaul
/òuvərhɔ́:l/
Part 5, 6

동❶〜을 분해점검[수리]하다 ❷〜을 철저하게 보다, 개선하다
명(/óuvərhɔ̀:l/)분해점검[수리];총점검

continued ▼

210 ▶ 211

Check 2　Phrase

☐ **abolish racial discrimination**
(인종차별을 폐지하다)

☐ **withstand storms** (폭풍에 견디다)
☐ **withstand the test of time** (시간의 시련에 견디다, 오랫동안 기억에 남다)

☐ **nurture one's child** (아이를 양육하다)

☐ **hinder economic recovery** (경제회복을 방해하다)

☐ **confer with him about the plan** (그와 그 계획에 대하여 이야기하다)
☐ **confer degrees on graduates** (학위를 졸업생에게 주다)

☐ **recollect his name** (그의 이름을 떠올리다)
☐ **recollect seeing her** (그녀와 만난 것을 떠올리다)

☐ **subsidize solar panel installation** (태양전지판 설치에 보조금을 주다)

☐ **overhaul the engine** (엔진을 분해점검하다)
☐ **overhaul the healthcare system** (의료제도를 철저하게 재고하다)

Check 3　Sentence

☐ **Slavery was abolished in the US in 1865.** (노예제도는 미국에서는 1965년에 폐지되었다)

☐ **The bridge is designed to withstand an earthquake of magnitude 8.** (그 다리는 진도 8의 지진에도 견디도록 설계되어 있다)

☐ **Schools should nurture creativity and imagination in children.** (학교는 아이의 창조성과 상상력을 키워야 한다)

☐ **The high cost of gasoline hinders tourism.** (휘발유의 높은 가격이 관광업을 방해하고 있다)

☐ **He conferred with his attorney about the case.** (그는 변호사와 그 소송에 대해 이야기를 나눴다)

☐ **Do you recollect what you said to me the last time we met?** (요전에 만났을 때에 내게 무슨 말을 했는지 기억하세요?)

☐ **Private schools are subsidized by the government.** (사립학교는 정부에서 보조금을 받을 수 있다)

☐ **I had my computer overhauled.** (나는 컴퓨터를 분해수리했다)

continued
▼

Check 1　　Listen 》

☐ 0729
affirm
/əfə́ːrm/
Part 5, 6

동 ~라고 단언[주장]하다 (⇔deny)
명 affirmation: 단언
명 affirmative: 긍정, 찬성
형 affirmative: 긍정적인, 적극적인

☐ 0730
embezzle
/imbézl/
Part 7

동 ~을 (…에서) 횡령[착복]하다(from...)
명 embezzlement: 횡령, 착복

☐ 0731
slump
/slʌ́mp/
❶ 정의주의
비즈니스문제

동 (물가가) 급락[폭락]하다
명 (물가의)폭락(in~)

☐ 0732
testify
/téstəfài/
Part 2, 3

동 ❶(~에 유리하게/…에 불리하게) 증언하다(for~/against...)
❷~라고 증언하다
명 testimony:(선고)증언

☐ 0733
sag
/sǽg/
비즈니스문제

동 ❶(가격이) 하락하다(≒drop) ❷침하하다(≒sink)
명 ❶(가격의)하락(in~) ❷침하

☐ 0734
dilute
/dilúːt/
Part 7

동 ~을 (…로) 희석하다(with...)
형 희석한, 옅은
명 dilution:희석한 것

☐ 0735
abate
/əbéit/
Part 4

동 (기세·격렬함이) 완화되다, 쇠퇴하다

☐ 0736
rake
/réik/
Part 1

동 ~을 갈퀴로 모으다
명 갈퀴

Day 45 》
Quick Review
답은 오른쪽 페이지 아래

☐ ~을 면밀하게 조사하다
☐ ~의 공급을 중지하다
☐ 번영하다
☐ ~을 펴다
☐ ~을 튕기다
☐ ~을 필요로 하다
☐ ~을 서서히 퇴색시키다
☐ ~을 상쇄하다
☐ 을 기념하다
☐ ~의 모의실험을 하다
☐ ~을 관리하다
☐ ~을 엮다
☐ ~을 방해하다
☐ ~을 잘게 자르다
☐ ~을 소집하다
☐ ~을 포기하다

Check 2　Phrase

☐ **affirm** that it is true (그것이 진실이라 단언하다)

☐ **embezzle** $1 million from the company (회사에서 100만 달러를 횡령하다)

☐ **slump** by half [two-thirds] (절반[3분의 2]으로 급락하다)

☐ **testify** in court (법정에서 증언하다)
☐ **testify** that the defendant was not involved in the crime (피고가 범죄에 관여하지 않았다고 증언하다)

☐ the **sagging** housing market (하락하는 주택시장)
☐ a **sagging** floor (꺼진 바닥)

☐ **dilute** soy sauce with water (간장을 물로 희석하다)

☐ **abating** winds (완화되기 시작한 바람)

☐ **rake** garbage (쓰레기를 갈퀴로 모으다)

Check 3　Sentence

☐ The suspect **affirmed** that he was innocent. (용의자는 자신은 무고하다고 주장했다)

☐ He was charged with **embezzling** $20,000 from his employer over a three-year period. (그는 3년에 걸쳐서 고용주로부터 2만 달러를 횡령한 것으로 고소당했다)

☐ Car sales **slumped** by nearly 25 percent compared to the previous year. (전년에 비교하여 자동차 판매 수는 25퍼센트 가까이 급락했다)

☐ The witness **testified** for the defendant. (증인은 피고에 유리한 증언을 했다)

☐ Stock prices **sagged** yesterday. (주가는 어제 하락했다)

☐ **Dilute** condensed milk with hot water. (연유를 열탕으로 희석해주세요)

☐ The rain **abated** and the sun emerged. (비가 약해지고 태양이 나타났다)

☐ The woman is **raking** the fallen leaves. (그 여자는 낙엽을 갈퀴로 모으고 있다)

Day 45
Quick Review
답은 왼쪽 페이지 아래

☐ scrutinize　☐ bounce　☐ commemorate　☐ hamper
☐ disconnect　☐ necessitate　☐ simulate　☐ shred
☐ prosper　☐ undermine　☐ administer　☐ convene
☐ unfold　☐ offset　☐ weave　☐ relinquish

Day 47　동사10

☐ 0737 **stabilize** /stéibəlàiz/ 비즈니스문제	동❶~을 안정시키다 ❷안정되다 명stability: 안정(성) 형stable: 안정된
☐ 0738 **misplace** /mispléis/ Part 2, 3	동~을 제자리에 두지 않다;~을 두고 잊다
☐ 0739 **skyrocket** /skáirὰkit/ 비즈니스문제	동(가격이)급상승하다
☐ 0740 **trim** /trím/ Part 1	동❶~을 다듬다 ❷(예산)을 삭감하다(≒reduce)
☐ 0741 **pollute** /pəlúːt/ 비즈니스문제	동~을 오염시키다, 더럽히다(≒contaminate) 명pollution: 오염;공해 명pollutant: 오염물질
☐ 0742 **avert** /əvə́ːrt/ Part 5, 6	동❶(위험)을 방해하다, 피하다(≒prevent) ❷(눈)을 (…에서) 피하다, 외면하다(from...)
☐ 0743 **publicize** /pʌ́bləsàiz/ Part 5, 6	동~을 공표[광고, 선전]하다, 알리다(≒announce, advertise) 명publicity:❶주지, 지명도, 평판 ❷선전, 광고
☐ 0744 **appraise** /əpréiz/ 비즈니스문제	동~을 (…와) 평가[감정, 사정]하다(at...)(≒assess, evaluate) 명appraisal:(~의)평가, 감정, 사정(of~)

continued ▼

□ 듣기 모드　Check 1
□ 확인 모드　Check 1 ▸ 2
□ 완벽 모드　Check 1 ▸ 2 ▸ 3

Check 2　Phrase

□ **stabilize** food prices (식품가격을 안정시키다)
□ start **stabilizing** (안정되기 시작하다)

□ **misplace** one's keys (열쇠를 제자리에 두지 않다)

□ **skyrocketing** oil prices (급상승하는 원유가격)

□ have one's hair **trimmed** (머리를 다듬다)
□ **trim** personnel costs (인건비를 삭감하다)

□ **pollute** the atmosphere (대기를 오염시키다)

□ **avert** disaster (재해를 막다)
□ **avert** one's eyes [gaze] from ~ (~에서 눈을 피하다)

□ **publicize** the results of ~ (~의 결과를 공표하다)
□ highly [widely, well] **publicized** (널리 알려지다)

□ **appraise** employees' performance (종업원의 실적을 평가하다)
□ **appraise** the house at $200,000 (그 집을 20만 달러로 평가하다)

Check 3　Sentence

□ **The government must stabilize the domestic economy.** (정부는 국내 경제를 안정시키지 않으면 안 된다)

□ **I have misplaced my cellphone somewhere in my house.** (나는 집 어딘가에 핸드폰을 두고 잊어버렸다)

□ **Housing prices have skyrocketed over the past five years.** (최근 5년간 주택가격은 급상승했다)

□ **The man is trimming the lawn.** (그 남자는 잔디를 깎고 있다)

□ **Human beings have polluted the environment for many decades.** (인류는 몇 십 년에 걸쳐서 자연환경을 오염시켜왔다)

□ **Countries should take urgent measures to avert the ongoing financial crisis.** (각국은 진행 중인 금융위기를 막기 위해 긴급조치를 취해야만 한다)

□ **Private information should not be publicized without permission.** (개인 정보는 허가 없이 공표해서는 안 된다)

□ **The building was appraised at $25 million.** (그 빌딩은 2,500만 달러로 평가받았다)

CHAPTER 1
CHAPTER 2
CHAPTER 3
CHAPTER 4
CHAPTER 5
CHAPTER 6
CHAPTER 7
CHAPTER 8
CHAPTER 9

continued ▼

Check 1　　Listen))

☐ 0745
foresee
/fɔːrsíː/
Part 5, 6

동 ~을 예견하다
형 foreseeable : 예견[예지, 예측]할 수 있는
형 unforeseen : 예기하지 않는, 생각지 못한

☐ 0746
stir
/stə́ːr/
Part 1

동 ~을 섞다, 휘젓다
명 휘젓는 것

☐ 0747
rebound
/ribáund/
비즈니스문제

동 ❶ (주가를) 회복하다 ❷ (~에서) 튕겨나오다 (off~)
명 (/ríːbàund/) ❶ 탄력 ❷ 회복

☐ 0748
disseminate
/disémənèit/
Part 7

동 (정보・사상 등)을 넓히다, 보급시키다

☐ 0749
insulate
/ínsəlèit/
Part 2, 3

동 ~을 (…에서) 단열[방음, 절연]하다 (from[against]…)
명 insulation : ❶ insulation : 단열재, 방음재, 절연재[체] ❷ (열・소리・전기의) 차단, 절연

☐ 0750
slash
/slǽʃ/
❗ 정의주의
비즈니스문제

동 ❶ (예산)을 대폭적으로 삭감하다 ❷ ~에 깊이 칼질하다
명 ❶ 칼질하는 것 ; 칼집 ❷ 일격 ❸ 사선

☐ 0751
suppress
/səprés/
Part 5, 6

동 ❶ (폭동)을 진압[억압]하다 ❷ (감정)을 억누르다, 참다 (⇔subdue)
명 suppression : ❶ (폭동의) 진압, 억압 ❷ (감정의) 억제

☐ 0752
interpret
/intə́ːrprit/
❗ 강세주의
Part 5, 6

동 ❶ ~을 통역하다 ➕ '~을 번역하다'는 translate ❷ (interpret A as B로) A를 B라고 해석[이해]하다
명 interpretation : ❶ 해석, 설명 ❷ 통역
명 interpreter : 통역자

Day 46))
Quick Review
답은 오른쪽 페이지 아래

☐ ~을 폐지하다
☐ ~에 잘 견디다
☐ ~을 키우다
☐ ~을 방해하다

☐ 이야기하다
☐ ~을 떠올리다
☐ ~에 보조금을 주다
☐ ~을 분해점검하다

☐ ~라고 단언하다
☐ ~을 횡령하다
☐ 급락하다
☐ 증언하다

☐ 하락하다
☐ ~을 희석하다
☐ 완화되다
☐ ~을 갈퀴로 모으다

- ☐ **foresee** what will happen in the future (장차 무엇이 일어날지 예견하다)

- ☐ **stir** one's coffee with a spoon (커피를 스푼으로 젓다)

- ☐ **rebound** sharply ([주가가]급반발하다)
- ☐ **rebound** off the wall (벽에 부딪혀 팅겨나오다)

- ☐ **disseminate** rumors (소문을 퍼뜨리다)

- ☐ **insulate** a house from heat [noise] (집을 열[소음]에서 단열[방음]하다)

- ☐ **slash** the budget (예산을 대폭적으로 삭감하다)
- ☐ a **slashed** tire (깊이 잘린 타이어)

- ☐ **suppress** a rebellion (폭동을 진압하다)
- ☐ **suppress** one's anger (분노를 억제하다)

- ☐ **interpret** the speech in Japanese (연설을 일본어로 통역하다)
- ☐ **interpret** silence as approval (침묵을 허락으로 이해하다)

- ☐ Few analysts **foresaw** the financial crisis. (금융위기를 예견한 애널리스트는 거의 없었다)

- ☐ The man is **stirring** the sauce. (그 남자는 소스를 섞고 있다)

- ☐ Stock prices **rebounded** today after five successive days of losses. (5일 연속으로 하락한 뒤게 주가는 오늘 회복했다)

- ☐ The Internet is the best medium to gather and d sseminate information. (인터넷은 정보를 모으거나 넓히는 것에 최적의 수단이다)

- ☐ My house is **insulated** with fiberglass insulation. (나의 집은 섬유유리의 단열재로 단열되어 있다)

- ☐ All prices have been **slashed** by 60 percent! (가격은 모두 60퍼센트 할인!)
  ➕ 광고의 표현

- ☐ The government sent troops to **suppress** demonstrators. (정부는 데모 참가자들을 진압하기 위해 군대를 파견했다)

- ☐ The conference was simultaneously **interpreted** into five languages. (그 회의는 5개 국어로 동시통역되었다)

Day 46 》
Quick Review
답은 왼쪽 페이지 아래

☐ abolish	☐ confer	☐ affirm	☐ sag
☐ withstand	☐ recollect	☐ embezzle	☐ dilute
☐ nurture	☐ subsidize	☐ slump	☐ abate
☐ hinder	☐ overhaul	☐ testify	☐ rake

Check 1　　Listen))

☐ 0753
subside
/səbsáid/
Part 5, 6

툉 (폭풍이)**잠잠해지다**, 조용해지다

☐ 0754
concur
/kənkə́ːr/
Part 5, 6

툉❶(~와/…하는 것에)**동의하다**, 일치하다(with~/that절…)(≒agree) ❷동시에 일어나다(≒coincide)
혱concurrent:❶(~와)동시에 발생[존재]하다(with~) ❷(~와)동일한, 일치한(with~)

☐ 0755
revolutionize
/rèvəlúːʃənàiz/
Part 5, 6

툉~에 **혁명을 초래하다**, 대변혁을 일으키다
몡revolution:혁명
혱revolutionary:혁명의;혁명적인

☐ 0756
contaminate
/kəntǽmənèit/
Part 7

툉~을 **오염시키다**, 더러워지다(≒pollute)
몡contamination:오염
몡contaminant:오염물질

☐ 0757
sip
/síp/
Part 1

툉❶~을 **홀짝홀짝 마시다** ❷조금씩 마시다(on[at]~)
몡(음료의)한 입(의 양)

☐ 0758
dwindle
/dwíndl/
비즈니스문제

툉**차츰 감소하다**(≒decrease)

☐ 0759
forfeit
/fɔ́ːrfit/
❗ 발음주의
Part 5, 6

툉~을 **몰수당하다**, (벌로)잃다 ➕confiscate는 '~을 몰수하다'
몡❶몰수, 상실 ❷몰수품, 벌금
혱(~에)몰수당한(to~)

☐ 0760
activate
/ǽktəvèit/
비즈니스문제

툉❶~을 **활성화하다**, 활발하게 하다 ❷~을 시동[기동, 이동]시키다
몡activity:활동
혱active:❶활동적인 ❷적극적인 ❸활동 중인

---

continued
▼

☐ 듣기 모드   Check 1
☐ 확인 모드   Check 1 ▸ 2
☐ 완벽 모드   Check 1 ▸ 2 ▸ 3

Check 2   Phrase

☐ **subside as time passes** (세월이 지나면서 잠잠해진다)

☐ **concur with his view** (그의 사고 방식에 동의한다)
☐ **Everything concurred to do ~.** (모든 것이 일치하다)

☐ **revolutionize science** ([발견이] 과학에 혁명을 불러일으키다)

☐ **contaminate drinking water** (식수를 오염시키다)

☐ **sip (on [at]) wine** (와인을 홀짝홀짝 마시다)

☐ **dwindle to nothing [one, two]** (차츰 줄어 없어지다[한 개가 되다, 두 개가 되다])

☐ **forfeit one's driver's license** (운전면허증을 몰수당하다)
☐ **forfeit the right to do ~** (~할 권리를 잃다)

☐ **activate foreign investment** (해외투자를 활성화하다)
☐ **activate an alarm** (경보기를 작동시키다)

Check 3   Sentence

☐ **The doctor said the pain would subside in a few days.** (통증은 며칠 후 나을 것이라고 의사는 말했다)

☐ **The results concurred with the experimental data.** (결과는 실험 데이터와 일치했다)

☐ **The Internet has revolutionized the way we do business.** (인터넷은 비즈니스 방법에 혁명을 불러일으켰다)

☐ **The accident at the Chernobyl nuclear power plant contaminated large areas of Europe.** (체르노빌 원자력 발전소의 사고는 유럽의 넓은 지역을 오염시켰다)

☐ **The woman is sipping a beverage.** (그 여자는 음료를 조금씩 마셨다)

☐ **CD sales have dwindled since downloading music became popular.** (음원 다운로드가 대중화된 이래 CD 판매량은 점차 감소하고 있다)

☐ **If you cancel your reservation, you will forfeit your deposit.** (예약을 취소하는 경우, 선불금은 몰수된다)

☐ **The government is finding a way to activate the domestic economy.** (정부는 국내경제를 활성화하는 방법을 찾고 있다)

continued
▼

Check 1　　Listen 》

□ 0761 **solicit** /səlísit/ Part 7	통❶(원조·금전)을 (…에게) **요구하다**, 간청하다(from…)(≒ ask) ❷~을 방문판매하다 명solicitor:❶(시·도의)법무관 ❷외교[권유]원, 세일즈맨
□ 0762 **veto** /ví:tou/ Part 7	통❶(법안)을 (거부권을 행사하고) **거부[부인]하다**, ~에 대하여 거부권을 행사하다 ❷~을 인정할 수 없다, ~에 반대하다 명(~에 대한)거부권(on~)
□ 0763 **overestimate** /òuvəréstəmèit/ Part 7	통❶~을 **과대평가하다**(⇔underestimate) ❷~을 많이[높게] 견적내다 명(/òuvəréstəmet/)과대평가;과도한 견적 통estimate:❶~을 견적내다 ❷~을 평가하다
□ 0764 **empower** /impáuər/ Part 7	통❶~의 **능력**[지위]을 **향상시키다** ❷~에 (…하는) 권한을 주다(to do)(≒authorize)
□ 0765 **revitalize** /rìváitəlàiz/ 비즈니스문제	통~에 다시 **활기를 주다** 통vitalize:~에 활기[활력]을 주다
□ 0766 **itemize** /áitəmàiz/ Part 7	통~을 **항목으로 나누다**, 항목쓰기를 하다 명item:품목, 항목
□ 0767 **deduce** /didjú:s/ Part 5, 6	통❶~라고 **추정**[추론]**하다** ❷(deduce A from B로)A(결론)을 B에서 추정[추론]하다 명deduction:❶(~에서)공제(from~) ❷(~라는)추론(that절 ~)
□ 0768 **unveil** /ʌnvéil/ Part 5, 6	통❶(비밀)을 **밝히다**, 공표하다(≒reveal, disclose, uncover, expose)(⇔conceal:~을 비밀로 하다) ❷~의 베일을 거두다;~의 제막식을 실시하다

Check 2 Phrase	Check 3 Sentence

<table>
<tr><td>

☐ solicit donations (기부를 간청하다)

☐ solicit customers (호객 행위를 하다)

</td><td>

☐ It is illegal for legislators to solicit gifts from lobbyists. (국회의원이 로비스트에게 금품을 요구하는 것은 위법이다)

</td></tr>
<tr><td>

☐ veto a bill (법안을 거부하다)

☐ veto his plan to do ~ (그의 ~할 계획을 인정할 수 없다)

</td><td>

☐ The US vetoed a UN Security Council resolution condemning Israel's attacks in Gaza. (미국은 이스라엘의 가자 공격을 비난하는 UN 이사회의 결의에 대하여 거부권을 행사했다)

</td></tr>
<tr><td>

☐ overestimate his abilities (그의 능력을 과대평가하다)

☐ overestimate construction costs (건설비를 과도하게 비싸게 견적내다)

</td><td>

☐ In general, people tend to overestimate their skill level. (일반적으로 사람들은 자신의 기술 수준을 과대평가하는 경향이 있다)

</td></tr>
<tr><td>

☐ empower ethnic minority groups (소수민족의 지위를 향상시키다)

☐ be empowered to do ~ (~할 권한을 가지고 있다)

</td><td>

☐ Companies need to empower employees with the necessary skills. (기업은 종업원에게 필요한 기술을 향상시킬 필요가 있다)

</td></tr>
<tr><td>

☐ revitalize the economy (경제를 재활성화하다)

</td><td>

☐ The project will revitalize the local business district. (그 프로젝트는 지방의 상업지역을 다시 활성화시킬 것이다)

</td></tr>
<tr><td>

☐ itemize tax deductions (세공제를 항목으로 나누다)

☐ an itemized bill (계산 명세서)

</td><td>

☐ Itemize the budget in as much detail as possible. (예산을 가능한 한 상세하게 항목화 해주세요)

</td></tr>
<tr><td>

☐ deduce that the suspect is innocent (용의자는 무고하다고 추정하다)

☐ the conclusion deduced from the experiments (실험에서 추정할 수 있는 결론)

</td><td>

☐ Police deduced that a man who appeared to have committed suicide was actually murdered. (자살했다고 생각한 남자는 사실 살해당했다고 경찰은 추정했다)

</td></tr>
<tr><td>

☐ unveil a secret (비밀을 밝히다)

☐ unveil a statue of ~ (~의 상의 제막식을 하다)

</td><td>

☐ Honda's new hybrid was unveiled at a press conference. (혼다의 새로운 하이브리드차가 기자회견에서 공개되었다)

</td></tr>
</table>

Day 47))
Quick Review
답은 왼쪽 페이지 아래

☐ stabilize	☐ pollute	☐ foresee	☐ insulate
☐ misplace	☐ avert	☐ stir	☐ slash
☐ skyrocket	☐ publicize	☐ rebound	☐ suppress
☐ trim	☐ appraise	☐ disseminate	☐ interpret

Check 1　Listen 》

□ 0769
plummet
/plʌ́mit/
비즈니스문제

동(물가가)(~에)**급락하다**(to~)(≒ plunge, tumble)

□ 0770
differentiate
/dìfərénʃièit/
Part 5, 6

동❶~을 (…와) **구별하다**, 차별화 하다(from...) ❷(~사이의) 차별[구별]을 하다(between~)(≒ distinguish)
명differentiation:구별;차별화

□ 0771
outsource
/àutsɔ́:rs/
비즈니스문제

동(업무)을 **외부위탁하다**;(부품)을 외부조사하다
명outsourcing:외부위탁;외부조달

□ 0772
procure
/proukjúər/
Part 7

동~을 (노력[고생]하여) **손에 넣다**, 입수[획득, 조달]하다(≒ obtain)

□ 0773
vend
/vénd/
Part 1

동(통례 길거리에서)~을 팔다
명vendor:노천상인, 행상인

□ 0774
infringe
/infríndʒ/
비즈니스문제

동❶(권리)을 **침해하다**, (법률)을 위반하다(≒ violate) ❷(in-fringe on[upon]로)~을 침해하다
명infringement:❶(권리의)침해(of[on]~) ❷(법률의)위반(of~)

□ 0775
tumble
/tʌ́mbl/
비즈니스문제

동❶(주가가)**폭락하다**(≒ plunge, plummet) ❷넘어지다
명전도, 전락

□ 0776
depict
/dipíkt/
Part 5, 6

동~을 (…로서) **그리다**, 묘사하다(as...)(≒ describe, represent, portray)
명depiction:묘사

continued ▼

□ 듣기 모드　Check 1
□ 확인 모드　Check 1 ▸ 2
□ 완벽 모드　Check 1 ▸ 2 ▸ 3

Check 2　Phrase

Check 3　Sentence

□ **plummet to a 10-year low** ([주가가]10년 만에 낮은 가격으로 급락하다)

▸ □ **Oil prices have plummeted in recent months.** (원유가격이 최근 몇 개월로 급락했다)

□ **differentiate good from bad = differentiate between good and bad** (선악을 구별하다)

▸ □ **We need to differentiate our products from our competitors'.** (우리들은 자사제품을 타사의 경합 제품과 차별화할 필요가 있다)

□ **outsource customer service** (고객서비스를 외부위탁하다)

▸ □ **The company is planning to outsource a portion of its production.** (그 회사는 생산의 일부를 외부위탁할 계획을 세우고 있다)

□ **procure evidence** (증거를 입수하다)

▸ □ **I have managed to procure tickets to the concert.** (나는 그 콘서트의 티켓을 겨우 입수했다)

□ **a vending machine** (자동판매기)

▸ □ **The man is vending newspapers.** (그 남자는 신문을 팔고 있다)

□ **infringe (on) copyright** (저작권을 침해하다)
□ **infringe a law** (법률에 위반하다)

▸ □ **The electronics manufacturer infringed four patents relating to digital cameras.** (그 전기회사는 디지털 카메라에 관련하는 4가지 특허를 침해했다)

□ **tumble about 100 points** ([주가가]100포인트 정도 폭락하다)
□ **tumble down the stairs** (계단을 굴러 떨어지다)

▸ □ **Stock prices tumbled to their lowest level in three years.** (주가가 최근 3년간 최저 수준까지 폭락했다)

□ **depict him as a hero** (그를 영웅으로 그리다)

▸ □ **{The Last Supper} depicts Christ and his 12 disciples.** (《최후의 만찬》은 그리스도와 그의 12명의 제자를 그리고 있다)

continued
▼

Check 1　Listen 》

□ 0777
privatize
/prάivətàiz/
비즈니스문제

동 ~을 민영화하다(⇔nationalize:~을 국영[국유]화하다)
명 privatization: 민영화
형 private: ❶사유의; 민영[사영]의 ❷사적인

□ 0778
mingle
/míŋgl/
Part 4

동 ❶(~와) 환담[교제]하다(with~) ❷(~와) 섞다(with~)
❸~을 (…와) 섞다(with...)

□ 0779
evoke
/ivóuk/
Part 5, 6

동 (감정)을 초래하다, 환기하다
형 evocative:(감정을)불러일으키다, 환기하다, 떠올리다(of~)

□ 0780
shelve
/ʃélv/
Part 7

동 ❶(계획)을 미루다, 연기하다(≒put off, postpone, delay)
❷(책)을 책장에 두다
명 shelf: 책장

□ 0781
lessen
/lésn/
Part 5, 6

동 ❶~을 감소하다, 작게 하다 ❷줄이다, 작아지다(≒decrease)
형 less: 보다 적다
부 less: 보다~ 가 아니라
형 lesser: 보다 열등한[중요하지 않은]

□ 0782
energize
/énərdʒàiz/
Part 7

동 ❶~에 활기[활력]을 불어넣다(≒stimulate) ❷(기계)를 동작시키다
명 energy: 활력, 에너지

□ 0783
procrastinate
/proukrǽstənèit/
Part 7

동 (해야만 하는 것을)질질 미루다

□ 0784
depose
/dipóuz/
Part 5, 6

동 (고관)을 (고위에서) 면직하다, 퇴진시키다, 물러나다 (from...)
명 deposition:(고관의) 면직

Day 48 》
Quick Review
답은 오른쪽 페이지 아래

□ 잠잠해지다
□ 동의하다
□ ~에 혁명을 초래하다
□ ~을 오염하다

□ ~을 홀짝홀짝 마시다
□ 차츰 감소하다
□ ~을 몰수당하다
□ ~을 활성화하다

□ ~을 요구하다
□ ~을 거부하다
□ ~을 과대평가하다
□ ~의 능력을 향상시키다

□ ~에 다시 활기를 주다
□ ~을 항목으로 나누다
□ ~라고 추정하다
□ ~을 밝히다

<table>
<tr><td>

Check 2   Phrase

☐ **privatize** government-run companies (국영기업을 민영화하다)

☐ **mingle** with guests (손님들과 환담을 나누다)
☐ **mingle** with water (물과 섞이다)

☐ **evoke** sorrow (슬픔을 불러일으키다)

☐ **shelve** the bill (법안을 미루다)
☐ **shelve** books (책을 책장에 두다)

☐ **lessen** the risk of ~ (~의 위험성을 줄이다)
☐ considerably **lessen** (현저히 줄다)

☐ **energize** the civil rights movement (공민권운동의 활기를 띠다)
☐ be **energized** by solar power (태양열[빛]으로 작동하다)

☐ **procrastinate** until it is too late (아주 늦은 시간까지 자꾸만 미루다)

☐ **depose** the dictator (독재자를 퇴진시키다)

</td><td>

Check 3   Sentence

☐ Japan's postal system was **privatized** in 2007. (일본의 우정체계는 2007년에 민영화되었다)

☐ This event provides an opportunity to **mingle** with local people. (이 이벤트는 지방 사람들과 접촉할 기회를 제공한다)

☐ The photo **evoked** memories of my childhood. (그 사진은 나의 어린 시절의 기억을 불러일으켰다)

☐ The new airport project has been **shelved** due to the economic downturn. (신공항 계획은 경기침체 때문에 미뤄진 채 남아 있다)

☐ Strengthening trade ties will **lessen** international tensions. (무역관계를 강화하는 것으로 국제긴장은 완화할 것이다)

☐ The development of the mall will **energize** the local economy. (그 쇼핑센터의 개발은 지역경제를 활성화할 것이다)

☐ Stop **procrastinating** and start acting. (질질 미루지 말고 행동을 개시하자)

☐ The CEO was **deposed** due to poor leadership. (그 CEO는 지도력 부족 때문에 면직되었다)

</td></tr>
</table>

Day 48 》
Quick Review
답은 왼쪽 페이지 아래

☐ subside	☐ sip	☐ solicit	☐ revitalize
☐ concur	☐ dwindle	☐ veto	☐ itemize
☐ revolutionize	☐ forfeit	☐ overestimate	☐ deduce
☐ contaminate	☐ activate	☐ empower	☐ unveil

Check 1　　Listen 》

☐ 0785
weed
/wíːd/
Part 1

동(정원)의 잡초를 뽑다
명잡초
명seaweed: 해초

☐ 0786
envision
/invíʒən/
Part 7

동(앞으로의 일)을 상상하다, 마음에 그리다(≒imagine, envisage)

☐ 0787
subdue
/səbdjúː/
Part 7

동❶(반란)을 진압[제압]하다 ❷(감정)을 억제하다, 제압하다(≒suppress)
형subdued: ❶(색·빛·목소리가)부드러운 ❷(사람이)(평소보다)얌전하다

☐ 0788
flounder
/fláundər/
비즈니스문제

동❶(경제가)침체하다 ❷(혼란하여)허둥거리다, 말을 우물거리다

☐ 0789
ameliorate
/əmíːljərèit/
Part 7

동~을 개선[개량]하다(≒improve)
명amelioration: 개선, 개량

☐ 0790
revamp
/rìːvǽmp/
Part 4

동~을 쇄신[개조]하다
명쇄신

☐ 0791
foretell
/fɔːrtél/
Part 5, 6

동~을 예언[예고]하다(≒predict)

☐ 0792
modernize
/mádərnàiz/
비즈니스문제

동❶~을 현대[근대]화하다, 최신식으로 하다 ❷현대[근대]적이 되다
명modernization: 근대[현대]화
형modern: 현대의, 근대의

---

continued
▼

☐ 듣기 모드　Check 1
☐ 확연 모드　Check 1 ▸ 2
☐ 완벽 모드　Check 1 ▸ 2 ▸ 3

Check 2　Phrase

☐ **weed** the lawn (잔디밭의 잡초를 뽑다)

☐ **envision** a better future (보다 좋은 미래를 상상하다)
☐ It is hard to **envision** ~. (~을 상상하는 것은 어렵다)

☐ **subdue** the enemy (적을 제압하다)
☐ **subdue** one's laughter (웃음을 참다)

☐ the **floundering** economy (침체하는 경제)
☐ **flounder** for something to say (무슨 말을 하려고 입을 오물거리다)

☐ **ameliorate** the quality of life (생활의 질을 개선하다)

☐ **revamp** the education system (교육제도를 쇄신하다)
☐ **revamp** the cabinet (내각을 개편하다)

☐ **foretell** the future (미래를 예언하다)

☐ **modernize** a country (시골을 현대화하다)
☐ **modernize** a kitchen (부엌을 최신식으로 하다)

Check 3　Sentence

☐ The man is **weeding** his garden. (그 남자는 정원의 잡초를 뽑고 있다)

☐ I **envision** a day when all information is shared and more easily accessible. (나는 모든 정보가 공유되고 보다 손쉽게 접근 가능한 날을 상상한다)

☐ It took four hours to **subdue** the fire. (그 화재를 진화하는 데 4시간이 걸렸다)

☐ The domestic car market is **floundering** due to lack of demand. (국내 자동차시장은 수요부족으로 인해 침체되어 있다)

☐ The union has requested management to **ameliorate** working conditions. (그 노동조합은 경영진에게 노동환경을 개선하도록 요구하고 있다)

☐ The automaker has **revamped** its marketing strategy. (그 자동차회사는 판매전략을 쇄신했다)

☐ It is extremely difficult to **foretell** when a recession will end. (언제 경기침체가 끝날지 예측하는 것은 매우 어렵다)

☐ It is imperative for manufacturers to **modernize** their production lines. (생산라인을 현대화하는 것은 회사에 있어 절대적으로 필요하다)

continued ▾

Check 1　Listen 》

□ 0793
dispel
/dispél/
Part 7

⑧(의문)을 떨쳐버리다, 밝히다, 쫓다

□ 0794
redress
/ridrés/
Part 5, 6

⑧~을 시정[교정]하다
⑲(/rí:dres/)보상, 배상

□ 0795
underpin
/ʌ̀ndərpín/
Part 7

⑧❶(의논)을 지탱하다, 지지하다(≒support) ❷~을 아래에서 지탱하다
⑲underpinning:❶지지 ❷(건물의)토대

□ 0796
exemplify
/igzémpləfài/
Part 7

⑧❶~의 좋은 예가 되다 ❷~을 예증[실증]하다
⑲exemplification:❶실례, 좋은 예 ❷예증, 실증

□ 0797
overshadow
/òuvərʃǽdou/
Part 7

⑧❶(비유적으로)~의 그림자를 옅게 하다, ~을 얕잡아보다 ❷~에 그림자를 드리우다

□ 0798
commend
/kəménd/
Part 4

⑧❶~을 (…의 일로) 칭찬하다, 칭찬하다(for…)(≒praise) ❷~을 (…에게) 추천하다(to…)(≒recommend)
⑲commendation:❶칭찬, 찬사 ❷추천
⑲commendable:칭찬받을만한

□ 0799
spawn
/spɔ́:n/
❗ 정의주의
Part 5, 6

⑧❶~을 불러일으키다, 낳다(≒cause) ❷(물고기·개구리가)알을 낳다
⑲(물고기·개구리의)알

□ 0800
equalize
/í:kwəlàiz/
Part 5, 6

⑧~을 같게 하다, 균일하게 하다
⑲equality:같은 것, 평등
⑧equal:~와 같다
⑲equal:❶동량의, 동등의 ❷(be equal to로)~와 같다;~에게 필적하다 ❸평등한

Day 49 》
Quick Review
답은 오른쪽 페이지 아래

□ 급락하다
□ ~을 구별하다
□ ~을 외부위탁하다
□ ~을 손에 넣다

□ ~을 팔다
□ ~을 침해하다
□ 폭락하다
□ 그리다

□ ~을 민영화하다
□ 환담하다
□ ~을 초래하다
□ ~을 미루다

□ ~을 감소하다
□ ~에 활기를 불어넣다
□ 질질 미루다
□ ~을 면직하다

Check 2 — Phrase	Check 3 — Sentence
□ **dispel** the notion that ~ (~라는 생각을 떨쳐버리다) □ **dispel** her fears (그녀의 불안을 일소하다)	□ The minister **dispelled** rumors of his resignation. (그 대사는 사직 소문을 떨쳐버렸다)
□ **redress** wrongs (부정을 바로잡다) □ **redress** the imbalance (불균등을 시정하다)	□ The government should **redress** the unfair treatment of women in the workplace. (정부는 직장에서 여성의 불공평한 대우를 시정해야 한다)
□ **underpin** one's argument (논점을 지지하다) □ **underpin** the foundation of the home (집의 기초를 지탱하다)	□ Developments in the financial sector have **underpinned** the country's rapid economic growth. (금융부문의 발전이 그 나라의 급속한 경제성장을 유지하고 있었다)
□ **exemplify** the Romanesque style ([예술 작품이]로마네스크 양식의 좋은 사례다) □ **exemplify** the importance of ~ (~의 중요성을 실증하다)	□ The painting **exemplifies** the characteristics of impressionism. (그 회화는 인상주의의 특징을 잘 표현하고 있는 예다)
□ feel **overshadowed** (얕잡아보는 것 같다) □ be **overshadowed** by skyscrapers (초고층건물의 그림자가 드리워져 있다)	□ The state of the US economy has **overshadowed** the issue of the Iraq War. (미국의 경제상황은 이라크 전쟁 문제의 그림자를 옅게 하고 있다)
□ **commend** him for his hard work (그의 근면을 칭찬하다) □ **commend** the book to her (그 책을 그녀에게 추천하다)	□ I would like to **commend** her for her commitment to the company. (회사에 대한 그녀의 공헌을 칭찬하고 싶다)
□ **spawn** environmental problems (환경문제를 일으키다) □ **spawn** in spring (봄에 알을 낳다)	□ The US financial meltdown has **spawned** a global economic crisis. (미국의 금융붕괴가 세계적인 경제위기를 불러일으켰다)
□ **equalize** pay between men and women (남녀 간의 임금을 같게 하다)	□ We should **equalize** educational opportunity for children. (우리들은 아이들의 교육의 기회를 균등히 해야 한다)

Check 1   Listen 》

0801
redeem
/ridíːm/
Part 7

동❶(명예)을 (노력하여) **회복**[만회]**하다**, 되돌리다, 다시 사다
❷(상품권)을 현금[상품]으로 교환하다
명redemption:❶재구매, 회복 ❷보상, 속죄

0802
worsen
/wə́ːrsn/
비즈니스문제

동❶**악화되다**, 보다 나빠지다 ❷~을 악화시키다, 보다 나빠지다(≒aggravate)
명worse:한층 나쁜 것[물건, 상태]
형worse:보다 나쁜, 보다 열악한
부worse:보다 나쁘게

0803
expedite
/ékspədàit/
Part 7

동~을 **서두르다**, 재촉하다(≒hasten, facilitate, accelerate)

0804
detach
/ditǽtʃ/
Part 7

동~을 (…에서) **떼어**[잘라]**내다**(from…)(⇔attach)
명detachment:❶(에서)분리(from~) ❷초연, 무관심
형detached:❶분리한 ❷(사람이)초연한

0805
rearrange
/rìːəréindʒ/
Part 2, 3

동❶(회합)**의 일시를 다시 정하다**, 일정을 변경하다 ❷~을 다시 배열하다
동arrange:❶~을 나란히 놓다, 정돈하다 ❷~의 준비[채비]를 하다

0806
underestimate
/ʌndəréstəmèit/
Part 7

동❶**~을 과소평가하다**(⇔overestimate) ❷~을 너무 싸게[적게] 견적내다
명(/ʌndəréstəmet/)과소평가;지나치게 싼 견적
동estimate:❶~을 견적내다 ❷~을 평가하다

0807
outnumber
/àutnʌ́mbər/
Part 7

동**~보다 수가 많다**, ~에 수로 이기다

0808
traverse
/trǽvəːrs/
Part 7

동(장소)**을 횡단하다**, 건너다

continued
▼

Check 2   Phrase

☐ **redeem oneself**(명예를 만회하다)
☐ **redeem a voucher**(상품권을 상품으로 교환하다)

☐ **the worsening economy**(악화되는 경제)
☐ **worsen the situation**(상황을 악화시키다)

☐ **expedite the construction process**(건설공정을 서두르다)

☐ **detach the cable from the phone**(케이블을 전화에서 떼어내다)

☐ **rearrange the meeting for late August**(회의 일시를 8월 하순으로 변경하다)
☐ **rearrange the furniture**(가구를 재배치하다)

☐ **underestimate the importance of ~**(~의 중요성을 과소평가하다)
☐ **underestimate the total costs**(총비용을 너무 싸게 견적내다)

☐ **outnumber ~ by three to one**(3대 1로 ~보다 수가 많다)

☐ **traverse the African continent**(아프리카 대륙을 횡단하다)

Check 3   Sentence

☐ **He redeemed his watch from the pawnshop.**(그는 그 전당포에서 그의 시계를 다시 샀다)

☐ **The company's financial troubles have worsened in the last six months.**(그 회사의 재정난은 최근 반 년간 더욱 나빠져 왔다)

☐ **The government sought to expedite the passage of the bill.**(정부는 그 법안의 조기성립을 꾀하려고 했다)

☐ **Detach the lower portion of this form and return it to the above address.**(이 신청용지 아래 부분을 잘라내어 상기 주소로 반송하여 주십시오)

☐ **Could we rearrange your appointment for next week?**(면회 약속을 다음 주로 미룰 수 있을까요?)

☐ **Don't underestimate your opponent.**(상대를 얕잡아봐서는 안 된다)

☐ **In the high school, girls outnumber boys by almost two to one.**(그 고교에는 여자가 거의 2대 1로 남자보다 수가 많다)

☐ **About 200,000 vehicles traverse the tollway daily.**(약 20만 대의 차가 그 유료도로를 매일 지나고 있다)

continued
▼

Check 1　　Listen 》

☐ 0809
excavate
/ékskəvèit/
Part 4

동❶ ~을 발굴하다 ❷~을 파다(≒dig)
명 excavation : 발굴 , 발굴지

☐ 0810
entail
/intéil/
Part 7

동 ~을 동반하다, 필요로 하다

☐ 0811
stroll
/stróul/
Part 1

동 산책하다
명 산책
명 stroller : 산책하는 사람

☐ 0812
hatch
/hǽtʃ/
❗ 정의주의
Part 7

동❶ ~을 (몰래) 기획하다, 음모하다 ❷부화하다 ❸(알)을 부화하다 ; ~을 알에서 바꾸다
명❶부화 ❷(배의)화물 출입구

☐ 0813
unpack
/ʌnpǽk/
Part 1

동 (포장)을 열다, 풀다 ;(안의 물건을)꺼내다(⇔pack : ~을 포장하다)

☐ 0814
abound
/əbáund/
Part 5, 6

동❶(물건 · 생물이)(~에)많이 있다(in~) ❷(장소가)(~에)채워져 있다(in[with]~)
명 abundance : 풍부, 다수, 다량
형 abundant : 풍부한

☐ 0815
reaffirm
/rìːəfə́ːrm/
Part 5, 6

동 ~라고 재차 단언[주장]하다
명 affirm : ~라고 단언[주장]함

☐ 0816
ply
/plái/
Part 7

동❶(강)을 정기운항[운행]하다 ❷(~의 사이를)정기적으로 왕복하다(between~)(≒shuttle)

Day 50 》
Quick Review
답은 오른쪽 페이지 아래

☐ ~의 잡초를 뽑다
☐ ~을 상상하다
☐ ~을 진압하다
☐ 침체하다

☐ ~을 개선하다
☐ ~을 쇄신하다
☐ ~을 예언하다
☐ ~을 현대화하다

☐ ~을 떨쳐버리다
☐ ~을 시정하다
☐ ~을 지탱하다
☐ ~의 좋은 예가 되다

☐ ~의 그림자를 옅게 하다
☐ ~을 칭찬하다
☐ ~을 불러일으키다
☐ ~을 같게 하다

Check 2 — Phrase

- ☐ **excavate ruins** (유적을 발굴하다)
- ☐ **excavate a tunnel** (터널을 파다)

- ☐ **entail high risks** ([투자가]높은 리스크를 동반하다)

- ☐ **stroll in a park** (공원 내를 산책하다)

- ☐ **hatch a plot** (음모를 꾀하다)
- ☐ **hatch an egg** (알을 부화하다)

- ☐ **unpack a cardboard box** (종이 상자를 열다)

- ☐ **abound in Paris** ([가게가]파리에 많이 있다)
- ☐ **abound in rare species** ([장소가]희귀종으로 가득하다)

- ☐ **reaffirm that the suspect is innocent** (그 용의자는 무고하다고 재차 주장하다)

- ☐ **ply the Nile** (나일강을 정기운항하다)
- ☐ **ply between Tokyo and Nagoya** (도쿄·나고야 사이를 정기적으로 왕복하다)

Check 3 — Sentence

- ☐ **Mohenjo-Daro was excavated for the first time in 1922.** (모헨조다로는 1922년에 처음으로 발굴되었다)

- ☐ **Owning a car entails spending a lot of money on gas, insurance, maintenance and so on.** (자동차를 소유하면 휘발유, 보험, 정비 등 많은 지출이 필요하다)

- ☐ **People are strolling along the beach.** (우리들은 해안선을 따라 산책하고 있다)

- ☐ **Three men were arrested for hatching a plot to kidnap the son of a wealthy banker.** (유복한 은행가 아들의 유괴를 꾀한 것으로 남자 3명이 체포되었다)

- ☐ **The woman is unpacking groceries.** (그 여자는 식료품을 꺼내고 있다)

- ☐ **Restaurants and shops abound in the area. = The area abounds in restaurants and shops.** (레스토랑과 상점이 그 지역에는 많이 있다)

- ☐ **The government has reaffirmed that it will take steps to maintain law and order.** (정부는 치안을 유지하기 위한 조치를 강구한다고 재차 단언했다)

- ☐ **Passenger ships ply the waters between the island and the mainland.** (여객선이 그 섬과 본토 사이의 해역을 정기운항하고 있다)

Day 50))
Quick Review
답은 왼쪽 페이지 아래

☐ weed	☐ ameliorate	☐ dispel	☐ overshadow
☐ envision	☐ revamp	☐ redress	☐ commend
☐ subdue	☐ foretell	☐ underpin	☐ spawn
☐ flounder	☐ modernize	☐ exemplify	☐ equalize

Chapter 5 Review

왼쪽 페이지의 (1)~(20) 의 동사의 동의 · 유의어 [숙어](≒), 반의 · 반대어 (⇔) 를 오른쪽 페이지의 A~T 에서 선택하여 괄호 안에 답을 적는다 . 의미를 모를 때는 색인 번호를 참조하고 복습하자 .(답은 오른쪽 아래)

- ☐ **(1) scrutinize** (0705) ≒ 은? (　　)
- ☐ **(2) offset** (0712) ≒ 은? (　　)
- ☐ **(3) hamper** (0717) ≒ 은? (　　)
- ☐ **(4) recollect** (0726) ≒ 은? (　　)
- ☐ **(5) affirm** (0729) ⇔ 은? (　　)
- ☐ **(6) sag** (0733) ≒ 은? (　　)
- ☐ **(7) pollute** (0741) ≒ 은? (　　)
- ☐ **(8) publicize** (0743) ≒ 은? (　　)
- ☐ **(9) suppress** (0751) ≒ 은? (　　)
- ☐ **(10) concur** (0754) ≒ 은? (　　)
- ☐ **(11) dwindle** (0758) ≒ 은? (　　)
- ☐ **(12) procure** (0772) ≒ 은? (　　)
- ☐ **(13) infringe** (0774) ≒ 은? (　　)
- ☐ **(14) privatize** (0777) ⇔ 은? (　　)
- ☐ **(15) envision** (0786) ≒ 은? (　　)
- ☐ **(16) foretell** (0791) ≒ 은? (　　)
- ☐ **(17) underpin** (0795) ≒ 은? (　　)
- ☐ **(18) expedite** (0803) ≒ 은? (　　)
- ☐ **(19) detach** (0804) ⇔ 은? (　　)
- ☐ **(20) excavate** (0809) ≒ 은? (　　)

A. subdue

B. nationalize

C. drop

D. dig

E. compensate for

F. obtain

G. predict

H. deny

I. agree

J. attach

K. prevent

L. decrease

M. imagine

N. remember

O. violate

P. announce

Q. facilitate

R. contaminate

S. support

T. examine

【해답】 (1) T　(2) E　(3) K　(4) N　(5) H　(6) C　(7) R　(8) P　(9) A　(10) I
(11) L　(12) F　(13) O　(14) B　(15) M　(16) G　(17) S　(18) Q　(19) J　(20) D

CHAPTER
6

형용사 : 필수 112

Chapter 6에서는 TOEIC 필수 형용사 112에 대하여 공부한다. 단어는 '반복학습' 으로 익히는 것이다. 눈·귀·입을 총동원하여 포기하지 않고 학습을 계속하자!

TOEIC식 격언

After rain comes fair weather.

비가 내린 뒤에 땅이 굳는다.
직역) 비온 뒤에 좋은 날씨가 온다.

Check 1 Listen 》

□ 0817
prevailing
/privéiliŋ/
Part 7

형널리 퍼져 있는, 일반적인(≒prevalent)
명prevalence: 보급;유행
동prevail: ❶(prevail over[against]로)~에 이기다, 승리하다 ❷(prevail in[among]로)~에 보급하다, 퍼져 있다

□ 0818
eminent
/émənənt/
Part 5, 6

형저명[고명, 유명]한(≒famous, well-known, distinguished, renowned, prominent) ➕imminent(임박한)와 혼동하지 않도록 주의
명eminence: 명성, 저명

□ 0819
visionary
/víʒənèri/
Part 7

형❶선견지명이 있는, 통찰력이 있는 ❷상상[공상] 상의, 가공의
명선견지명이 있는 사람
명vision: ❶(~의)이상상;상상(도)(of~) ❷시력 ❸상상력 ❹환각

□ 0820
barren
/bǽrən/
Part 1

형불모의(⇔fertile: 비옥한)

□ 0821
occupied
/ákjupàid/
Part 1

형❶사용 중인(⇔unoccupied) ❷점령당한
명occupancy: 거주, 점유;(호텔 방)의 사용
명occupant:(토지·가옥의)점유자, 거주자
동occupy: ❶(장소)을 차지하다, 점유하다 ❷(be occupied with로)~에 종사하다, ~로 바뀌다

□ 0822
challenging
/tʃǽlindʒiŋ/
Part 2, 3

형(어렵지만)보람이 있는, 의욕을 북돋는;어려운, 고생스러운
명challenge: ❶(보람이 있는)어려운 문제, 과제 ❷도전
동challenge: ~에 도전하다

□ 0823
unavailable
/ʌ̀nəvéiləbl/
Part 4

형❶(사람을)만날 수 없는, 요구에 응해주지 않는 ❷이용[입수]할 수 없는(⇔available)

□ 0824
introductory
/ìntrədʌ́ktəri/
Part 4

형❶입문적인 ❷소개의;서론의
명introduction: ❶(~의)도입(into[to]~) ❷(~에)소개(to~)
동introduce: ❶(상품)을 (시장에) 팔아치우다(to...) ❷~을 (...에) 소개하다(to...) ❸을 도입하다

continued ▼

□ 듣기 모드　Check 1
□ 확인 모드　Check 1 ▸ 2
□ 완벽 모드　Check 1 ▸ 2 ▸ 3

Check 2　Phrase

□ prevailing superstitions (넓게 퍼진 미신)

□ an eminent scientist (저명한 과학자)

□ a visionary author (선견지명이 있는 작가)
□ a visionary animal (상상 속의 동물)

□ a barren land (불모의 사막)

□ "occupied" (사용 중) ➕ 욕실·화장실의 표시
□ an occupied land (점령지)

□ a challenging job (보람있는 일)

□ be unavailable for comment (코멘트에 응하지 않다)
□ unavailable information (입수 불가능한 정보)

□ an introductory book (입문서)
□ an introductory chapter (서장)

Check 3　Sentence

□ Fashion is a prevailing style of dress, hair and so on. (유행이란 옷과 머리 등 널리 유행하는 스타일을 말한다)

□ Glazunov is one of the most eminent Russian composers. (글라주노프는 가장 저명한 러시아 작곡가 중 한 사람이다)

□ Our country needs a visionary leader who can move the country forward. (우리 나라에는 나라를 전진시킬 수 있는 선견지명이 있는 지드자가 필요하다)

□ The land is almost barren. (그 토지에는 초목이 거의 나지 않는다)

□ All the seats are occupied. (자리는 모두 차 있다)

□ The music was complex and difficult, but challenging and fun to play. (그 음악은 복잡하고 어렵지만 연주할 마음을 북돋아 즐거웠다)

□ I am unavailable at the moment, so please leave a message after the beep. (전 지금 부재중입니다, 발신음 뒤에 메시지를 남겨주세요) ➕ 부재중전화의 표현

□ She enrolled in an introductory psychology course. (그녀는 심리학입문강좌에 수강등록을 했다)

continued ▼

CHAPTER 1
CHAPTER 2
CHAPTER 3
CHAPTER 4
CHAPTER 5
CHAPTER 6
CHAPTER 7
CHAPTER 8
CHAPTER 9

Check 1　　Listen 》

□ 0825
ironic
/airánik/
Part 5, 6

[형]**역설적인**(≒sarcastic)
[명]irony:역설(적인 말)
[부]ironically:반어적으로도, 역설적이게도

□ 0826
ongoing
/ángòuiŋ/
Part 7

[형]**진행**[계속]**중의**
[동]go on:(활동이)이어지다

□ 0827
fierce
/fíərs/
Part 5, 6

[형]❶(경쟁이)**심한** ❷(사람·동물이)매우 사나운
[부]fiercely:❶심하게 ❷매우 사납게

□ 0828
secondary
/sékəndèri/
Part 5, 6

[형]❶(중요성이)**제2위의**, 두 번째의;2차적인 ➕'제1의'는 primary, '제3의'는 tertiary ❷(학교·교육이)중등인

□ 0829
derogatory
/dirágətɔ̀:ri/
Part 7

[형]**경멸적인**, 얕아보는

□ 0830
minimal
/mínəməl/
Part 5, 6

[형]**최소**[한도]**의**(⇔maximal)
[명]minimum:최저[최소]한
[형]minimum:초저[최소]의
[동]minimize:❶~을 최소로 하다 ❷~을 최소한으로 평가하다, 경시하다

□ 0831
provisional
/prəvíʒənl/
Part 7

[형]**잠정적인**, 임시의, 가령의(≒temporary, interim)

□ 0832
preparatory
/pripǽrətɔ̀:ri/
Part 5, 6

[형]**준비**[예비]**의**
[명]preparation:(~의)준비, 채비(for[of]~)
[동]prepare:❶~의 준비[채비]를 하다 ❷(prepare for로)~에 대비하다 ❸(prepare to do로)~할 준비하다 ❹(be prepared to do로)~할 각오[준비]가 되어 있다

Day 51 》
Quick Review
답은 오른쪽 페이지 아래

□ ~을 회복하다　□ ~의 일시를 다시 정하다　□ ~을 발굴하다　□ ~을 열다
□ 악화되다　□ ~을 과소평가하다　□ ~을 동반하다　□ 많이 있다
□ ~을 서두르다　□ ~보다 수가 많다　□ 산책하다　□ ~라고 재차 단언하다
□ ~을 떼어내다　□ ~을 횡단하다　□ ~을 기획하다　□ ~을 정기운항하다

☐ an **ironic** remark (역설적인 발언)
☐ It is **ironic** that ~. (역설적이게도 ~)

☐ an **ongoing** project (진행 중인 프로젝트)

☐ face **fierce** resistance (심한 저항에 부딪히다)
☐ a **fierce** animal (매우 사나운 동물)

☐ be of **secondary** importance (두 번째로 중요하다)
☐ **secondary** education (중등교육)

☐ a **derogatory** term (경멸적인 언어)

☐ **minimal** damage (최소한의 손상)

☐ a **provisional** government (임시정부)
☐ a **provisional** contract (가계약)

☐ **preparatory** work (준비작업)

☐ It is **ironic** that there was a {global warming} rally in the snow. (역설적이게도 '지구온난화' 집회가 눈 속에서 치러졌다)

☐ The contract negotiations are still **ongoing**. (계약교섭은 아직 진행 중이다)

☐ There is **fierce** competition among international companies to increase market share. (시장점유율을 증가시키려는 국제기업 사이의 격렬한 경쟁이 있다)

☐ If you desire the highest quality, price is a **secondary** issue. (최고 품질을 원하다면 가격은 두 번째 문제다)

☐ The politician made some **derogatory** remarks about women. (그 정치가는 여성에 관해 경멸적인 발언을 했다)

☐ Cacti are easy to grow with **minimal** care. (선인장은 최소한의 보살핌으로 간단히 키울 수 있다)

☐ We regret that we do not accept **provisional** bookings. (미안하지만, 우리 가게에서는 가예약은 받지 않습니다)

☐ Meaningful progress has been made to narrow differences during the **preparatory** meetings. (예비회의 중에 의견의 상이를 좁히는 의미 있는 진전이 있었다)

Day 51 🔊
Quick Review
답은 왼쪽 페이지 아래

☐ redeem
☐ worsen
☐ expedite
☐ detach
☐ rearrange
☐ underestimate
☐ outnumber
☐ traverse
☐ excavate
☐ entail
☐ stroll
☐ hatch
☐ unpack
☐ abound
☐ reaffirm
☐ ply

Day 53　형용사9

Check 1　Listen))

□ 0833
varied
/véərid/
Part 5, 6

형여러 가지, 다양한, 변화에 풍부한
동vary:❶(~의 점에서) 다르다, 여러 가지가 있다(in~) ❷변하다 ❸~을 바꾸다
형variable:❶쉽게 변하는 ❷변할 수 있는

□ 0834
imperative
/impérətiv/
Part 5, 6

형절대 필요한, 중요한
명긴요한 것

□ 0835
occupational
/àkjupéiʃənl/
비즈니스문제

형직업(상)의, 직업에 관계있는(≒vocational)
명occupation:❶ 직업, 일 ❷(토지·가옥 등의) 점유 ; 점거(of~)

□ 0836
fabulous
/fæbjuləs/
Part 2, 3

형❶(매우)멋진 ❷믿기 어려운

□ 0837
invaluable
/invǽljəbl/
Part 4

형매우[측정할 수 없을 정도] 귀중한(≒valuable, precious)(⇔valueless)
명value:❶가치 ❷가격
동value:~을 높게 평가하다, 존중하다
명valuable:(통례~s)귀중품

□ 0838
maternity
/mətə́:rnəti/
Part 7

형❶출산[임신]의 ❷임신[산부]의
명엄마인 것, 모성(⇔paternity:아빠인 것)

□ 0839
sweeping
/swí:piŋ/
Part 7

형❶전면적인, 광범위한 ❷포괄적인
동sweep:~을 청소하다

□ 0840
insolvent
/insálvənt/
비즈니스문제

형파산한, 파산(자)의(≒bankrupt);지불불능의(⇔solvent:지불능력이 있는)
명insolvency:파산(상태)

continued
▼

☐ 듣기 모드　Check 1
☐ 확인 모드　Check 1 ▶ 2
☐ 완벽 모드　Check 1 ▶ 2 ▶ 3

Check 2　Phrase

☐ varied hobbies (여러 가지 취미)
☐ a varied selection of ~ (~의 풍부한 컬렉션)

☐ It is imperative that ~. (~라고 하는 것이 절대적으로 필요하다) ➕통례 that절의 동사는 가정법 현재(=원형)가 된다

☐ occupational training (직업훈련)
☐ an occupational hazard (직업상의 위험)

☐ have a fabulous time (멋진 시간을 보내다)
☐ a fabulous amount of money (믿기 어려울 만큼 거액의 돈)

☐ an invaluable asset (매우 귀중한 자산)

☐ maternity leave (출산휴가, 산휴)
☐ a maternity dress (임부복)

☐ make sweeping changes (전면적인 변경을 행하다)
☐ a sweeping generalization (대체적인 총괄)

☐ an insolvent company (파산한 회사)

Check 3　Sentence

☐ She has gained varied experience in the field of accounting over 20 years. (그녀는 20년에 걸쳐서 회계분야에서 풍부한 경험을 쌓았다)

☐ It is imperative that everyone attend the next meeting. (다음 회의에 전원이 출석하는 것이 절대적으로 필요하다)

☐ Hearing loss is the most common occupational disease for road construction workers. (난청은 도로건설 작업자에게 있어 가장 일반적인 직업병이다)

☐ We had a fabulous meal at the restaurant. (우리들은 그 레스토랑에서 멋진 식사를 했다)

☐ I gained a lot of invaluable experience during my internship at the company. (나는 그 회사에서의 실습훈련 기간 중에 많은 귀중한 경험을 얻었다)

☐ She took a three-month maternity leave and then returned to work again full-time. (그녀는 3개월 산후휴가를 받은 뒤에 상근업무로 다시 돌아왔다)

☐ The governor announced sweeping cuts to the state's budget. (그 지사는 주예산의 전면적인 삭감을 발표했다)

☐ About 30,000 European retailers became insolvent last year. (작년에 유럽의 약 3만 명의 소매업자가 도산했다)

continued
▼

Check 1　　Listen 》

□ 0841
delinquent
/dilíŋkwənt/
비즈니스문제

▶ 형❶(부채가)**체납**[연체]**의** ❷비행의
명비행소년
명delinquency:❶비행 ❷체납금, 미납금 ▶

□ 0842
latter
/lǽtər/
Part 5, 6

▶ 형❶(the~)**후자의**;(대명사적으로)후자(⇔former) ❷(the~)후의, 후반의 ▶

□ 0843
sanitary
/sǽnətèri/
Part 7

▶ 형❶**위생적인**, 청결한(≒hygienic) ❷위생(상)의
명sanitation:공중위생 ▶

□ 0844
irregular
/irégjulər/
Part 5, 6

▶ 형❶**불규칙한**(≒erratic)(⇔regular) ❷불균등한, 고르지 못한 ❸불법의
명irregularity:❶불규칙 ❷고르지 못함
부irregularly:❶불규칙하게 ❷고르지 못하게 ▶

□ 0845
statistical
/stətístikəl/
Part 5, 6

▶ 형**통계(상)의**
명statistics:통계;통계학
명statistician:통계학적
부statistically:통계적으로 ▶

□ 0846
operational
/àpəréiʃənl/
비즈니스문제

▶ 형❶**조업**[사용, 운전]**할 수 있는** ❷영업[사업, 조업] 상의
명operation:❶영업;조업;사업 ❷(~의)수술(on~) ❸(기계의) whwkr
동operate:❶~을 조작하다 ❷~을 경영하다 ❸작동하다 ▶

□ 0847
negotiable
/nigóuʃiəbl/
비즈니스문제

▶ 형**교섭의 여지가 있는**
명negotiation:(~에 관한)교섭, 대화(on[over]~)
동negotiate:❶(~와)교섭하다(with~) ❷(계약)을 (…와) 체결하다(with...) ▶

□ 0848
faulty
/fɔ́:lti/
Part 5, 6

▶ 형❶**결함**[결점]**이 있는**(≒defective) ❷(생각이)틀린
명fault:❶(과실의)책임, 벌;과실, 잘못 ❷고의 ❸(성격의)단점, 결점
동fault:~을 비판[비난]하다 ▶

Day 52 》
Quick Review
답은 오른쪽 페이지 아래

□ 널리 퍼져 있는
□ 저명한
□ 선견지명이 있는
□ 불모의

□ 사용 중인
□ 보람이 있는
□ 만날 수 없는
□ 입문적인

□ 역설적인
□ 진행 중의
□ 심한
□ 제2위의

□ 경멸적인
□ 최소의
□ 잠정적인
□ 준비의

Check 2 Phrase

- □ delinquent taxes (체납세)
- □ a delinquent boy (비행소년)

- □ the latter plan ([2개 제시된 중에] 후자의 계획)
- □ the latter half of the previous year (전년의 후반기)

- □ a sanitary kitchen (청결한 부엌)
- □ sanitary facilities (위생시설) ➕화장실을 가리킨다

- □ an irregular heartbeat (부정맥)
- □ an irregular coastline (구불구불한 해안선)

- □ statistical analysis [data] (통계분석[데이터])

- □ be fully operational (완전히 사용할 수 있는 상태에 있다)
- □ operational costs (영업비)

- □ be negotiable at this stage (현 단계에서는 교섭의 여지가 있다)

- □ a faulty engine (불량엔진)
- □ faulty reasoning (잘못된 논법)

Check 3 Sentence

- □ He is three months delinquent in paying his mortgage. (그는 주택대출금의 지불을 3개월째 체납하고 있다)

- □ Of the two methods, I prefer the latter. (그 두 가지 방법 중 나는 후자가 마음에 든다)

- □ To prevent food contamination, food must be prepared under sanitary conditions. (식품 오염을 막기 위해 식품은 청결한 상태에서 조리되지 않으면 안 된다)

- □ Working irregular hours can cause health problems such as insomnia. (불규칙한 근무는 불면증 등의 건강문제를 초래하기도 한다)

- □ Statistical evidence shows that smoking is a risk factor of heart disease. (흡연은 심장병의 위험인자라는 것이 통계적으로 증명되고 있다)

- □ The power plant will be operational within three months. (그 발전소는 3개월 이내에 가동이 가능해질 예정이다)

- □ Salary is negotiable depending on experience. (급여는 경험 수준에 따라 달라질 수 있다) ➕ 구인광고의 표현

- □ The car accident was caused by faulty brakes. (그 자동차 사고는 브레이크 결함으로 인해 일어났다)

Day 52 🔊
Quick Review
답은 왼쪽 페이지 아래

- □ prevailing
- □ eminent
- □ visionary
- □ barren
- □ occupied
- □ challenging
- □ unavailable
- □ introductory
- □ ironic
- □ ongoing
- □ fierce
- □ secondary
- □ derogatory
- □ minimal
- □ provisional
- □ preparatory

Day 54　형용사10

Check 1　Listen 🔊

□ 0849
hygienic
/hàidʒénik/
Part 7

형**위생**(상)**의**, 위생적인(≒sanitary)
명hygiene: 위생(상태); 위생학

□ 0850
integrated
/íntəgrèitid/
Part 5, 6

형**통합**[일체화]**된**
명integration: 통합
동integrate: (integrate A with B로)A를 B와 통합하다, 연결하다

□ 0851
offshore
/ɔ́ːfʃɔ́ːr/
비즈니스문제

형❶**해외**(에서)**의** ❷연안의
부❶해외에서 ❷연안에서

□ 0852
imminent
/ímənənt/
Part 5, 6

형**임박한**, 금방이라도 덮칠 듯한(≒impending) ➕eminent(저명한)와 혼합하지 않도록 주의
명imminence: 임박한 상태, 절박

□ 0853
robust
/roubʌ́st/
❗ 강세주의
비즈니스문제

형❶(경제가)**활기있는**, 활발한 ❷강한, 강건한(≒strong)

□ 0854
interim
/íntərəm/
Part 7

형**잠정**[일시]**적인**, 가령의(≒temporary, provisional); 중간의
명잠시 동안 ➕통례 in the interim(그 동안에)의 형태로 사용한다

□ 0855
depressed
/diprést/
비즈니스문제

형❶**불경기의**, 불황의 ❷침울한, 우울한
명depression: ❶(장기의)불경기, 불황 ❷우울증
동depress: ❶~을 우울하게 하다, 의기소침하게 만들다 ❷(be depressed about[over]로)~으로 우울해지다 , 의기소침해지다 ❸(시장)을 불경기로 만들다

□ 0856
noticeable
/nóutisəbl/
Part 5, 6

형**눈에 띄는**, 사람의 눈길을 끄는; 현저한
명notice: ❶통지, 통달 ❷제시, 고시 ❸주목
동notice: ~에 깨닫다; ~에 주의[주목]하다
동notify: (notify A of B로)A에게 B를 알리다, 보고하다
부noticeably: 눈에 뜨게, 현저히

continued ▼

□ 듣기 모드　Check 1
□ 확인 모드　Check 1 ▶ 2
□ 완벽 모드　Check 1 ▶ 2 ▶ 3

Check 2　Phrase

Check 3　Sentence

□ **hygienic** conditions (위생상태)

▶ □ **It is not hygienic to leave opened canned food in the refrigerator.** (개봉한 캔 식품을 냉장고에 넣어둔 채로 있는 것은 위생적이지 않다)

□ an **integrated** information system (통합정보시스템)

▶ □ **The modern buildings are well integrated with the old houses.** (현대적인 건물이 옛날 집들과 잘 조화되고 있다)

□ **offshore** investment (해외투자)
□ **offshore** fishing (연안어업)

▶ □ **Offshore outsourcing has been blamed for the employment cutbacks.** (해외의 사업 위탁은 고용축소의 비판을 받고 있다)

□ **imminent** danger (임박한 위기)

▶ □ **Global warming is an imminent threat to the environment.** (지구온난화는 자연환경에 대한 절박한 위협이다)

□ a **robust** economy (호경기)
□ a **robust** young man (많은 젊은 사람)

▶ □ **With ongoing industrialization, China's economy will remain robust.** (공업화가 진행되고 있어서 중국 경제는 활기를 유지할 것이다)

□ an **interim** government (임시정부)
□ an **interim** report (중간보고)

▶ □ **An interim CEO will be appointed until a new CEO is selected.** (새로운 CEO가 선출될 때까지 임시 CEO가 지명될 예정이다)

□ a **depressed** area (불황지역)
□ feel **depressed** (우울한 기분이 되다)

▶ □ **The current depressed market will continue for some time.** (현재의 시장의 침체는 잠시 동안 이어질 것이다)

□ a **noticeable** stain (눈에 띄는 얼굴)
□ a **noticeable** difference (현저한 차이)

▶ □ **There has been a noticeable improvement in productivity over the past few months.** (최근 몇 개월간 생산성의 두드러진 개선이 있었다)

continued
▼

Check 1　　Listen 》

□ 0857
viable
/váiəbl/
Part 5, 6

형실행 가능한(≒feasible)
명viability:실행 가능성

□ 0858
erratic
/irǽtik/
Part 5, 6

형❶불규칙한, 불안정한(≒irregular) ❷(행동이)변덕스러운

□ 0859
binding
/báindiŋ/
비즈니스문제

형(계약이)구속력 있는
명❶표지 ❷끈
명bind:곤란한 상황[사태]
동bind:❶~을 구속하다, 묶다 ❷(bind A to do로)A에게 ~하는 것을 의무짓다

□ 0860
overpriced
/òuvərpráist/
Part 2, 3

형값이 너무 비싼
동overprice:~에게 과한 값을 매기다

□ 0861
inconsistent
/ìnkənsístənt/
Part 5, 6

형❶일관성 없는, 모순된(⇔consistent) ❷(be inconsistent with로)~와 일치[조화]하지 않는(⇔be consistent with)
명inconsistency:불일치, 모순

□ 0862
tolerable
/tálərəbl/
Part 5, 6

형❶견딜 수 있는, 참을 수 있는(≒bearable) ❷그저 그런 정도의, 나쁘지 않은
명tolerance:❶관대, 관용 ❷내성
동tolerate:~ 허용[묵인]하다, 너그럽게 보다
형tolerant:❶관대[관용]의 ❷저항력이 있는

□ 0863
fraudulent
/frɔ́:dʒulənt/
Part 7

형사기적인, 부정한
명fraud:사기;사기사건

□ 0864
neighboring
/néibəriŋ/
Part 5, 6

형인근[이웃]의
명neighbor:이웃 사람;이웃 나라
명neighborhood:❶(어느 특정)지역 ❷근처, 인근 ❸(집합적으로)이웃 사람들 ❹(the~)(~에)가까운 것(of~)

Day 53 》
Quick Review
답은 오른쪽 페이지 아래

□ 여러 가지
□ 절대 필요한
□ 직업의
□ 멋진

□ 매우 귀중한
□ 출산의
□ 전면적인
□ 파산한

□ 체납의
□ 후자의
□ 위생적인
□ 불규칙한

□ 통계의
□ 조업할 수 있는
□ 교섭의 여지가 있는
□ 결함이 있는

Check 2 — Phrase

- □ a **viable** alternative (실행 가능한 대체안)
- □ **economically** [**commercially**] **viable** (경제적[상업적]으로 실행 가능한)

- □ **erratic** winds (불규칙한 바람)
- □ **erratic** behavior (변덕스러운 행동)

- □ a **binding** contract (구속력이 있는 계약)
- □ be legally **binding** (법적으로 구속력이 있다)

- □ an **overpriced** restaurant (가격이 너무 비싼 레스토랑)

- □ an **inconsistent** policy (일관성이 없는 정책)
- □ be **inconsistent** with the facts ([이야기가]사실과 일치하지 않다)

- □ a **tolerable** situation (견딜 수 없는 상황)
- □ speak **tolerable** French (그저 그런 정도의 프랑스어를 이야기하다)

- □ a **fraudulent** practice (사기적 행위)
- □ a **fraudulent** insurance claim (부정한 보험청구)

- □ a **neighboring** town (이웃 마을)

Check 3 — Sentence

- □ I don't think that the project is financially **viable**. (그 프로젝트가 재정적으로 실행 가능하다고 나는 생각하지 않다)

- □ He is emotionally **erratic**. (그는 정서가 불안정하다)

- □ The agreement is legally **binding**. (그 협정은 법적으로 구속력이 있다)

- □ The bag is very nice, but outrageously **overpriced**. (그 가방은 매우 멋지지만 매우 값이 비싸다)

- □ His ideas are logically **inconsistent**. (그의 의견은 논리적으로 일관성이 없다)

- □ The weather was cold, but **tolerable**. (날씨는 추웠지만, 견딜만했다)

- □ The man was arrested for **fraudulent** use of a credit card. (그 남자는 신용카드의 부정 사용으로 체포되었다)

- □ The military force of the country is a threat to **neighboring** countries. (그 나라의 군사력은 인접 국가들에게 위협이 되고 있다)

Day 53))
Quick Review
답은 왼쪽 페이지 아래

- □ varied
- □ imperative
- □ occupational
- □ fabulous
- □ invaluable
- □ maternity
- □ sweeping
- □ insolvent
- □ delinquent
- □ latter
- □ sanitary
- □ irregular
- □ statistical
- □ operational
- □ negotiable
- □ faulty

Check 1　Listen 》

□ 0865
unpredictable
/ʌnpridíktəbl/
Part 5, 6

형 **예측할 수 없는**(⇔predictable)
동 predict:~을 예측[예언, 예상]하다
명 prediction:(~에 대한)예측, 예보, 예언, 예상(about[of]~)

□ 0866
instructive
/instrʌ́ktiv/
Part 5, 6

형 **유익한**, 도움이 되는(≒useful)
명 instruction:❶(~s)사용[취급]설명서 ❷(통례~s)(~하라는)지시, 명령(to do) ❸교육
동 instruct:(instruct A to do로)A에게 ~하도록 지시[명령, 지도]하다

□ 0867
organizational
/ɔ̀ːrgənizéiʃənəl/
비즈니스문제

형 **조직의**[에 관한]
명 organization:조직(체), 단체
동 organize:❶(모임)을 계획[준비]하다 ❷(단체)를 조직하다
형 organized:❶조직화된 ❷(사람이)유능한

□ 0868
conclusive
/kənklúːsiv/
Part 7

형 (사실·증거가)**결정적인**(≒decisive)(⇔inconclusive)
명 conclusion:❶결론 ❷결말
동 conclude:❶~라 결론내리다 ❷~을 (…으로) 종료시키다 (with...)

□ 0869
given
/gívən/
Part 7

형 **특정**[기정]**의**, 정해진
명 기지의 사실[상황]
전 ~을 고려하면
접 (때때로 given that로)~라 가정하면

□ 0870
manifest
/mǽnəfèst/
Part 5, 6

형 **분명한**, 확실한(≒obvious)
명 승객명부 ➕정치의 '성명서'는 manifesto
동 ~을 명확히 하다;~을 나타내다
명 manifestation:표현, 증상;(병의)조짐

□ 0871
superb
/supə́ːrb/
Part 2, 3

형 **멋진**, 훌륭한(≒excellent)

□ 0872
disturbing
/distə́ːrbiŋ/
Part 7

형 **우려하는**, 평온을 흐트러뜨리는, 불안하게 만드는
명 disturbance:❶방해[장해]물 ❷(사회의)소동, 혼란
동 disturb:❶(평온)을 흐트리다, 방해하다 ❷~에게 신세를 지다

continued
▼

☐ 듣기 모드　Check 1
☐ 확인 모드　Check 1 ▸ 2
☐ 완벽 모드　Check 1 ▸ 2 ▸ 3

Check 2　Phrase

☐ an unpredictable economic climate (예측할 수 없는 경제정세)

☐ an instructive experience (유익한 경험)

☐ an organizational tree (조직계통도)
☐ organizational ability (조직능력)

☐ conclusive evidence [proof] (결정적인 증거, 확정)
☐ win a conclusive victory (결정적인 승리를 얻다)

☐ at a given time [place] (정해진 시간[장소]에)

☐ a manifest mistake (명백한 잘못)
☐ become manifest (분명해지다)

☐ a superb performance (훌륭한 연주)

☐ disturbing news (우려할 만한 뉴스)
☐ It is disturbing that ~. (~란 우려할만한 일이다)

Check 3　Sentence

☐ Mountain weather is often unpredictable. (산의 날씨는 예측할 수 없는 일이 많다)

☐ The book is informative, instructive, and readable. (그 책은 정보량이 많고, 유익하고, 그리고 읽기 쉽다)

☐ The company announced sweeping organizational and management changes. (그 회사는 전면적인 조직변경과 경영진의 교체를 발표했다)

☐ A series of inspections failed to find conclusive evidence that Iraq possessed weapons of mass destruction. (일련의 사찰에서는 이라크가 대량살상무기를 보유하고 있다는 확증을 잡지 못했다)

☐ Weather is the state of the atmosphere at a given time and place. (날씨란 특정 시간과 장소에 따른 대기의 상태다)

☐ Some people say that the war in Iraq is a manifest failure. (이라크 전쟁은 명백한 실패라고 말하는 사람도 있다)

☐ Dinner at the restaurant was superb. (그 레스토랑에서의 저녁 식사는 훌륭했다)

☐ The present economic situation bears disturbing similarities to the start of the Great Depression. (현재의 경제상황은 대공황 초기와 비슷한 우려할만한 점이 있다)

continued ▼

Check 1　　Listen 》

☐ 0873
solvent
/sálvənt/
비즈니스문제

형 (부채의) **지급능력이 있는**(⇔insolvent, bankrupt)
명 solvency:지급능력(이 있는 것)

☐ 0874
disruptive
/disrʌ́ptiv/
Part 7

형 (행동이) **파괴적인**, 방해하는
명 disruption:혼란, 중단
동 disrupt:~을 혼란[중단]시키다

☐ 0875
pertinent
/pə́:rtənənt/
Part 7

형 (당면 문제와) **관련있는**(to~);적절[타당]한(≒relevant)
(⇔irrelevant)

☐ 0876
vocational
/voukéiʃənl/
비즈니스문제

형 **직업**(상)**의**(≒occupational)
명 vocation:❶천직 ❷직업

☐ 0877
assorted
/əsɔ́:rtid/
Part 5, 6

형 **여러 가지의**;각종의

☐ 0878
integral
/íntigrəl/
❗ 강세주의
Part 5,6

형 (~에) **불가능한**, 없어서는 안 되는(to~)(≒necessary, in-dispensable, essential)

☐ 0879
on-the-job
/ánðədʒáb/
비즈니스문제

형 **실지의**, 직장에서의, 근무 중의(≒hands-on)

☐ 0880
comprehensible
/kàmprihénsəbl/
Part 5, 6

형 (~에 있어) **이해하기 쉬운**;이해할 수 있는(to~)
➕comprehensive(포괄적인)와 혼동하지 않도록 주의
명 comprehension:이해(력)
동 comprehend:~을 (충분히) 이해하다

Day 54 》 Quick Review 답은 오른쪽 페이지 아래			
☐ 위생의	☐ 활기있는	☐ 실행 가능한	☐ 일관성 없는
☐ 통합된	☐ 잠정적인	☐ 불규칙한	☐ 견딜 수 있는
☐ 해외의	☐ 불경기의	☐ 구속력 있는	☐ 사기적인
☐ 임박한	☐ 눈에 띄는	☐ 값이 너무 비싼	☐ 인근의

□ a **solvent** company(지급능력이 있는 회사)

□ **Every company is struggling to remain solvent.** (모든 기업은 지급능력을 유지하려고 분투하고 있다)

□ **disruptive** activities (파괴적인 행동)

□ **The student s displaying disruptive behavior in class.** (그 학생은 수업을 방해하는 행동을 하고 있다)

□ **pertinent** information (관련 정보)
□ a **pertinent** question (적절한 질문)

□ **The information is pertinent to the investigation of the accident.** (그 정보는 사고의 조사에 관계한 것이다)

□ **vocational** training [education] (직업훈련[교육])
□ a **vocational** school (직업학교)

□ **The government should promote vocational training to young people.** (정부는 젊은 사람에 대한 직업훈련을 촉진해야 한다)

□ **assorted** cheeses(여러 가지 치즈)
□ bags in **assorted** sizes(여러 가지 크기의 가방)

□ **Our assorted handmade chocolates are always a welcome gift.** (우리 회사의 다양한 핸드메이드 초콜릿은 항상 기쁨을 주는 선물이다) ➕광고 표현

□ an **integral** part of ~ (~에 불가결한 부분)

□ **Collaboration is integral to the success of the project.** (그 프로젝트의 성공을 위해서는 협력이 불가결하다)

□ **on-the-job** training (실지훈련) ➕줄여서 OJT

□ **A minimum of one year of on-the-job experience is required.** (최소 1년의 현장 경험이 요구된다) ➕ 구인광고의 표현

□ **comprehensible** explanation (이해하기 쉬운 설명)

□ **She can speak or write comprehensible English.** (그녀는 이해하기 쉬운 영어를 말하거나 쓸 수 있다)

| Day 54))
Quick Review
답은 왼쪽 페이지 아래 | □ hygienic
□ integrated
□ offshore
□ imminent | □ robust
□ interim
□ depressed
□ noticeable | □ viable
□ erratic
□ binding
□ overpriced | □ inconsistent
□ tolerable
□ fraudulent
□ neighboring |

Check 1 Listen 》

□ 0881
inclusive
/inklú:siv/
Part 5, 6

형❶(요금이)**모든 것을 포함한**(≒all-inclusive) ❷(~을) 포함한(of~)(⇔exclusive:제외한)
동include:~을 포함하다
전including:~을 포함하여

□ 0882
ethical
/éθikəl/
Part 7

형**윤리**[도덕]**의**;윤리[도덕]적인(≒moral)(⇔unethical)
명ethics:윤리, 도덕

□ 0883
ubiquitous
/ju:bíkwətəs/
비즈니스문제

형**어디에나 있는**, 편재하는(≒omnipresent)

□ 0884
legendary
/lédʒəndèri/
Part 4

형❶**전설에 남을 것 같은**, 유명한(≒famous) ❷전설상의
명legend:❶전설 ❷전설적인 인물

□ 0885
formidable
/fɔ́:rmidəbl/
Part 5, 6

형❶(문제가)**감당할 수 없는**, 버거운 ❷무서운

□ 0886
commemorative
/kəmémərèitiv/
Part 5, 6

형**기념의**, 기념이 되는
명commemoration:❶기념(하는 것) ❷기념식[식전];기념물
동commemorate:~을 기념한다, 축하하다

□ 0887
optimal
/áptəməl/
Part 5, 6

형**최선**[최상, 최적]**의**(≒best, optimum)
동optimize:❶~을 최대한으로 이용하다 ❷(프로그램)을 최적화하다

□ 0888
uninterrupted
/ʌ̀nintəráptid/
Part 5, 6

형**끊임없이**, 연속한(≒continuous)
동interrupt:~을 차단하다, 막다

---

continued
▼

☐ 듣기 모드　Check 1
☐ 확인 모드　Check 1 ▸ 2
☐ 완벽 모드　Check 1 ▸ 2 ▸ 3

Check 2　Phrase

☐ an **inclusive** fee [charge] (모든 것을 포함한 요금)
☐ be **inclusive** of taxes ([요금이] 세금을 포함하고 있다)

☐ an **ethical** problem (윤리적인 문제)
☐ **ethical** education (도덕교육)

☐ the **ubiquitous** bird (어디에나 있는 새) ➕ 참새나 비둘기 등

☐ the **legendary** concert (전설에 남을 만한 콘서트)
☐ a **legendary** hero (전설상의 영웅)

☐ a **formidable** opponent [adversary, enemy] (버거운 상대)
☐ a **formidable** weapon (무서운 무기)

☐ a **commemorative** medal (기념메달)

☐ an **optimal** choice (최선의 선택)
☐ **optimal** conditions (최적조건)

☐ **uninterrupted** rain (끊임없이 내리는 비)
☐ for 20 **uninterrupted** years (20년간 연속하여)

Check 3　Sentence

☐ The **inclusive** cost for the trip is $98 per person. (그 여행의 모든 것을 포함한 비용은 1인 98달러다)

☐ Employees must conduct themselves according to the highest **ethical** standards. (종업원들은 최고의 윤리 규범에 따라서 행동하지 않으면 안 된다)

☐ Computers have become **ubiquitous** in our life. (컴퓨터는 우리들의 생활 속에서 어디서든 존재하게 되었다)

☐ Chicago is **legendary** for its music, particularly jazz and blues. (시카고는 음악, 특히 재즈와 블루스로 유명하다)

☐ The task of finding reasonably priced healthcare insurance was very **formidable**. (저렴한 가격의 의료보험을 발견하는 일은 매우 힘들었다)

☐ Japan's first **commemorative** stamp was issued in 1894. (일본 최초의 기념우표는 1894년어 발행되었다)

☐ The **optimal** temperature for storing wine is between 12 and 17 degrees Celsius. (와인을 보존하는 최적 온도는 섭씨 12도에서 17도 사이다)

☐ The TV station broadcast **uninterrupted** coverage of the presidential inaugural ceremony. (그 텔레비전 방송국은 대통령 취임식을 중단하지 않고 방송했다)

continued
▼

Check 1　　Listen 🔊

□ 0889
incoming
/ínkÀmiŋ/
Part 4

형❶**신입의**, 신입의 ❷(전화가)걸려온

□ 0890
resourceful
/risɔ́ːrsfəl/
비즈니스문제

형**임기응변이 있는**, 기지에 풍부한
명resource:(통례~s)자원;자산

□ 0891
impending
/impéndiŋ/
Part 5, 6

형**임박한**, 지금이라도 일어날 것 같은(≒imminent)

□ 0892
discouraging
/diskɔ́ːridʒiŋ/
비즈니스문제

형**바람직하지 않은**, 낙담시키는
명discouragement:낙담, 실망시키는 것
동discourage:❶~을 낙담시키다;~의 의욕을 없애다 ❷(discourage A from doing로)A에게 ~하는 것을 그만두게 하다, 생각에 그치게 하다

□ 0893
accomplished
/əkÁmpliʃt/
Part 4

형❶**숙달[숙련]한**(≒skilled, skillful) ❷(사실이)기성[기정]의
명accomplishment:❶업적, 공적, 실적 ❷완성, 성취, 달성
동accomplish:~을 이룩하다, 완수[성취]하다

□ 0894
marginal
/mÁːrdʒinl/
Part 7

형❶**불충분한**, 약간의 ❷한계 수익점의 ❸여백에
명margin:❶차익금, 판매이익, 마진 ❷(페이지의)여백, 난 외 ❸(득표 수의)차이

□ 0895
unforeseen
/Ànfɔːrsíːn/
Part 7

형**예기치 않은**, 생각지 못한, 예측하지 못한(≒unexpected)
동foresee:~을 예견하다
형foreseeable:예견[예지, 예측]할 수 있는

□ 0896
interdepartmental
/ìntərdipÀːrtméntl/
비즈니스문제

형**부처 간의**
명department:❶(회사의)부, 과, 부문 ❷(대학의)학과, 학부

Day 55 🔊
Quick Review
답은 오른쪽 페이지 아래

□ 예측할 수 없는	□ 특정의	□ 지급능력이 있는	□ 여러 가지의
□ 유익한	□ 분명한	□ 파괴적인	□ 불가능한
□ 조직의	□ 멋진	□ 관련있는	□ 실지의
□ 결정적인	□ 우려하는	□ 직업의	□ 이해하기 쉬운

Check 2 Phrase	**Check 3** Sentence	
□ incoming freshmen (신입생) □ an incoming call (걸려온 전화)	▶	□ The incoming president will face a number of difficult challenges. (새로운 대통령은 많은 곤란한 과제에 직면할 것이다)
□ a resourceful employee (임기응변 능력이 있는 종업원)	▶	□ He is a shrewd and resourceful manager. (그는 뛰어난 임기응변 능력이 있는 부장이다)
□ impending doom (임박한 파산) □ one's impending retirement (임박한 퇴직[은퇴])	▶	□ He has announced his impending retirement from politics. (그는 최근 정계에서 은퇴할 것을 발표했다)
□ discouraging results (바람직하지 않은 결과)	▶	□ Stock prices plummeted following discouraging sales reports from many of the nation's retailers. (국내 소매업자 대부분의 실망스러운 매출보고를 받고 주가는 급락했다)
□ an accomplished pianist (숙달된 피아니스트) □ an accomplished fact (기정사실)	▶	□ He was an accomplished violinist and composer. (그는 바이올린 명연주가이자 작곡가였다)
□ a marginal improvement (불충분한 개선) □ marginal profits (한계이익)	▶	□ The automaker reported a marginal increase in sales from a year ago. (그 자동차회사는 전년에 비해 조금 매출이 신장됐다는 보고를 했다)
□ unforeseen consequences (예측하지 못한 결과) □ unforeseen circumstances (예기치 못한 사태)	▶	□ The concert was canceled due to unforeseen circumstances. (그 콘서트는 예기치 못한 사태 때문에 중지되었다)
□ an interdepartmental project (부서 간 프로젝트)	▶	□ In hospitals, interdepartmental communication is essential to the continuity of care for patients. (병원에서 의국 간 연락이 지속적인 환자 간호에 반드시 필요하다)

Day 55))
Quick Review
답은 왼쪽 페이지 아래

□ unpredictable　□ given　□ solvent　□ assorted
□ instructive　□ manifest　□ disruptive　□ integral
□ organizational　□ superb　□ pertinent　□ on-the-job
□ conclusive　□ disturbing　□ vocational　□ comprehensible

Check 1　Listen 》)

□ 0897
adjoining
/ədʒɔ́iniŋ/
Part 5, 6

형이웃의, 서로 접한
동adjoin:~의 이웃에 있다

▶

□ 0898
negligible
/néglidʒəbl/
Part 5, 6

형극히 사소한;무시해도 될 정도의, 보잘 것 없는
명neglect:❶무시, 경시 ❷태만
동neglect:❶~을 무시[경시]하다 ❷(일)을 태만하다

▶

□ 0899
exorbitant
/igzɔ́:rbətənt/
Part 5, 6

형(가격이) 과한, 터무니없는

▶

□ 0900
behavioral
/bihéivjərəl/
Part 7

형행동의[에 관한]
명behavior:❶행실, 품행 ❷행동
동behave:처신하다, 행동하다

▶

□ 0901
hardworking
/há:rdwə́:rkiŋ/
비즈니스문제

형근면한, 잘 일하는[공부하는](≒diligent, industrious)
(⇔idel, lazy)

▶

□ 0902
bullish
/búliʃ/
비즈니스문제

형❶(시세가) 상승세의 ❷낙관적인

▶

□ 0903
renewable
/rinjú:əbl/
Part 7

형❶재생[회복, 부활]할 수 있는 ❷갱신[계속, 연장]할 수 있는
명renewal:❶갱신 ❷재개
동renew:❶(계약)을 갱신하다 ❷~을 재개하다

▶

□ 0904
understaffed
/ʌ́ndərstǽft/
비즈니스문제

형인원[직원] 부족의(⇔overstaffed)

▶

continued
▼

□ 듣기 모드   Check 1
□ 확인 모드   Check 1 ▶ 2
□ 완벽 모드   Check 1 ▶ 2 ▶ 3

Check 2   Phrase

□ an adjoining building (옆 건물)

□ a negligible difference (약간의 차이)
□ a negligible amount (보잘 것 없는 양)

□ an exorbitant price (터무니없는 가격)

□ behavioral psychology (행동심리학)

□ a hardworking student (근면한 학생)

□ the bullish stock market (상승세의 주식시장)
□ be bullish about the future (미래를 낙관하고 있다)

□ renewable energy (재생 가능 에너지)
□ a renewable contract (갱신 가능한 계약)

□ an understaffed hospital (직원부족의 병원)

Check 3   Sentence

□ I booked adjoining hotel rooms for myself and my parents. (나는 나와 부모님을 위해 호텔의 이웃한 방을 예약했다)

□ His experience in politics is negligible. (그의 정치 경험은 아주 짧다)

□ Housing prices are exorbitant in this area. (이 지역의 주택 가격은 터무니없다)

□ The student has behavioral problems. (그 학생은 행동에 문제가 있다)

□ Loyal and hardworking employees are the best asset of any company. (충실하고 근면한 종업원은 기업의 최고 자산이다)

□ The stock market goes through bullish and bearish cycles. (주식시장은 강세와 약세의 순환을 반복하다)

□ Paper is a renewable natural resource. (종이는 재생 가능한 천연자원이다)

□ The healthcare industry is severely understaffed. (의료산업은 심각한 인원부족 상태이다)

continued
▼

Check 1　　Listen 》

□ 0905
dogmatic
/dɔ́ːgmǽtik/
Part 7

형 **독단**[독선] **적인**
명 dogma: 교양, 교리

▶

□ 0906
plenary
/plínəri/
Part 7

형 ❶ **전원 출석한** ❷(권력이)절대적인

▶

□ 0907
inaccessible
/ìnəksésəbl/
Part 5, 6

형 ❶(장소가)(~에 있어) **다가가기 어려운**(to~) ❷(~에 있어)
이해하기 어려운(to~)
명 access: ❶접근 ❷이용[입수]하는 권리[기회]
동 access: ❶~에 접속하다 ❷~에 인접하다

▶

□ 0908
top-of-the-line
/tápəvðəláin/
비즈니스문제

형 (어느 회사의) **최고급품의**, 최고 가격의

▶

□ 0909
fledgling
/fléʤliŋ/
비즈니스문제

형 **신참의**, 미숙한, 경험이 없는
명 (둥지를 떠난)새끼 새

▶

□ 0910
arcane
/ɑːrkéin/
Part 5, 6

형 (보통 사람에게는) **난해한**, 심원하여 이해하기 어려운

▶

□ 0911
lengthy
/léŋkθi/
❶ 발음주의
Part 5, 6

형 ❶(이야기가) **긴** ❷매우 긴
명 length: 길이
동 lengthen: ~을 길게 하다, 연장하다

▶

□ 0912
congressional
/kəngréʃənl/
Part 5, 6

형 (통례 C~)(미국) **의회**[국회]**의**
명 congress: (C~)(미국의)국회, 연방의회
명 congressman: (때때로 C~)(미국의)국회의원, (특히)하원의원

▶

Day 56 》
Quick Review
답은 오른쪽 페이지 아래

□ 모든 것을 포함한
□ 윤리의
□ 어디에나 있는
□ 전설에 남을 것 같은

□ 감당할 수 없는
□ 기념의
□ 최선의
□ 끊임없이

□ 신입의
□ 임기응변이 있는
□ 임박한
□ 바람직하지 않은

□ 숙달한
□ 불충분한
□ 예기치 않은
□ 부처 간의

Check 2　Phrase

- □ a **dogmatic** person (독선적인 사람)

- □ a **plenary** session [meeting] (전원 출석하는 회의, 본회의, 총회)
- □ **plenary** powers (전권)

- □ an area **inaccessible** to cars (차로는 가까이 갈 수 없는 지역)
- □ a book **inaccessible** to ordinary people (보통 사람은 이해하기 어려운 책)

- □ **top-of-the-line** products (최고급품)

- □ a **fledgling** business [company] (신참기업)
- □ a **fledgling** teacher (신참교사)

- □ an **arcane** theory [formula] (난해한 이론[공식])

- □ a **lengthy** speech (긴 연설)
- □ a **lengthy** recession (길어지는 경기 후퇴)

- □ a **congressional** committee (의회의 위원회)
- □ a **Congressional** district (하원 선거구)

Check 3　Sentence

- □ Researchers should avoid making **dogmatic** generalizations based on their findings. (연구자는 조사결과에 근거한 독단적인 일반화를 피하지 않으면 안 된다)

- □ The European Parliament will hold a **plenary** session next week. (유럽의회는 다음주 . 본회의를 열 예정이다)

- □ The Arctic is one of the most **inaccessible** and mysterious places on Earth. (북극권은 지상에서 가장 근접하기 어려운 신비로운 장소 중 한 곳이다)

- □ The store specializes in **top-of-the-line** computers using only the latest and best hardware. (그 가게는 최신의 최고 품질의 하드웨어를 사용한 최고급 컴퓨터를 전문으로 다루고 있다)

- □ It is difficult for **fledgling** businesses to survive in the current economic climate. (현재의 경제상황에서 신참기업이 살아남기는 어렵다)

- □ The world of finance is full of **arcane** terminology. (금융 세계는 난해한 전문용어로 가득하다)

- □ Today's meeting was quite **lengthy**. (오늘 회의는 꽤 길었다)

- □ **Congressional** elections will be held next year. (연방의회 선거가 내년 치러진다)

Day 56))
Quick Review
답은 왼쪽 페이지 아래

- □ inclusive
- □ ethical
- □ ubiquitous
- □ legendary
- □ formidable
- □ commemorative
- □ optimal
- □ uninterrupted
- □ incoming
- □ resourceful
- □ impending
- □ discouraging
- □ accomplished
- □ marginal
- □ unforeseen
- □ interdepartmental

Check 1   Listen 》

□ 0913
nutritious
/njuːtríʃəs/
Part 7

형 **영양 있는**, 영양이 풍부한
명 nutrition: 영양; 영양보급[섭취]
명 nutrient: 영양물, 영양소

□ 0914
functional
/fʌ́ŋkʃənl/
Part 5, 6

형 ❶ **실용적인**(≒practical), 편리한(≒useful) ❷기능의
명 function: ❶(~의)기능, 작용(of~) ❷(사회적)행사
동 function:(~의)기능[역할]을 맡다(as~)

□ 0915
incompetent
/inkámpətənt/
Part 2, 3

형 **무능한**, 적임이 아닌(⇔competent)
명 무능력자, 부적격자
명 incompetence: 무능력, 부적격

□ 0916
gigantic
/dʒaigǽntik/
❶ 발음주의
Part 5, 6

형 **거대한**; 막대한

□ 0917
accommodating
/əkámədèitiŋ/
Part 7

형 **친절한**, 돌보기를 좋아하는
명 accommodation:(통례~s)숙박설비
동 accommodate: ❶(건물이)(사람)을 수용할 수 있다 ❷(요구)을 받아들이다

□ 0918
exemplary
/igzémpləri/
Part 7

형 ❶ **모범적인**, 본보기로 삼을만한 ❷본때의

□ 0919
coin-operated
/kɔ́inàpəreitid/
Part 4

형 (기계가) **코인식의**, 자동판매식의

□ 0920
improper
/imprápər/
Part 5, 6

형 **적절[타당]하지 않은**(⇔proper)

---

continued
▼

□ 듣기 모드　Check 1
□ 확인 모드　Check 1 ▶ 2
□ 완벽 모드　Check 1 ▶ 2 ▶ 3

| CHAPTER 1 |
| CHAPTER 2 |
| CHAPTER 3 |
| CHAPTER 4 |
| CHAPTER 5 |
| **CHAPTER 6** |
| CHAPTER 7 |
| CHAPTER 8 |
| CHAPTER 9 |

Check 2　Phrase

□ a nutritious diet (영양 있는 식사)

□ functional clothing (실용적인 옷)
□ a functional disorder (기능장해)

□ an incompetent doctor (무능한 의사)

□ a gigantic rock (거대한 바위)
□ a gigantic debt (막대한 부채)

□ accommodating hotel staff (친절한 호텔의 종업원들)

□ exemplary deeds (모범적인 행위)
□ an exemplary punishment (본때를 보여주기 위한 벌, 징계)

□ a coin-operated locker (코인라커)

□ improper behavior (부적절한 행동)
□ It is improper to do ~. (~하는 것은 적절하지 않다)

Check 3　Sentence

▶ □ Fruit and vegetables are highly nutritious. (과일과 야채는 매우 영양이 풍부하다)

▶ □ {Being} functional is better than {looking} functional. ((남들에게)편리해보이는 것보다 (실제로) 편리한 것이 낫다)

▶ □ Incompetent teachers should be dismissed. (능력이 없는 교사는 해고되어야 한다)

▶ □ The temple is famous for its gigantic statue of Buddha. (그 절은 거대한 불상으로 유명하다)

▶ □ He is accommodating and easy to work with. (그는 친절하여 함께 일하기 수월하다)

▶ □ She was cited for her exemplary teaching skills. (그녀는 모범적인 지도능력으로 표창받았다)

▶ □ Five coin-operated laundry machines are located in the basement. (지하에는 코인식 세탁기가 5대 놓여 있다)

▶ □ It would be improper for me to comment on the issue at this point. (현 시점에서 내가 그 문제에 대하여 평가하는 것은 적절하지 않을 것이다)

continued ▼

Check 1　Listen 》

□ 0921
restrictive
/ristríktiv/
Part 5, 6

형**제한**[한정]**적인**
명restriction:(~에 대한)제한, 한정(on~)
동restrict:~을 (…에게) 제한[한정]하다(to…)
형restricted:(~에게)제한받은(to~)

□ 0922
nonrefundable
/nànrifʌ́ndəbl/
비즈니스문제

형**환불되지 않는**
명refund:환불(금)
동refund:(요금)을 환불하다

□ 0923
de facto
/díːfǽktou/
Part 4

형**사실상의**
부사실상(은), 실제로는

□ 0924
resilient
/rizíljənt/
Part 5, 6

형❶(병·역경에서)**재기가 빠른**, 회복이 빠른 ❷**탄력**이 있는

□ 0925
firsthand
/fə́ːrsthǽnd/
비즈니스문제

형**직접의**, 자가의 ➕secondhand는 '간접의'
부직접적으로, 자가로

□ 0926
abdominal
/æbdάmənl/
Part 7

형**복부의**
명(~s)복근
명abdomen:복부

□ 0927
impassable
/impǽsəbl/
Part 1

형(악천후 때문에)**통행불가의**(⇔passable)
명pass:통행(허가)증
동pass:❶(의안)을 가결하다, 통과시키다 ❷~을 (…에게) 건네다(to…) ❸~에 합격하다 ❹(시간이)흐르다

□ 0928
punitive
/pjúːnətiv/
Part 5, 6

형❶**징벌**[징계]**적인** ❷(과세가) 가혹한
명punishment:(~에 대한)처벌, 사죄(for~)
동punish:(punish A for B로)A를 B(나쁜 일)로 벌하다, 처벌하다

Day 57 》 Quick Review 답은 오른쪽 페이지 아래				
□ 이웃의	□ 근면한	□ 독단적인	□ 신참의
□ 극히 사소한	□ 상승세의	□ 전원 출석한	□ 난해한
□ 과한	□ 재생할 수 있는	□ 다가가기 어려운	□ 긴
□ 행동의	□ 인원 부족의	□ 최고급품의	□ 의회의

Check 2 — Phrase

- ☐ **restrictive** regulations [measures] (제한규정[조처])
- ☐ a **nonrefundable** airline ticket (환불이 되지 않는 항공권)
- ☐ a **de facto** government [parent] (사실상의 정부[부모])
- ☐ a **resilient** person (회복이 빠른 사람)
- ☐ a **resilient** rubber ball (탄력이 있는 고무공)
- ☐ **firsthand** knowledge ([경험에서]직접 얻은 지식)
- ☐ **abdominal** pains [cramps] (복통[복부의 경련])
- ☐ make many streets **impassable** ([홍수가]많은 도로를 통행불가로 만들다)
- ☐ **punitive** actions [measures] (처벌조치)
- ☐ **punitive** taxes (가혹한 세)

Check 3 — Sentence

- ☐ **Restrictive** diets can lead to nutritional deficiencies. (식사 제한은 영양부족으로 이어지기도 한다)
- ☐ Deposits are usually **nonrefundable**. (계약금은 통상 환불되지 않는다)
- ☐ English is the **de facto** official language of India. (영어는 인도의 사실상의 공용어다)
- ☐ Brazil's economy proved **resilient** to the global slowdown. (세계적인 경기 후퇴에 대하여 브라질 경제는 회복이 빠르다는 것을 입증했다)
- ☐ **Firsthand** experience is better than learning from a book. (실체험은 책에서 배우는 것보다 낫다)
- ☐ Sudden **abdominal** pain is often an indicator of serious disease. (갑작스러운 복통은 심각한 병의 징조인 경우가 많다)
- ☐ The road is **impassable** due to flooding. (도로는 홍수로 통행불가였다)
- ☐ The UN Security Council imposed **punitive** sanctions on the country. (UN 안전보장이사회는 그 나라에 대하여 징벌적인 제재조치를 과했다)

CHAPTER 1
CHAPTER 2
CHAPTER 3
CHAPTER 4
CHAPTER 5
CHAPTER 6
CHAPTER 7
CHAPTER 8
CHAPTER 9

Day 57))
Quick Review
답은 왼쪽 페이지 아래

☐ adjoining	☐ hardworking	☐ dogmatic	☐ fledgling
☐ negligible	☐ bullish	☐ plenary	☐ arcane
☐ exorbitant	☐ renewable	☐ inaccessible	☐ lengthy
☐ behavioral	☐ understaffed	☐ top-of-the-line	☐ congressional

Chapter 6 Review

왼쪽 페이지의 (1)~(20) 의 형용사의 동의 · 유의어 (≒), 반의 · 반대어 (⇔) 를 오른쪽 페이지의 A~T 에서 선택하여 괄호 안에 답을 적는다 . 의미를 모를 때는 색인 번호를 참조하고 복습하자 .(답은 오른쪽 아래)

- ☐ (1) **eminent** (0818) ≒ 은? (　　　)
- ☐ (2) **barren** (0820) ⇔ 은? (　　　)
- ☐ (3) **provisional** (0831) ≒ 은? (　　　)
- ☐ (4) **occupational** (0835) ≒ 은? (　　　)
- ☐ (5) **invaluable** (0837) ≒ 은? (　　　)
- ☐ (6) **faulty** (0848) ≒ 은? (　　　)
- ☐ (7) **imminent** (0852) ≒ 은? (　　　)
- ☐ (8) **tolerable** (0862) ≒ 은? (　　　)
- ☐ (9) **instructive** (0866) ≒ 은? (　　　)
- ☐ (10) **conclusive** (0868) ≒ 은? (　　　)
- ☐ (11) **integral** (0878) ≒ 은? (　　　)
- ☐ (12) **ethical** (0882) ≒ 은? (　　　)
- ☐ (13) **ubiquitous** (0883) ≒ 은? (　　　)
- ☐ (14) **optimal** (0887) ≒ 은? (　　　)
- ☐ (15) **uninterrupted** (0888) ≒ 은? (　　　)
- ☐ (16) **accomplished** (0893) ≒ 은? (　　　)
- ☐ (17) **hardworking** (0901) ≒ 은? (　　　)
- ☐ (18) **bullish** (0902) ⇔ 은? (　　　)
- ☐ (19) **understaffed** (0904) ⇔ 은? (　　　)
- ☐ (20) **functional** (0914) ≒ 은? (　　　)

A. famous

B. diligent

C. bearable

D. best

E. temporary

F. continuous

G. moral

H. defective

I. skilled

J. precious

K. useful

L. bearish

M. impending

N. fertile

O. practical

P. decisive

Q. omnipresent

R. vocational

S. overstaffed

T. essential

【해답】 (1) A (2) N (3) E (4) R (5) J (6) H (7) M (8) C (9) K (10) P
(11) T (12) G (13) Q (14) D (15) F (16) I (17) B (18) L (19) S (20) O

CHAPTER 7

부사 : 필수 48

Chapter 7에서는 TOEIC의 필수부사 48을 체크한다. 이 Chapter가 끝나면 단어 편은 끝이다. 여기까지 공부하면 어휘력은 1만 개가 넘는다. 앞으로는 적극적으로 아웃풋하자!

TCEIC식 격언

CHAPTER 1
CHAPTER 2
CHAPTER 3
CHAPTER 4
CHAPTER 5
CHAPTER 6
CHAPTER 7
CHAPTER 8
CHAPTER 9

Day 59 부사1

Check 1   Listen))

☐ 0929
respectively
/rispéktivli/
Part 7

부 **각각**, 각자 ➕통례, 문장 끝에서 이용한다
형 respective: 각각의, 각자의

☐ 0930
separately
/sépərətli/
Part 4

부 **따로따로**, 개별적으로 ; (~에서) 떨어져(from~)
명 separation: ❶분리 ❷별리 ; (부부의)별거
동 separate: ❶~을 나누다, 떨어뜨리다 ❷(separate A from B 로)A를 B에서 떼어내다 ; A를 B에서 구별하다
형 separate: (~에서) 떨어진(from~)

☐ 0931
temporarily
/tèmpərérəli/
Part 5, 6

부 **일시적으로**
형 temporary: 일시적인, 임시의 ; 한순간의

☐ 0932
allegedly
/əlédʒidli/
Part 7

부 **전해진 바에 따르면**(≒reportedly), 신청에 의하면
명 allegation: : (특히 증거가 없는)주장, 신청
동 allege: (증거 없이)~라고 단언[주장]하다
형 alleged: ❶제기된 ❷의심스러운

☐ 0933
locally
/lóukəli/
Part 2, 3

부 **지방에서**, 이[그] 자리에서
형 local: ❶지방의, 현지의 ❷각 역 정차의

☐ 0934
closely
/klóusli/
Part 5, 6

부 ❶**밀접하게** ; 친밀하게 ❷면밀하게, 정성껏
형 close: ❶(~에)가까운(to~) ❷친밀한 ❸(조사가)면밀한

☐ 0935
regrettably
/rigrétəbli/
Part 7

부 **유감이면서**, 유감스럽게(≒unfortunately)
명 regret: 후회
동 regret: ❶~을 후회하다, 유감스럽게 생각하다 ❷(regret doing로)~한 것을 후회하다, 유감으로 생각하다 ❸(regret to do 로)유감스럽게 ~하다

☐ 0936
fluently
/flúːəntli/
Part 7

부 **유창하게**, 술술
명 fluency: (언어의)유창함
형 fluent: ❶(be fluent in로)(언어)유창하게 말할 수 있는, (언어)에 통달한 ❷(언어가)유창한

continued ▼

☐ 듣기 모드　Check 1
☐ 확인 모드　Check 1 ▶ 2
☐ 완벽 모드　Check 1 ▶ 2 ▶ 3

CHAPTER 1
CHAPTER 2
CHAPTER 3
CHAPTER 4
CHAPTER 5
CHAPTER 6
CHAPTER 7
CHAPTER 8
CHAPTER 9

Check 2　Phrase & Sentence

Check 3　Sentence

☐ Japan and South Korea came first and second respectively. (일본과 한국이 각각 1위와 2위가 되었다)

▶

☐ I played piano and he played violin respectively. (나는 피아노를, 그는 바이올린을 각각 연주했다)

☐ interview witnesses separately (목격자들과 한 사람씩 면접하다)
☐ live separately from one's parents (부모와 떨어져 생활하다)

▶

☐ The married couple decided to live separately. (그 부부는 별거하기로 결정했다)

☐ be temporarily out of service (일시적으로 사용 중지가 되다)

▶

☐ The store is closed temporarily for remodeling. (그 가게는 재개장을 위해 일시적으로 폐점하고 있다)

☐ The suspect allegedly embezzled $10,000 from the company. (전해진 바에 따르면 용의자는 회사에서 1만 달러를 횡령했다)

▶

☐ He was arrested for allegedly stealing money from one of the clients. (전해진 바에 따르면 그는 한 고객의 돈을 훔친 용의로 체포되었다)

☐ Think globally, act locally. (생각은 세계적으로, 실천은 내가 서 있는 자리에서) ➕ 환경활동의 슬로건

▶

☐ The company employs about 500 workers locally. (그 회사는 현지에서 약 500명의 노동자를 고용하고 있다)

☐ closely resemble ~ (~와 닮다)
☐ closely examine ~ (~을 면밀하게 조사한다)

▶

☐ Stress and lack of sleep are closely connected. (스트레스와 수면부족은 밀접하게 관련되어 있다)

☐ Regrettably, the event was canceled due to bad weather. (유감스럽게 그 이벤트는 악천후로 중지되었다)

▶

☐ If you do not receive a response within 10 days, then regrettably your application has been unsuccessful. (10일 이내에 달변하지 않으면 유감이지만 귀하의 응모는 불합격입니다) ➕ 구인광고의 표현

☐ speak French fluently (프랑스어를 유창하게 말하다)

▶

☐ We are looking for an accountant who speaks English and Spanish fluently. (우리 회사에서는 영어와 스페인어를 유창하게 말하는 회계사를 구하고 있습니다) ➕ 구인광고의 표현

---

continued
▼

Check 1   Listen 》)

☐ 0937
virtually
/və́:rtʃuəli/
Part 5, 6

튀대부분, 거의 (≒ almost)
혱 virtual: ❶실질상의, 사실상의 ❷가상의 ; 인터넷 상의

☐ 0938
entirely
/intáiərli/
Part 5, 6

튀완전히, 전혀 (≒ completely, totally)
혱 entire: 전체[전부]의

☐ 0939
unanimously
/ju:nǽnəməsli/
❗ 발음주의
Part 5, 6

튀만장일치로 ✚ anonymously(익명으로)와 혼동하지 않도록 주의
혱 unanimous: ❶만장[전원]일치의 ❷(~에서)의견이 일치하여 (in~)

☐ 0940
barely
/béərli/
Part 5, 6

튀간신히, 겨우 ✚ hardly, scarcely(대부분 ~하지 않다[아니다])와 구분해 사용한다

☐ 0941
obviously
/ábviəsli/
Part 2, 3

튀분명히 (≒ clearly, evidently)
혱 obvious: ❶분명한, 명백한 ❷너무 빤한

☐ 0942
cordially
/kɔ́:rdʒəli/
❗ 발음주의
Part 7

튀❶마음에서, 마음을 담아 ❷굉장히, 강렬히
혱 cordial: 마음의, 성심성의의

☐ 0943
worldwide
/wə́:rldwáid/
Part 7

튀세계 중에, 세계적으로 ✚ '전국적으로'는 nationwide
혱 세계 중의, 세계적인

☐ 0944
individually
/ìndəvídʒuəli/
Part 4

튀개별적으로, 한 사람[한 개]씩
몡 individual: 개인
혱 individual: ❶개개의 ❷개인의

Day 58 》)
Quick Review
답은 오른쪽 페이지 아래

☐ 영양 있는
☐ 실용적인
☐ 무능한
☐ 거대한

☐ 친절한
☐ 모범적인
☐ 코인식의
☐ 적절하지 않은

☐ 제한적인
☐ 환불되지 않는
☐ 사실상의
☐ 재기가 빠른

☐ 직접의
☐ 복근의
☐ 통행불가의
☐ 징벌적인

<table>
<tr><td>

Check 2   Phrase & Sentence

□ **be virtually impossible**(거의 불가능하다)
□ **virtually everyone**(거의 전원)

□ **be entirely different from ~**(~와 전혀 다르다)
□ **be not entirely recovered**(완전히 회복한 것은 아니다)

□ **unanimously approve ~**(~을 만장일치로 승인하다)

□ **barely escape ~**(간신히 ~을 면하다)
□ **be barely 15**(불과 15세다)

□ **The calculation is obviously wrong.**(그 계산은 분명히 틀렸다)

□ **Yours cordially = Cordially yours**(편지의 맺음말)
□ **cordially dislike ~**(~을 굉장히 싫어하다)

□ **a company doing business worldwide**(세계적으로 비즈니스를 하는 회사)

□ **interview applicants individually**(응모자들과 개별적으로 면접하다)
□ **wrap cookies individually**(쿠키를 하나씩 싸다)

</td><td>

Check 3   Sentence

□ **The actor was virtually unknown before the movie's debut.**(그 배우는 영화 데뷔를 하기 전에는 거의 알려지지 않았다)

□ **It was entirely my fault.**(그것은 완전히 내 잘못이었다)

□ **The proposal was approved unanimously.**(그 제안은 만장일치로 승인되었다)

□ **The company could barely manage to sustain last year's profits.**(그 회사는 겨우 작년 수익을 유지할 수 있었다)

□ **Obviously, she doesn't like me.**(분명히 그녀는 나를 마음에 들어 하지 않는다)

□ **You are cordially invited to our wedding on March 29.**(3월 29일 우리의 결혼식에 진심으로 당신을 초대합니다) ➕ 초대장의 표현

□ **Global warming is impacting wildlife worldwide.**(지구온난화는 세계적으로 야생생물에 영향을 미치고 있다)

□ **The new employees were introduced to the board individually.**(신입사원을 중역들에게 한 사람씩 소개했다)

</td></tr>
</table>

Day 58 》
Quick Review
답은 왼쪽 페이지 아래

□ nutritious	□ accommodating	□ restrictive	□ firsthand
□ functional	□ exemplary	□ nonrefundable	□ abdominal
□ incompetent	□ coin-operated	□ de facto	□ impassable
□ gigantic	□ improper	□ resilient	□ punitive

Day 60 부사2

☐ 0945
effectively
/iféktivli/
Part 4

부❶**효과적으로**, 유효하게 ❷사실상(≒in effect)
명effect:❶영향;(원인에 대한)결과 ❷(~에 대한)효과(on [upon]~) ❸(~s)개인자산, 휴대품
형effective:효과적인, 유효한

☐ 0946
accordingly
/əkɔ́:rdiŋli/
Part 7

부❶**그것에 따라서** ❷고로, 따라서(≒therefore, consequently)

☐ 0947
initially
/iníʃəli/
Part 5, 6

부**처음에는**, 처음에
명initial:머리글자
형initial:처음의
동initiate:(계획)을 시작하다

☐ 0948
considerably
/kənsídərəbli/
❗강세주의
Part 5, 6

부**상당히**, 꽤
명consideration:고려, 고찰
동consider:❶~을 잘 생각하다, 고려[숙고]하다 ❷(consider doing로)~하는 것을 잘 생각하다
형considerable:(수량이)상당한

☐ 0949
reportedly
/ripɔ́:rtidli/
Part 4

부**보도**[보고, 소문]**에 의하면**, 전해진 바에 따르면(≒allegedly)
명report:❶보고(서) ❷보도
동report:❶~을 보고하다 ❷~을 보도하다 ❸(report to로)~의 부하다;~에 출두하다

☐ 0950
accidentally
/æ̀ksədéntəli/
Part 5, 6

부**잘못하여**, 우연히(≒by accident)
명accident:❶사고 ❷우연
형accidental:우연의

☐ 0951
inevitably
/inévətəbli/
Part 5, 6

부**필연적으로**, 반드시
명inevitable:(the~)피할 수 없는 일[것]
형inevitable:피할 수 없는, 불가피한, 필연의

☐ 0952
ultimately
/ʌ́ltəmətli/
Part 5, 6

부**최종적으로**, 결국, 최후에(≒finally)
명ultimate:(the~)(~에 있어)궁극의 것(in~)
형ultimate:❶궁극의, 최종[최후]의 ❷최고의

---

continued
▼

☐ 듣기 모드　Check 1
☐ 확인 모드　Check 1 ▸ 2
☐ 완벽 모드　Check 1 ▸ 2 ▸ 3

Check 2　Phrase & Sentence

☐ **cope effectively with ～**(～에 효과적으로 대처하다)

☐ **be effectively bankrupt**(사실상 파산하다)

☐ **He is an adult and should be treated accordingly.**(그는 어른이기 때문에, 그에 상응하게 다뤄야 한다)

☐ **Initially, she wanted to be a veterinarian.**(처음에 그녀는 수의사가 되고 싶었다)

☐ **be considerably more expensive than ～**(～보다 상당히 가격이 비싸다)

☐ **Reportedly, four people were killed in the car accident.**(그 자동차 사고로 4명이 사망했다고 보고하고 있다)

☐ **accidentally break a vase**(잘못하여 꽃병을 깨다)

☐ **accidentally on purpose**(우연을 가장하여)

☐ **An improving economy will inevitably lead to higher interest rates.**(경기 회복은 필연적으로 고금리로 이어질 것이다)

☐ **Ultimately, everything will work out fine.**(결국에는 모든 것이 잘 될 것이다)

Check 3　Sentence

☐ **The drug works more effectively when taken on a daily basis.**(그 약은 매일 복용하면 보다 효과가 있다)

☐ **The economy is recovering gradually and accordingly many companies are aggressive in their recruiting activities.**(경제가 서서히 회복하고 있어서 많은 기업은 채용활동에 적극적이다)

☐ **The economic crisis turned out to be more serious than initially thought.**(경제위기가 당초 생각했던 것보다도 심각하다는 것을 알았다)

☐ **Oil prices have dropped considerably over the past year.**(원유 가격은 최근 1년간 꽤 내려갔다)

☐ **The automaker has reportedly been considering a merger with GM.**(그 자동차 회사는 GM과의 합병을 검토 중이라고 전해지고 있다)

☐ **She accidentally locked herself out of the house.**(잘못하여 문이 잠긴 그녀는 집에 들어가지 못했다)

☐ **The current economic downturn will inevitably have an impact on the tourism industry.**(현재의 경기침체는 반드시 관광업계에 영향을 미칠 것이다)

☐ **Ultimately, you'll have to decide what is best for you.**(결국, 무엇이 최선인가는 당신이 결정하지 않으면 안 된다)

continued
▼

Check 1　　Listen 》

☐ 0953
drastically
/drǽstikli/
Part 5, 6

㉮철저하게, 과감하게
㉯drastic:(행동·처리가) 철저한, 과감한

☐ 0954
periodically
/pìəriádikəli/
Part 5, 6

㉮정기적으로;주기적으로
㉭period:❶기간, 시기 ❷시대
㉭periodical:정기간행물, 잡지
㉯periodical:정기간행(물)의
㉯periodic:주기적인;정기적인

☐ 0955
continuously
/kəntínjuəsli/
Part 5, 6

㉮연속하여, 연속적으로, 끊이지 않고
㉭continuity:연속성
㉰continue:❶이어지다 ❷~을 계속하다 ❸(continue to do) [doing]로)계속 ~하다
㉯continuous:끊임없는

☐ 0956
meanwhile
/mí:nwàil/
Part 2, 3

㉮그 사이에:그 동안에는(≒in the meanwhile, in the mean-time)

☐ 0957
commonly
/kámənli/
Part 7

㉮일반적으로, 통례
㉯common:❶일반적인 ❷공통[공유]의 ❸흔히 있는, 보통의

☐ 0958
unconditionally
/ʌ̀nkəndíʃənli/
Part 7

㉮무조건으로(⇔conditionally:조건부로)
㉭condition:❶(통례~s)(~의)(필요)조건(of[for]~) ❷(~s)상황, 사정;상태
㉯conditional:조건부의
㉯unconditional:무조건의

☐ 0959
exceptionally
/iksépʃənli/
Part 5, 6

㉮예외적으로, 특별히, 이상으로
㉭exception:예외
㉯exceptional:❶매우 친절한 ❷예외적인
㉱except:~을 제외하고, ~이외는

☐ 0960
purely
/pjúərli/
Part 5, 6

㉮❶전혀, 완전히(≒completely) ❷단순히(≒only)
㉯pure:❶완전한 ❷(학문이)순수한, 이론적인

Day 59 》
Quick Review
답은 오른쪽 페이지 아래

☐ 각각
☐ 따로따로
☐ 일시적으로
☐ 전해진 바에 따르면

☐ 지방에서
☐ 밀접하게
☐ 유감이면서
☐ 유창하게

☐ 대부분
☐ 완전히
☐ 만장일치로
☐ 간신히

☐ 분명히
☐ 마음에서
☐ 세계 중에
☐ 개별적으로

<table>
<tr><td>

Check 2 — Phrase & Sentence

☐ **cut costs drastically**(철저하게 경비를 삭감하다)

☐ **test the equipment periodically**(정기적으로 설비를 검사하다)

☐ **work continuously for 24 hours**(24시간 연속하여 일하다)

☐ **We are in for a bumpy ride. Meanwhile, fasten your seat belts.** (울퉁불퉁한 길에 들어섭니다. 안전벨트를 해주세요)

☐ **a commonly held belief**(일반적으로 가진 생각)
☐ **be commonly known as ~**(일반적으로 ~로서 알려져 있다)

☐ **surrender unconditionally**(무조건 항복하다)

☐ **an exceptionally cold winter** (예년에 없던 추운 겨울)
☐ **an exceptionally gifted child** (매우 재능이 뛰어난 아이)

☐ **purely by chance**(완전 우연히)
☐ **purely for financial reasons** (단순히 금전적인 이유로)

</td><td>

Check 3 — Sentence

☐ **The company has drastically restructured its organization.**(그 회사는 철저하게 조직을 개혁했다)

☐ **The information contained within this site is updated periodically.**(이 사이트에 게재되고 있는 정보는 정기적으로 갱신된다)

☐ **It has been raining almost continuously for three days.**(거의 끊임없이 3일간 계속 비가 내리고 있다)

☐ **I'm starting work in April. Meanwhile, I'm travelling around the US.**(나는 4월에 일하기 시작한다. 그때까지는 미국을 여행할 생각이다)

☐ **Stress fractures are commonly experienced by athletes.**(피로골절은 운동선수에게 자주 일어난다)

☐ **The $100 registration fee is fully and unconditionally refundable on request.**(100달러의 등록료는 요구하는 대로 전액이 무조건 환불된다)

☐ **She was exceptionally admitted to the Royal Conservatory of Music.** (그녀는 왕립음악원에 예외적으로 입학을 인정받았다)

☐ **Participation in the charity event is purely voluntary.**(그 자선행사의 참가는 전적으로 자유다)

</td></tr>
</table>

Day 59 》
Quick Review
답은 왼쪽 페이지 아래

☐ respectively	☐ locally	☐ virtually	☐ obviously
☐ separately	☐ closely	☐ entirely	☐ cordially
☐ temporarily	☐ regrettably	☐ unanimously	☐ worldwide
☐ allegedly	☐ fluently	☐ barely	☐ individually

Check 1   Listen))

☐ 0961
financially
/fainǽnʃəli/
비즈니스문제

부재정[금전]적으로
명finance:❶(~s)재원, 자금;재정상태 ❷재정, 재무
동finance:~에 자금을 공급하다
형financial:❶재무의, 재정상의;금전상의 ❷금융의

☐ 0962
vaguely
/véigli/
Part 5, 6

부어렴풋이, 막연히
형vague:❶(생각이)분명하지 않은, 막연한 ❷(형태가)어렴풋한

☐ 0963
profoundly
/prəfáundli/
Part 5, 6

부깊게;크게
형profound:❶(영향이)중대[중요]한;의미심장한 ❷(슬픔이)깊은

☐ 0964
sufficiently
/səfíʃəntli/
Part 5, 6

부충분히
명sufficiency:❶충분한 것, 충족 ❷충분한 저축[자산]
형sufficient:(~에/…하는데)충분한(for~/to do)

☐ 0965
comparatively
/kəmpǽrətivli/
Part 5, 6

부비교적(으로), 비교하여(≒relatively)
명comparison:(~와)비교(with[to]~)
동compare:(compare A to[with] B로)❶A를 B와 비교하다 ❷A를 B에 비교하다
형comparable:(be comparable to[with]로)~와 동등하다

☐ 0966
mutually
/mjúːtʃuəli/
Part 7

부서로, 상호
형mutual:❶상호의, 서로의 ❷공통의

☐ 0967
voluntarily
/vὰləntéərəli/
Part 5, 6

부자발적으로
명volunteer:지원자, 봉사자
동volunteer:❶(~을)나서서 받아들이다(for~) ❷(volunteer to do로)~하려고 나서서 말하다
형voluntary:봉사의, 자발적인

☐ 0968
exponentially
/èkspounénʃəli/
Part 7

부급격하게, 기하급수적으로
형exponential:급격한, 기하급수적인

---

continued ▼

Check 2　Phrase

☐ be financially sound (재정적으로 건실하다)

☐ be financially independent (경제적으로 독립하다))

☐ be vaguely familiar ([주어에 대해]어렴풋이 알고 있다)

☐ be profoundly moved by ~ (~에 깊게 감사하다)

☐ change profoundly (크게 변하다)

☐ recover sufficiently (충분히 회복하다)

☐ be comparatively warm (비교적 따뜻하다)

☐ comparatively speaking (비교하여 말하면)

☐ a mutually agreed decision (상호합의된)

☐ mutually exclusive [contradictory] (서로 모순하다, 양립하지 않다)

☐ voluntarily participate in ~ (자발적으로 ~에 참가하다)

☐ voluntarily surrender to the police (경찰에 자수하다)

☐ increase [decrease] exponentially (급격하게 증가[감소]하다)

Check 3　Sentence

☐ The proposal is not financially viable. (그 제안은 재정적으로 실행 가능하지 않다)

☐ I vaguely remember watching the movie. (나는 그 영화를 본 것을 어렴풋이 기억하고 있다)

☐ The travel industry was profoundly affected by the terrorist attacks of September 11, 2001. (여행산업은 2001년 9월 11일의 테러 공격에 의해 심각한 영향을 받았다)

☐ You should eat, sleep, and exercise sufficiently to maintain your health. (건강을 유지하기 위해 충분히 먹고, 수면을 취하고, 그리고 운동해야 한다)

☐ The exam was comparatively easy. (그 시험은 비교적 간단했다)

☐ The business partnership is mutually beneficial to both companies. (그 사업제휴는 양사에게 서로 이익이 된다)

☐ He was not fired, but left voluntarily. (그는 해고당한 것이 아니라 스스로 사직했다)

☐ The world's population has been growing exponentially in recent centuries. (세계의 인구는 최근 수 세기에 급증하고 있다)

continued
▼

Check 1　　Listen))

□ 0969
partially
/pá:rʃəli/
Part 5, 6

▶ 부 **부분적으로**, 일부분은(≒partly)
명 part: ❶부분 ❷역할
형 partial: ❶부분[국부]적인 ❷(~가) 매우 좋은(to~) ❸(~을) 편애하다(to[toward]~)　▶

□ 0970
concisely
/kənsáisli/
❗ 강세주의
Part 5, 6

▶ 부 **간결하게**(≒briefly)
형 concise: 간결한　▶

□ 0971
oddly
/ádli/
Part 7

▶ 부 ❶**기묘하게** ❷기묘하게도, 이상하게도(≒oddly enough)
형 odd: ❶기묘한 ❷홀수의　▶

□ 0972
deliberately
/dilíbərətli/
Part 5, 6

▶ 부 ❶**고의로**, 일부러(≒on purpose, intentionally) ❷진중하게
동 deliberate: ❶~을 숙고하다 ❷(deliberate about[on, over]로)~에 대하여 숙고하다
형 deliberate: ❶의도[계획]적인, 고의의 ❷진중한　▶

□ 0973
preferably
/préfərəbli/
Part 7

▶ 부 **가능하면**, 희망을 말하면
명 preference: ❶선호 ❷우선
동 prefer: ❶(…보다)~을 좋아하다(to…) ❷(prefer to do로)~ 하는 것을 좋아하다
형 preferable: (be preferable to로)~ 보다 좋은　▶

□ 0974
inadvertently
/ìnədvə́:rtntli/
Part 5, 6

▶ 부 **부주의하게**, 무심코
형 inadvertent: 무심한, 우연의　▶

□ 0975
unexpectedly
/ʌ̀nikspéktidli/
Part 5, 6

▶ 부 **생각지 못한**, 돌연, 뜻밖에
형 unexpected: 생각지 못한, 예기하지 않은　▶

□ 0976
notably
/nóutəbli/
Part 5, 6

▶ 부 ❶**특히**(≒especially, particularly) ❷현저하게, 명백히
형 notable: (~로)주목할 만한; 유명한(for~)　▶

Day 60))
Quick Review
답은 오른쪽 페이지 아래

□ 효과적으로
□ 그것에 따라서
□ 처음에는
□ 상당히

□ 보도에 의하면
□ 잘못하여
□ 필연적으로
□ 최종적으로

□ 철저하게
□ 정기적으로
□ 연속하여
□ 그 사이에

□ 일반적으로
□ 무조건으로
□ 예외적으로
□ 전혀

Check 2   Phrase

- [ ] **partially** agree with ~ (~에 부분적으로 찬성하다)
- [ ] a **partially** destroyed house (절반이 무너진 집)

- [ ] **summarize** the information **concisely** (정보를 간결하게 요약하다)
- [ ] to put it **concisely** (간결하게 말하면)

- [ ] behave **oddly** (기묘한 행동을 하다)
- [ ] an **oddly** dressed man (기묘한 옷을 입은 남성)

- [ ] lie **deliberately** (고의로 거짓말을 하다)
- [ ] speak **deliberately** (진중하게 이야기하다)

- [ ] want a computer, **preferably** a laptop (컴퓨터를 원한다, 가능하면 노트북이 좋다)

- [ ] **inadvertently** cut a power cable (부주의로 전원케이블을 절단하다)
- [ ] **inadvertently** or **deliberately** (부주의하거나 고의적이거나)

- [ ] die **unexpectedly** (급사하다)

- [ ] be **notably** important (특히 중요하다)
- [ ] increase **notably** (현저히 증가하다)

Check 3   Sentence

- [ ] Global warming is **partially** due to greenhouse gas emissions. (지구온난화의 일부는 온실효과 가스의 배출에 원인이 있다)

- [ ] Articles should be written clearly and **concisely**. (기사는 명료하고 간결하게 적지 않으면 안 된다)

- [ ] **Oddly**, the accident wasn't on the news. (기묘하게 그 사건은 보도되지 않았다)

- [ ] The police determined that the fire had been set **deliberately**. (그 화재는 의도적으로 일어난 것이라고 경찰은 단정했다)

- [ ] Customer service experience is required, **preferably** in hotel work or a related field. (고객서비스의 경험, 가능하다면 호텔에서의 일 혹은 관련분야에서의 일이 필수다) ➕ 구인광고의 표현

- [ ] He has **inadvertently** deleted important files. (그는 중요한 파일을 무심코 삭제하고 말았다)

- [ ] The test results were **unexpectedly** good. (테스트 결과는 뜻밖에 좋았다)

- [ ] France is famous for many things, **notably** wine. (프랑스는 많은 것이 유명하지만 특히 와인으로 유명하다)

Day 60 🔊
Quick Review
답은 왼쪽 페이지 아래

- [ ] effectively
- [ ] accordingly
- [ ] initially
- [ ] considerably
- [ ] reportedly
- [ ] accidentally
- [ ] inevitably
- [ ] ultimately
- [ ] drastically
- [ ] periodically
- [ ] continuously
- [ ] meanwhile
- [ ] commonly
- [ ] unconditionally
- [ ] exceptionally
- [ ] purely

Chapter 7 Review

왼쪽 페이지의 (1)~(14) 의 부사의 동의 · 유의어 [숙어](≒), 반의 · 반대어 (⇔) 를 오른쪽 페이지의 A~N 에서 선택하여 괄호 안에 답을 적는다 . 의미를 모를 때는 색인 번호를 참조하고 복습하자 .(답은 오른쪽 아래)

- ☐ (1) **allegedly** (0932) ≒ 은? (　　　)
- ☐ (2) **regrettably** (0935) ≒ 은? (　　　)
- ☐ (3) **virtually** (0937) ≒ 은? (　　　)
- ☐ (4) **entirely** (0938) ≒ 은? (　　　)
- ☐ (5) **obviously** (0941) ≒ 은? (　　　)
- ☐ (6) **accidentally** (0950) ≒ 은? (　　　)
- ☐ (7) **ultimately** (0952) ≒ 은? (　　　)
- ☐ (8) **meanwhile** (0956) ≒ 은? (　　　)
- ☐ (9) **unconditionally** (0958) ⇔ 은? (　　　)
- ☐ (10) **comparatively** (0965) ≒ 은? (　　　)
- ☐ (11) **partially** (0969) ≒ 은? (　　　)
- ☐ (12) **concisely** (0970) ≒ 은? (　　　)
- ☐ (13) **deliberately** (0972) ≒ 은? (　　　)
- ☐ (14) **notably** (0976) ≒ 은? (　　　)

A. conditionally

B. by accident

C. partly

D. almost

E. especially

F. completely

G. unfortunately

H. relatively

I. finally

J. briefly

K. in the meantime

L. reportedly

M. intentionally

N. clearly

【해답】 (1) L (2) G (3) D (4) F (5) N (6) B (7) I (8) K (9) A (10) H
(11) C (12) J (13) M (14) E

CHAPTER

8

동사구

Chapter 8부터는 숙어편이 시작된다. 이번 Chapter에서는 동사 표현 112를 공부한다. 이 공부가 끝나면 TOEIC 990점= 만점은 바로 코앞에 보인다!

TOEIC식 격언

Nothing great is easy.

위대한 것들 증에는 간단한 것은 없다.

Check 1　　Listen 》

□ 0977
subscribe to
Part 2, 3

❶~을 정기구독하다 ❷(통례 의문·부정문에서)~에 동의하다
명 subscription:(~의)정기구독(료)(to~)
명 subscriber:(~의)정기구독자(to~);(전화의)가입자

□ 0978
enroll in [at, for]
Part 5, 6

~에 입학[입회]하다
명 enrollment:❶입학[등록]자 수 ❷입학, 입회

□ 0979
merge with
비즈니스문제

(회사가)~와 합병하다
명 merger:(~와의)(기업의)합병(with~)

□ 0980
conform to [with]
Part 5, 6

(규칙)에 따르다(≒obey, follow, comply with, abide by)

□ 0981
bid for
비즈니스문제

~에 입찰하다
명 bid:❶(공사의)입찰 ❷(~을 위한)계획, 시도(for~)
명 bidder:입찰자, 경쟁자

□ 0982
pull over
Part 2, 3

❶차를 한쪽으로 치우다 ❷(차 등)을 한쪽으로 치우다

□ 0983
collide with
Part 5, 6

~와 충돌하다, 부딪히다(≒crash into)
명 collision:(~와/…사이의)충돌(with/between...)

□ 0984
mark down
비즈니스문제

~의 값을 내리다

---

continued
▼

Check 2　Phrase

□ **subscribe to** two newspapers（신문을 2개 정기구독하다）
□ **subscribe to** his point of view（그의 의견에 동의하다）

□ **enroll in** a vocational school（직업학교에 입학하다）
□ **enroll in** a book club（독서클럽에 입회하다）

□ **merge with** the parent company（모회사와 합병하다）

□ **conform to** school rules（교칙을 따르다）

□ **bid for** public works（공공사업에 입찰하다）

□ **pull over** for an ambulance（구급차가 지나기 위해 차를 도로 한쪽에 치우다）
□ **pull over** a speeding car（속도위반의 차를 세우다）

□ **collide with** a car（차와 충돌하다）

□ **mark** merchandise **down**（상품의 값을 내리다）

Check 3　Sentence

□ **What magazines do you subscribe to?**（어떤 잡지를 정기구독하고 있습니까?）

□ **She enrolled in [at] Columbia University last year.**（그녀는 작년에 콜롬비아 대학에 입학했다）

□ **In 1998, Daimler-Benz merged with Chrysler to form Daimler Chrysler.**（1998년 다임러벤츠는 클라이슬러와 합병하여 다임러 클라이슬러가 되었다）

□ **All employees must conform to certain ethical and legal standards.**（전 종업원은 정해진 윤리규범 및 법정기준에 따르지 않으면 안 된다）

□ **Five contractors have bid for the project.**（5개의 건설업자가 그 프로젝트에 입찰했다）

□ **Please pull over in front of the bank.**（그 은행 앞에 차를 세워주세요）

□ **The car collided with a utility pole.**（그 차는 전신주와 충돌했다）

□ **Everything has been marked down by 30 percent!**（전제품 30퍼센트 할인!）➕광고의 표현

continued
▼

Check 1   Listen 》

□ 0985
struggle with [against]
Part 5, 6

(어려운 일)**와 싸우다**, ~에 힘을 쏟다
몡struggle: 분투, 노력

□ 0986
adhere to
Part 5, 6

❶(규칙)**을 엄수하다** ❷(생각)**에 고집하다**
몡adherence: ❶(규칙의) 엄수(to~) ❷(~에 대한) 고집, 집착 (to~)
몡adherent: (~의) 지지자(of~)

□ 0987
hand out
Part 1

~을 (…에게) **배분하다**, 분배하다(to...)) ≒ distribute, pass out)
몡handout: (강연의) 배포 자료, 프린트

□ 0988
rule out
Part 5, 6

❶~을 **제외**[배제]**하다**(≒ exclude); ~을 거부하다 ❷~을 불가능하게 하다, 방해하다

□ 0989
go with
Part 2, 3

~와 **닮다**, ~와 조화하다, 잘 어울리다(≒ suit, match)

□ 0990
interact with
Part 5, 6

~와 **교류하다**, 정보를 주고받다, 접촉하다
몡interaction: (~와) 교류(with[between, among]~)
혱interactive: 대화식의; 쌍방향의

□ 0991
cater to [for]
Part 7

~에 **필요한 물건을 제공하다**, ~의 요구를 채우다
몡catering: 주문요리 배달
몡caterer: (연회의) 주문요리업체, 배선업자

□ 0992
turn around
비즈니스문제

(경제)**을 호전시키다**
몡turnaroud: (기업업적의) 호전, (흑자로) 전환

Day 61 》
Quick Review
답은 오른쪽 페이지 아래

□ 재정적으로	□ 비교적	□ 부분적으로	□ 가능하면
□ 어렴풋이	□ 서로	□ 간결하게	□ 부주의하게
□ 깊게	□ 자발적으로	□ 기묘하게	□ 생각지 못한
□ 충분히	□ 급격하게	□ 고의로	□ 특히

Check 2   Phrase

- ☐ **struggle with** crime (범죄와 싸우다)
- ☐ **struggle with** a difficult problem (어려운 문제에 힘을 쏟다)

- ☐ **adhere to** the terms of the contract (계약의 조항을 엄수하다)
- ☐ **adhere to** one's opinion (자신의 의견을 고집하다)

- ☐ **hand out** food to homeless people (음식물을 노숙자에게 나눠주다)

- ☐ **rule out** the possibility of ~ (~의 가능성을 배제하다)
- ☐ **rule out** a return to ~ (~의 복귀를 불가능하게 하다)

- ☐ a wine that **goes with** fish (생선에 어울리는 와인)

- ☐ **interact with** guests (내빈과 교류하다)

- ☐ a restaurant **catering to** families (가족 대상의 레스토랑)

- ☐ **turn** the economy **around** (경제를 호전시키다)

Check 3   Sentence

- ☐ The company has been **struggling with** high energy and labor costs. (그 회사는 높은 에너지비와 인건비에 어려워하고 있다)

- ☐ Employees must **adhere to** company rules. (종업원은 사칙을 엄수하지 않으면 안 된다)

- ☐ The man is **handing out** leaflets. (그 남자는 전단지를 배포하고 있다)

- ☐ Syria has **ruled out** the resumption of peace talks with Israel. (시리아는 이스라엘과의 평화 고섭의 재개를 거부했다)

- ☐ What kind of bag **goes with** this dress? (어떤 가방이 기 드레스에 어울릴까?)

- ☐ Working parents don't have enough time to **interact with** their children. (맞벌이 부모는 아이와 접촉할 시간이 충분하지 않다)

- ☐ The retail store **caters** mainly **to** young females. (그 소매점은 젊은 여성을 주로 상대하고 있다)

- ☐ The new CEO **turned** the company **around** in a year. (새로운 CEO는 1년 동안 그 회사를 재건했다)

Day 61))
Quick Review
답은 왼쪽 페이지 아래

☐ financially	☐ comparatively	☐ partially	☐ preferably
☐ vaguely	☐ mutually	☐ concisely	☐ inadvertently
☐ profoundly	☐ voluntarily	☐ oddly	☐ unexpectedly
☐ sufficiently	☐ exponentially	☐ deliberately	☐ notably

Check 1　　Listen 》

□ 0993
elaborate on
Part 7

～에 대하여 자세히 말하다
명 elaboration : 정성껏 만드는 것 ; 탈고
형 elaborate : ❶정교[정밀]한, 의도적인 ❷공들인

□ 0994
bring out
비즈니스문제

❶(제품)**을 시장에 내다**, 발표하다 ❷(…의)(재능)을 이끌어내다(in…)

□ 0995
plug in
Part 1

(전기기구)**를 콘센트에 연결하다**, ～의 플러그를 꽂다
명 plug : ❶플러그 ❷콘센트

□ 0996
culminate in [with]
Part 7

마침내 ～이 되다(≒end in, result in), ～에 최고조에 달하다
명 culmination : (통례 the～)최고점, 절정

□ 0997
work out
Part 2, 3

❶(문제)**을 풀다**, 해결하다(≒solve) ❷(비용)을 계산[산정]하다(≒calculate) ❸～을 이해하다(≒understand) ❹잘 되다 ❺연습[운동]하다
명 workout : (연습)운동, 트레이닝

□ 0998
carry over [forward]
Part 7

(어떤 금액)**을 이월하다**, 넘기다

□ 0999
prevail in [among]
Part 5, 6

～에 보급하다, 퍼지고 있다 ➕prevail over[against]는 '～에 이기다'
명 prevalence : 보급 ; 유행
형 prevailing : 넓게 퍼져있는, 일반적인

□ 1000
bargain with
비즈니스문제

～와 교섭[거래]하다(≒negotiate with)
명 bargain : ❶할인품, 특가품 ❷거래 ; 협약, 협정

---

continued
▼

Check 2　　Phrase

☐ **elaborate on** the reasons for ～ (～의 이유에 대하여 상세히 말하다)

☐ **bring out** a new car (신차를 시장에 내놓다)
☐ **bring out** the best in him (그의 최고의 힘을 이끌어내다)

☐ **plug in** the DVD player (DVD 플레이어를 콘센트에 연결하다)

☐ **culminate in** the civil war ([대립이] 마침내 내전이 되다)

☐ **work out** the math problems (수학의 문제를 풀다)
☐ **work out** the total cost of the project (프로젝트의 총비용을 계산하다)

☐ **carry over** the balance (잔고를 이월하다)

☐ customs **prevailing in** the region (그 지역에 널리 퍼진 습관)

☐ refuse to **bargain with** terrorists (테러리스트와 거래하는 것을 거부하다)

Check 3　　Sentence

☐ **The minister refused to elaborate on the status of the talks.** (그 장관은 회의 상황에 대하여 말하는 것을 거부했다)

☐ **Apple brought out the first PC in the mid-70s.** (애플사는 70년대 중반에 최초의 컴퓨터를 시장에 내놓았다)

☐ **The man is plugging in the appliance.** (그 남자는 전기기구를 콘센트에 연결하고 있다)

☐ **The Watergate scandal culminated in the resignation of President Richard Nixon.** (워터게이트 사건은 마침내 리처드 닉슨 대통령의 사임으로 이어졌다)

☐ **You must work out your own destiny.** (자신의 운명은 스스로 결정하지 않으면 안 된다)

☐ **Employees can carry over up to 160 hours of unused paid vacation to the next year.** (종업원은 말소 되는 유급휴가를 160시간까지 다음 연도로 이월할 수 있다)

☐ **A pessimistic mood prevails in the stock market.** (비관적인 분위기가 주식시장에 퍼지고 있다)

☐ **Unions bargained with employers for regular wage increases.** (각 노동조합은 정기 임금 인상에 대해 고용측과 교섭했다)

continued ▼

Check 1　　Listen 》

□ 1001
go in for
Part 2, 3

❶~에 참가하다(≒join, take part in, participate in);~을 받다, ❷~을 좋아하다, 취미로 하다

□ 1002
discriminate against
Part 5, 6

~을 차별하다
몡discrimination:(~에 대한)차별(대우)(against~)

□ 1003
reside in
Part 7

~에 살다, 별거하다(≒live in, dwell in, inhabit)
몡residence:❶거주, 체재 ❷저택, 주택
몡resident: 거주, 거주자
혱resident: 재택[거주]의

□ 1004
converse with
Part 5, 6

~와 이야기를 하다, 담화하다
몡conversation: 회화, 대화, 대담
혱conversational: 회화(체)의

□ 1005
excel in [at]
Part 5, 6

~에 뛰어나다
몡excellence:(~에 있어)우수, 탁월(in~)
혱excellent: 멋지다, 매우 우수한

□ 1006
fill in for
Part 2, 3

~의 대리[대행]를 하다(≒substitute for)

□ 1007
inquire into
Part 7

~을 조사하다(≒look into, investigate) ➕inquire about는 '~에 대해서 묻다, 질문하다'
몡inquiry:❶(~에 대한)문의, 질문(about~) ❷(사건의)조사 (into~)

□ 1008
move on to
Part 4

(다음 화제)로 옮기다

Day 62 》
Quick Review
답은 오른쪽 페이지 아래

□ ~을 정기구독하다	□ ~에 입찰하다	□ ~와 싸우다	□ ~와 닮다
□ ~에 입학하다	□ 차를 한쪽으로 치우다	□ ~을 엄수하다	□ ~와 교류하다
□ ~와 합병하다	□ ~와 충돌하다	□ ~을 배분하다	□ ~에 필요한 물건을 제공하다
□ ~에 따르다	□ ~의 값을 내리다	□ ~을 제외하다	□ ~을 호전시키다

☐ **go in for** cosmetic surgery
(성형수술을 받다)
☐ **go in for** soccer (축구를 좋아한다)

☐ **discriminate against** minorities (소수민족을 차별하다)

☐ **reside in** Chicago (시카고에 살다)

☐ **converse with** him on the subject (그 문제에 대해 그와 이야기하다)

☐ **excel in** math (수학에 뛰어나다)

☐ **fill in for** a sick colleague (병이 난 동료를 대신하다)

☐ **inquire into** the cause of the accident (그 사고의 원인을 조사하다)

☐ **move on to** a new topic (새로운 화제로 옮겨가다)

☐ Are you planning to **go in for** the competition? (그 대회에 참가할 작정이세요?)

☐ We must not **discriminate against** people with disabilities. (장애가 있는 사람들을 차별해서는 안 된다)

☐ My family currently **resides in** San Francisco. (나의 가족은 현재 샌프란시스코에 살고 있다)

☐ Teachers should have more opportunities to **converse with** their students. (교사들은 학생들과 이야기하는 기회를 가져야 한다)

☐ She especially **excels in** English. (그녀는 특히 영어에 뛰어나다)

☐ Linda **filled in for** Jack while he was on vacation. (잭이 휴가 중에 린다가 그를 대신했다)

☐ The police **inquired into** the suspect's background. (경찰은 용의자의 신원을 조사했다)

☐ Let's **move on to** the next item on the agenda. (의제의 다음 항목으로 옮겨가자)

Day 62 》
Quick Review
답은 왼쪽 페이지 아래

☐ subscribe to	☐ bid for	☐ struggle with	☐ go with
☐ enroll in	☐ pull over	☐ adhere to	☐ interact with
☐ merge with	☐ collide with	☐ hand out	☐ cater to
☐ conform to	☐ mark down	☐ rule out	☐ turn around

Check 1 Listen 》

□ 1009
originate in [from]
Part 5, 6

~에서 발생하다, 일어나다, 시작하다
명 origin: ❶기원; 유래 ❷(때때로 ~s)출생, 혈통
명 original:(the~) 원작
형 original: ❶최초의 ❷독창적인 ❸원작의
부 originally: ❶최초는, 처음은 ❷출신은

□ 1010
hand over
Part 5, 6

❶~을 (…에게) 넘겨주다(to...) ❷~을 (…에게) 건네다(to...)

□ 1011
cut down (on)
비즈니스문제

~을 줄이다, 삭감하다(≒reduce)

□ 1012
wrap up
Part 2, 3

❶~을 끝내다, 완성하다(≒finish, complete) ❷~을 포함하다, 포장하다
명 wrap:(식품보존용의) 랩

□ 1013
pull together
Part 4

협력하다, 협조하다(≒cooperate)

□ 1014
call off
Part 2, 3

(예정된 모임)을 중지하다(≒cooperate)

□ 1015
settle on [upon]
Part 5, 6

~을 결정하다, ~을 선택하다(≒decide)
명 settlement: ❶타협, 합의 ❷식민지, 개척지 ❸이민, 식민 ❹지불, 결제

□ 1016
draw on [upon]
Part 5, 6

~에 의지하다, ~을 이용하다

---

continued
▼

□ 듣기 코드　Check 1
□ 확인 코드　Check 1 ▶ 2
□ 완벽 코드　Check 1 ▶ 2 ▶ 3

Check 2　Phrase

□ **originated in** England in the 18th century([산업혁명은]18세기에 영국에서 시작되었다)

□ **hand over** the command(지휘권을 넘겨주다)
□ **hand over** a document to him(서류를 그에게 건네다)

□ **cut down** the number of employees(종업원 수를 줄이다)

□ **wrap up** the meeting(회의를 끝내다)
□ **wrap up** a present(선물을 포장하다)

□ **pull together** to complete the project(그 프로젝트를 끝내기 위해 협력하다)

□ **call off** the search for ~(~의 수색을 중지하다)

□ **settle on** a date for the election(선거일을 결정하다)
□ **settle on** a new leader(새로운 지도자를 선택하다)

□ **draw on** one's experience(경험에 의지하다, 경험을 이용하다)

Check 3　Sentence

□ **The Internet originated in the United States.**(긴터넷은 미국에서 시작되었다)

□ **The company handed over its camera business to Sony.**(그 회사는 카메라사업을 소니에 양도했다)

□ **We must cut down production costs to stay competitive.**(우리 회사는 경쟁력을 유지하기 위해 제조비용을 삭감하지 않으면 안 된다)

□ **I hope to wrap up the rest of the work within the next month.**(나는 나머지 일들은 다음 달 중에 끝내고 싶다)

□ **We must all pull together to get through this economic crisis.**(우리들은 이 경제위기를 극복하기 위해 전원이 협력하지 않으면 안 된다)

□ **The competition was called off due to heavy rain.**(그 대회는 호우 때문에 중지되었다)

□ **We haven't settled on a name for the baby yet.**(우리는 아기의 이름을 아직 정하지 않았다)

□ **She has a wealth of knowledge to draw on.**(그녀에게는 이용할 지식이 풍부하게 있다)

continued ▼

Check 1　　　Listen 》

☐ 1017
speculate in
비즈니스문제

(주식)에 투기하다, ~을 매수[매도]하다
명 speculation: ❶ 추측, 추량 ❷ 투기, 투기 매입
동 speculator: 투기 [투자] 가

☐ 1018
buy out
비즈니스문제

(회사)을 매수하다 (≒ acquire)
명 buyout: 매수

☐ 1019
put together
Part 5, 6

❶ (계획)을 정리하다 ❷ (부품)을 조립하다

☐ 1020
defer to
Part 5, 6

(경의를 표하고)~에 따르다

☐ 1021
pass out
Part 1

❶ ~을 (…에게) 배포하다, 분배하다(to...) ❷기절하다, 의식을 잃다

☐ 1022
check with
Part 2, 3

~에 상담하다, 묻다(≒ consult with)

☐ 1023
consist in
Part 5, 6

(본질적인 것이)~에 있다, 존재하다(≒ lie in) ➕ consist of는 '~로 성립하다, 구성된다'

☐ 1024
factor in
Part 7

~을 계산에 넣다 ; ~을 요인 [요소]의 하나로 포함하다
명 factor: (~의)요소, 요인(in~)

Day 63 》
Quick Review
답은 오른쪽 페이지 아래

☐ ~에 대하여 자세히 말하다　☐ ~을 풀다　☐ ~에 참가하다　☐ ~에 뛰어나다
☐ ~을 시장에 내다　☐ ~을 이월하다　☐ ~을 차별하다　☐ ~의 대리를 하다
☐ ~를 콘센트에 연결하다　☐ ~에 보급하다　☐ ~에 살다　☐ ~을 조사하다
☐ 마침내 ~이 되다　☐ ~와 교섭하다　☐ ~와 이야기를 하다　☐ ~ 로 옮기다

Check 2 — Phrase

- □ **speculate in** real estate (부동산에 투기하다)

- □ **buy out** a competing company (경합회사를 매수하다)

- □ **put together** a plan (계획을 정리하다)
- □ **put together** an engine (엔진을 조립하다)

- □ **defer to** one's boss (상사를 따르다)
- □ **defer to** the court's decision (재판소의 판결에 따르다)

- □ **pass out** test booklets to students (테스트책자를 학생들에게 나눠주다)
- □ **pass out** in shock (충격으로 기절하다)

- □ **check with** a lawyer (변호사에게 상담하다)

- □ **consist in** living in accord with nature ([행복이]자연과 조화롭게 존재한다)

- □ **factor in** changes in interest rates (금리의 변동을 계산에 넣다)

Check 3 — Sentence

- □ He made a fortune by **speculating in** stocks. (그는 주식에 투기하여 한 재산을 만들었다)

- □ The bank announced its intention to **buy out** the US-based insurance company. (그 은행든 미국에 본사가 있는 보험회사를 매수할 의도가 있다는 것을 발표했다)

- □ It took three months to **put together** a new business plan. (새로운 사업계획을 정리하는데 3개월이 걸렸다)

- □ We should **defer to** him on this issue. (우리들은 이 문제에 대해서는 그를 따라야 한다)

- □ The woman is **passing out** fliers. (그 여자는 전단지를 배포하고 있다)

- □ He **checked with** his boss if his vacation schedule could be changed. (그는 휴가 예정을 바꿀 수 있는지 상사에게 물었다)

- □ Love **consists in** giving without getting in return. (사랑은 대가를 받지 않고 주는 것에 존재한다)

- □ You must **factor in** labor costs when calculating the cost of the repairs. (수리비는 계산할 때에는 인건비를 계산에 넣지 않으면 안 된다)

Day 63 》)
Quick Review
답은 왼쪽 페이지 아래

□ elaborate on	□ work out	□ go in for	□ excel in
□ bring out	□ carry over	□ discriminate against	□ fill in for
□ plug in	□ prevail in	□ reside in	□ inquire into
□ culminate in	□ bargain with	□ converse with	□ move on to

Day 65 동사구4
「동사＋A＋전치사＋B」형1

Check 1   Listen 》

☐ 1025
notify A of B
Part 5, 6

A에게 B를 알리다, 통지[통고]하다 (≒ inform A of[about] B)
몡 notification: 통지, 통고

☐ 1026
donate A to B
Part 5, 6

A를 B에게 기부[기증]**하다** (≒ contribute A to[toward] B)
몡 donation: ❶(~에)기부, 기증(to~) ❷(~에)기부금, 기증품 (to~)
몡 donor: ❶기증자 ❷(장기의)제공자; 헌혈자

☐ 1027
designate A as [for] **B**
Part 7

A를 B에 지명[임명, 지정]**하다**
몡 designation: 지명, 임명, 지정

☐ 1028
reimburse A for B
비즈니스문제

A에게 B(경비)를 돌려주다
몡 reimbursement: 반환, 상환

☐ 1029
prescribe A for B
Part 7

A(약)를 B(사람·병)에 처방하다
몡 prescription: 처방전

☐ 1030
subtract A from B
Part 7

A를 B에서 빼다 (≒ deduct A from B)(⇔add A to B:A를 B에게 더하다)
몡 subtraction: 빼는 것; 뺄셈

☐ 1031
hook up A to B
Part 2, 3

A를 B에 접속하다, 연결하다 (≒ connect A to B)
몡 hook: 자물쇠, 걸쇠, 후크

☐ 1032
allocate A for B
Part 5, 6

A를 B를 위해 할당하다, 채우다 ➕ allocate A to B는 'A를 B에게 할당하다'
몡 allocation: 할당, 배분; 할당량[액]

continued ▼

□ 듣기 모드　Check 1
□ 확인 모드　Check 1 ▶ 2
□ 완벽 모드　Check 1 ▶ 2 ▶ 3

Check 2　Phrase

□ **notify** employees **of** schedule changes (종업원에게 예정 변경을 알리다)

□ **donate** $2,000 **to** the Red Cross (2,000달러를 적십자사에 기부하다)

□ **designate** him **as** team leader (그를 팀리더로 지명하다)

□ **reimburse** him **for** all expenses (그에게 모든 경비를 돌려주다)

□ **prescribe** a drug **for** a patient [cough] (약을 환자에게 처방하다 [기침약을 처방하다])

□ **subtract** 4 **from** 6 (6에서 4를 빼다)

□ **hook up** an external hard drive **to** a laptop (외부에 장착하는 하드드라이브를 노트북 컴퓨터에 접속하다)

□ **allocate** money **for** future expenses (앞으로의 지출을 위해 돈을 받아두다)

Check 3　Sentence

□ **Employees were notified of** the layoffs via e-mail. (종업원들은 전자메일로 해고를 통고받았다)

□ All proceeds from the event will be **donated to** local charities. (그 이벤트의 전 수익은 지방의 자선단체에 기부될 예정이다)

□ Machu Picchu was **designated as** a World Heritage Site in 1983. (마추픽추는 1983년에 세계유산에 지정되었다)

□ Employees are **reimbursed for** travel and business related expenses. (종업원은 교통비 및 업무에 관련한 경비를 돌려받았다)

□ Tamiflu is often **prescribed for** flu. (타미플루는 인플루엔자에 처방되는 경우가 많다)

□ **Subtract** 11 **from** 28 and you have 17. = 11 **subtracted from** 28 equals 17. (28빼기 11은 17)

□ Do you know how to **hook up** my computer **to** the Internet? (내 컴퓨터로 어떻게 인터넷에 접속하는지 아세요?)

□ The government **allocated** $30 million **for** disaster relief. (정부는 재해 구제에 3,000만 달러를 할당했다)

continued
▼

Check 1　Listen))

□ 1033
integrate A with B
Part 5, 6

A를 B와 통합하다, 연결하다(≒combine A with B)
몡integration: 통합
휑integrated: 통합[일체화]된

□ 1034
diagnose A with [as] B
Part 2, 3

A를 B로 진단하다
몡diagnosis: 진단

□ 1035
allot A to B
Part 7

A를 B에게 할당하다, 분배하다(≒assign A to B, allocate A to B)
몡allotment: 할당, 분배

□ 1036
interpret A as B
Part 5, 6

A를 B라고 해석[이해]**하다**
몡interpretation: ❶해석, 설명 ❷통역
몡interpreter: 통역자

□ 1037
compensate A for B
Part 5, 6

A에게 B(손해)**의 보상**[배상]**을 하다** ➕compensate for는 '(손해)을 보충하다'
몡compensation: ❶(~에 대한)보상[배상](금)(for~) ❷보수

□ 1038
exclude A from B
Part 5, 6

A를 B에서 쫓아내다;A를 B에서 제외하다
몡exclusion: (~에서)제외, 배제(from~)
휑exclusive: ❶독점적인 ❷배타적인 ❸고급한
튄exclusively: 오로지, 완전히~만;독점[배타]적으로
젠excluding: ~을 제외하고

□ 1039
adjust A to B
Part 5, 6

A를 B에게 맞추다, 적합하게 하다
몡adjustment: ❶조정, 조절 ❷적응
휑adjustable: 조절[조정]할 수 있는

□ 1040
dispense A to B
Part 4

A를 B에게 분배하다, 나눠주다
몡dispenser: ❶자동판매기 ❷(은행의)자동지불기

Day 64))
Quick Review
답은 오른쪽 페이지 아래

□ ~에서 발생하다
□ ~을 넘겨주다
□ ~을 줄이다
□ ~을 끝내다

□ 협력하다
□ ~을 중지하다
□ ~을 결정하다
□ ~에 의지하다

□ ~에 투기하다
□ ~을 매수하다
□ ~을 정리하다
□ ~에 따르다

□ ~을 배포하다
□ ~에 상담하다
□ ~에 있다
□ ~을 계산에 넣다

<table>
<tr><td>

Check 2   Phrase

</td><td>

Check 3   Sentence

</td></tr>
</table>

□ **integrate play with learning**
(놀이를 학습과 통합하다)

▶ □ **You can easily integrate text with graphics with this software.** (이 소프트웨어를 사용하면 문자를 화상과 간단히 조합시킬 수 있다)

□ **diagnose him with [as having] diabetes** (그를 당뇨병이라 진단하다)

▶ □ **She was diagnosed with appendicitis.** (그녀는 맹장염이라 진단되었다)

□ **allot tasks to everyone** (전원에게 일을 할당하다)

▶ □ **Twenty minutes was allotted to each speaker.** (각 연설자에게 20분이 할당되었다)

□ **interpret his remarks as a threat** (그의 발언을 협박으로 해석하다)

▶ □ **I interpreted his silence as tacit approval.** (나는 그의 침묵을 암묵적 승인이라 해석했다)

□ **compensate him for damage** (그에게 손해보상을 하다)

▶ □ **Employees are entitled to be compensated for work-related injuries.** (종업원은 업무중 부상에 대하여 보상받을 권리가 있다)

□ **exclude women from politics** (여성을 정치적으로 제외시키다)
□ **exclude his name from the list** (그의 이름을 리스트에서 제외하다)

▶ □ **The student has been excluded from school for misbehavior.** (그 학생은 비행으로 인해 정학처분을 받고 있다)

□ **adjust the seat to a comfortable position** (좌석을 쾌적한 위치에 맞추다)
□ **adjust oneself to the new environment** (새로운 환경에 익숙하다)

▶ □ **Please adjust your monitor settings to {1024 x 768} resolution.** (모니터의 설정을 '1024×768'의 해상도에 맞춰주세요)

□ **dispense medications to patients** (환자들에게 약을 분배하다)

▶ □ **The volunteers dispensed food and clothing to the disaster victims.** (봉사자들은 식료품과 의복을 이재민들에게 나눠주었다)

Day 64 》
Quick Review
답은 왼쪽 페이지 아래

□ originate in	□ pull together	□ speculate in	□ pass out
□ hand over	□ call off	□ buy out	□ check with
□ cut down	□ settle on	□ put together	□ consist in
□ wrap up	□ draw on	□ defer to	□ factor in

Check 1   Listen 》

☐ **1041**
levy A on B
비즈니스문제

A(세금)를 B에게 부과하다(≒ impose A on B)
명levy:(～에 대한)징세(on～)

☐ **1042**
instill A in [into] B
Part 7

A(사상)를 B에게 서서히 가르치다

☐ **1043**
adorn A with B
Part 5, 6

A를 B로 장식하다 (≒ decorate A with B)

☐ **1044**
allocate A to B
Part 5, 6

A를 B에게 할당하다, 배분하다(≒ assign A to B, allot A to B) ⊕allocate A for B는 'A를 B를 위해 잡아두다'
명allocation:할당, 배분;적당량[액]

☐ **1045**
relay A to B
Part 4

A(전언)를 (중계하여) B에게 전달하다, 중계하다
명relay:❶(스포츠의)릴레이 ❷중계장치

☐ **1046**
exchange A with B
Part 5, 6

A를 B(사람)와 맞바꾸다, 교환하다 ⊕exchange A for B는 'A(물건)을 B(물건)와 교환하다'
명exchange:❶교환 ❷환전

☐ **1047**
earmark A for B
Part 7

A(자금)를 B를 위해 배정하다, 충당하다(≒ allocate A for B)

☐ **1048**
nominate A for [as] B
Part 5, 6

A를 B에게 추천[지명]하다
명nomination:추천[지명, 임명]하는[되는] 것
명nominee:추천[지명, 임명]되는 사람, 후보자

---

continued
▼

☐ 듣기 모드　Check 1
☐ 확인 모드　Check 1 ▸ 2
☐ 완벽 모드　Check 1 ▸ 2 ▸ 3

Check 2　Phrase

☐ **levy** a tax **on** alcohol(알코올 음료에 세금을 부과하다)

☐ **instill** responsibility **in** children (책임을 아이들에게 서서히 가르치다)

☐ **adorn** a room **with** flowers (방을 꽃으로 장식하다)
☐ **adorn** oneself **with** ~(~로 몸을 장식하다)

☐ **allocate** jobs **to** employees (일을 종업원에게 할당하다)

☐ **relay** the message **to** him(그 전언을 그에게 전달하다)

☐ **exchange** greetings [words] **with** ~(~와 인사[말]을 주고받다)

☐ **earmark** funds **for** future use(자금을 장차 사용하기 위해 배정하다)

☐ be **nominated for** president (대통령 후보로 추천받다)

Check 3　Sentence

☐ Personal income tax is **levied on** income earned between January 1 and December 31.(개인소득세는 1월 1일부터 12월 31일 사이에 얻은 수입에 대하여 부과된다)

☐ Teachers should **instill** moral values **in** students.(교사는 도덕적 가치관을 학생에게 조금씩 가르치지 않으면 안 된다)

☐ The Christmas tree was **adorned with** many ornaments.(그 크리스마스트리는 많은 장식물로 장식되어 있었다)

☐ Approximately 20 percent of the national budget was **allocated to** social security.(국가예산의 약 20퍼센트가 사회보장에 할당되었다)

☐ I **relayed** my boss's instructions **to** my team.(나는 상사의 지시를 동료에게 전했다)

☐ The president **exchanged** views **with** the Japanese prime minister.(대통령은 일본의 총리와 의견을 교환했다)

☐ Approximately 6 percent of GDP will be **earmarked for** education.(GDP의 약 6퍼센트가 교육에 할당될 예정이다)

☐ The actor was **nominated for** an Academy Award.(그 배우는 아카데미상 후보에 올랐다)

continued
▼

Check 1　Listen))

□ 1049
immerse A in B
Part 5, 6

A를 B에 담그다, 빠지다
명 immersion: ❶몰두 ❷(~에)담그는 것

□ 1050
caution A about [against] B
Part 5, 6

A에게 B를 준비시키다, 경과[주의]하다(≒warn A of[about] B)
명 caution: ❶조심, 주의, 경계 ❷경고
형 cautious:(be cautious about[of]로)~에 주의[조심] 깊은, 신중한

□ 1051
characterize A as B
Part 5, 6

A를 B라고 설명하다, 간주하다, 그리다
명 character: ❶성격, 개성 ❷등장인물 ❸문자
명 characteristic:(통례~s)특성, 특성, 특질
형 characteristic: ❶전형[특징]적인 ❷(be characteristic of로)~에 특유[특징적]이다

□ 1052
exempt A from B
비즈니스문제

A의 B(의무)를 면제하다(≒excuse A from B)
명 exemption: ❶(과세대상의)공제(액) ❷(~의)면제(from~)
형 exempt:(be exempt from로)~을 면제받고 있는

□ 1053
weigh A against B
Part 7

A를 B와 비교검토[고찰]하다
명 weight: ❶무게;체중 ❷무게

□ 1054
abbreviate A as [to] B
Part 7

A를 B로 단축[생략]하다
명 abbreviation:(~의)생략형, 약어(of[for]~)

□ 1055
reprimand A for B
Part 5, 6

A를 B의 이유로 질책[징계]하다(≒accuse A of B, blame A for B, criticize A for B, condemn A for B, rebuke A for B)
명 reprimand:질책, 징계

□ 1056
prop up A against B
Part 1

A를 B에 기대어 놓다
명 prop:지지, 지주

Day 65))
Quick Review
답은 오른쪽 페이지 아래

□ A에게 B를 알리다	□ A를 B에 처방하다	□ A를 B와 통합하다	□ A에게 B의 보상을 하다
□ A를 B에게 기부하다	□ A를 B에서 빼다	□ A를 B로 진단하다	□ A를 B에서 쫓아내다
□ A를 B에 지명하다	□ A를 B에 접속하다	□ A를 B에게 할당하다	□ A를 B에게 맞추다
□ A에게 B를 돌려주다	□ A를 B를 위해 할당하다	□ A를 B라고 해석하다	□ A 를 B 에게 분배하다

☐ **immerse** cabbage **in** boiling water (양배추를 뜨거운 물에 담그다)
☐ **immerse** oneself **in** ~ ([일]에 몰두하다)

☐ **caution** him **about** speeding (그에게 과속을 주의하다)

☐ **characterize** the situation **as** serious (상황을 심각하다고 말하다)

☐ **exempt** him **from** the exam (그의 시험을 면제하다)

☐ **weigh** costs **against** benefits (경비를 수익과 비교검토하다)

☐ **be abbreviated as** CEO ([Chief Executive Officer=최고경영 책임자는] CEO로 단축할 수 있다)

☐ **reprimand** him **for** breaking a company policy (회사의 방침을 깬 이유로 그를 질책하다)

☐ **prop up** a ladder **against** the wall (사다리를 벽에 기대어 놓다)

☐ **Immerse** the eggs **in** cold water before peeling them. (껍질을 벗기기 전에 달걀을 차가운 물에 담가주세요)

☐ The police have **cautioned** senior citizens **about** telephone fraud. (경찰은 고령자에게 전화 사기를 주의할 것을 호소하고 있다)

☐ The analyst **characterized** the Chinese economy **as** {overheated.} (그 애널리스트는 중국경제를 '과열상태'라고 말했다)

☐ Some types of non-profit organizations are **exempted from** paying income tax. (몇몇 종류의 비영리단체는 소득세 지불을 면제받고 있다)

☐ Economic benefits must be **weighed against** potential dangers to the environment. (경제적인 이익은 자연 환경에 줄 수 있는 우험과 비교 검토되지 않으면 안 된다)

☐ Gigabyte is often **abbreviated as** GB. (기가바이트는 때때로 GB로 단축할 수 있다)

☐ Her boss **reprimanded** her **for** arriving at work late. (그녀의 상사는 직장에 지각한 것으로 그녀를 질책했다)

☐ The bicycle is **propped up against** a fence. (자전거가 울타리에 기대어 세워져 있다)

Day 65))
Quick Review
답은 왼쪽 페이지 아래

☐ notify A of B	☐ prescribe A for B	☐ integrate A with B	☐ compensate A for B
☐ donate A to B	☐ subtract A from B	☐ diagnose A with B	☐ exclude A from B
☐ designate A as B	☐ hook up A to B	☐ allot A to B	☐ adjust A to B
☐ reimburse A for B	☐ allocate A for B	☐ interpret A as B	☐ dispense A to B

Day 67
동사구6
「be동사＋형용사＋전치사」형1

Check 1　　Listen))

□ 1057
be eligible for
Part 5, 6

~의 자격이 있다
명 eligibility: 적격, 적임

□ 1058
be grateful (to A) for
Part 4

(A에게) ~으로 감사하다
부 gratefully: 감사하여, 기뻐서

□ 1059
be liable for
Part 7

~에 대하여 법적 책임이 있다 (≒ be responsible for)
명 liability: ❶ (~에 대한) 법적 책임(for~) ❷ (~ies) 부채, 채무

□ 1060
be commensurate with
비즈니스문제

~에 상응[대응]하다, 어울리다

□ 1061
be exempt from
Part 7

~을 면제받다 (≒ be immune from)
명 exemption: ❶ (과세대상에서) 공제(액) ❷ (~의) 면제(from~)
동 exempt: (exempt A form B로) A의 B(의무)를 면제하다

□ 1062
be affiliated with [to]
비즈니스문제

~의 계열 아래에 있다, ~에 부속되어 있다
명 affiliate: 계열[관련]회사, 부속기관

□ 1063
be frustrated with [at]
Part 5, 6

~에 불만을 가지다, 초조하다
명 frustration: 욕구불만, 좌절감
동 frustrate: ~을 초조하게 하다
형 frustration: 조바심이 나는

□ 1064
be fed up with
Part 2, 3

~에 질리다, 진저리가 나다 (≒ be tired of, be sick of, be bored with, be weary of)

continued ▼

□ 듣기 모드 　Check 1
□ 확인 모드 　Check 1 ▸ 2
□ 완벽 모드 　Check 1 ▸ 2 ▸ 3

Check 2　Phrase

□ **be eligible for child care leave** (육아휴가를 받을 자격이 있다)

□ **be grateful for his support** (그의 지원에 감사하다)

□ **be liable for a debt** (부채를 지불할 법적 책임이 있다)

□ **punishment commensurate with the crime** (범죄에 응당한 처벌)

□ **be exempt from military service** (병역을 면제받다)

□ **a hospital affiliated with the university** (그 대학의 부속병원)

□ **be frustrated with one's job** (일에 불만을 가지고 있다)

□ **be fed up with his complaints** (그의 불평에 질리다)

Check 3　Sentence

□ **People over 65 are eligible for Medicare.** (65세 이상의 사람들은 미디케어[= 고령자 의료보험제도]를 받을 자격이 있다)

□ **I am really grateful for your advice.** (진심으로 당신의 조언에 감사합니다)

□ **Manufacturers are liable for damages or injuries caused by their products.** (회사는 제품이 원인인 손해나 부상에 대하여 법적 책임이 있다)

□ **Salary is commensurate with your experience and qualifications.** (급여는 경험과 자격에 따른다) ➕구인광고의 표현

□ **Registered religious organizations are exempt from income tax.** (인가받은 종교법인은 소득세를 면제받고 있다)

□ **The station is affiliated with NBC.** (그 방송국은 NBC 계열이다)

□ **More and more people have grown frustrated with politics.** (보다 많은 사람들이 정치에 불만을 가지게 되다)

□ **She is getting fed up with her job.** (그녀는 일에 진저리가 나 있다)

continued ▼

Check 1 — Listen 》

□ 1065
be comparable to
[with]
Part 5, 6

▶ ~와 (거의) 동등하다(≒be similar to)
명 comparison:(~와)비교(with[to]~)
동 compare:(compare A to[with] B로)❶A를 B와 비교하다
❷A를 B에 비유하다
부 comparatively:비교적(으로) ▶

□ 1066
be preferable to
Part 5, 6

▶ ~보다 낫다, 바람직하다
명 preference:❶기호 ❷우선
동 prefer:❶(…보다)~을 좋아하다(to...) ❷(prefer to do로)~
하는 것이 좋다
부 preferably:가능하면, 희망을 말하면 ▶

□ 1067
be averse to
Part 5, 6

▶ ~을 (심하게) 싫어하다 ➕ 때때로 부정문에서 이용되어 '싫지 않
다=좋다'를 나타낸다 ▶

□ 1068
be contingent on
[upon]
Part 7

▶ ~여하에 달리다, ~을 조건으로 하다(≒be dependent on) ▶

□ 1069
be incompatible with
Part 7

▶ ❶(일이)~와 양립하지 않다, 모순하다 ❷~와 호환성이 없다 ▶

□ 1070
be crammed with
Part 1

▶ ~으로 가득하다 ▶

□ 1071
be stranded at [in, on]
Part 4

▶ ~에 남겨져 있다, 꼼짝도 못하고 있다 ▶

□ 1072
be applicable to
Part 5, 6

▶ ~에 적용[응용]할 수 있다
명 application:❶신청(서) ❷적용, 응용
동 apply:❶(apply for로)~을 신청하다 ❷(apply to로)(규칙
이)~에 적용되는;~에 신청하다 ❸(apply A to B로)A를 B에게
적용[응용, 이용]하다 ▶

Day 66 》
Quick Review
답은 오른쪽 페이지 아래

□ A를 B에게 부과하다	□ A를 B에게 전달하다	□ A를 B에 담그다	□ A를 B와 비교검토하다
□ A를 B에게 서서히 가르치다	□ A를 B와 맞바꾸다	□ A에게 B를 준비시키다	□ A를 B로 단축하다
□ A를 B로 장식하다	□ A를 B를 위해 배정하다	□ A를 B라고 설명하다	□ A를 B의 이유로 질책하다
□ A를 B에게 할당하다	□ A를 B에게 추천하다	□ A의 B를 면제하다	□ A 를 B 에 기대어 놓다

Check 2 Phrase	**Check 3** Sentence

□ be **comparable to** ~ in size [quality] (~와 규모가[품질이] 같다)

▶ □ **Our prices are comparable to** other supermarkets. (우리 가게의 가격은 다른 슈퍼마켓과 같다)

□ be **preferable to** anything else (다른 어떤 것보다도 낫다)

▶ □ Peaceful coexistence is definitely **preferable to** war. (평화적 공존이 전쟁보다 절대적으로 낫다)

□ be not **averse to** the occasional glass of wine (때때로 와인을 마시는 것은 싫지는 않다=좋다)

▶ □ He is **averse to** taking advice from others. (그는 다른 사람들로부터 충고받는 것이 싫다)

□ be **contingent on** the weather ([예정]이 날씨 여하에 달려 있다)

▶ □ Success is **contingent on** one's own efforts. (성공은 그 사람 자신의 노력 여하에 달려있다)

□ be **incompatible with** the facts (사실과 모순되다)
□ software **incompatible with** Windows Vista (윈도우 비스타와 호환되지 않는 소프트웨어)

▶ □ Some people say that the market economy is **incompatible with** sustainable development. (시장경제는 지속가능한 개발과 양립할 수 없다고 말하는 사람도 있다)

□ be **crammed with** commuters ([전차가]통근자로 가득하다)

▶ □ The store is **crammed with** shoppers. (그 가게는 구매 손님으로 북적인다)

□ people **stranded at** sea (바다에 남겨진 사람들)

▶ □ Thousands of passengers were **stranded at** the airport due to cancellations. (결항 때문에 몇 천 명이나 하는 탑승객이 공항에서 꼼짝 못하고 있었다)

□ rules **applicable to** all employees (전 종업원에게 적용되는 규칙)

▶ □ The legislation is **applicable to** companies with more than 50 employees. (그 법률은 종업원 50명 이상의 기업에 적용된다)

Day 66))
Quick Review
답은 왼쪽 페이지 아래

□ levy A on B	□ relay A to B	□ immerse A in B	□ weigh A against B
□ instill A in B	□ exchange A with B	□ caution A about B	□ abbreviate A as B
□ adorn A with B	□ earmark A for B	□ characterize A as B	□ reprimand A for B
□ allocate A to B	□ nominate A for B	□ exempt A from B	□ prop up A against B

Day 68

동사구7
「be동사＋형용사＋전치사」형2

Check 1　Listen 》

☐ 1073
be vulnerable to
Part 5, 6

❶(사람이)~약점이 있다, 상처입기 쉽다(⇔be invulnerable to) ❷(장소가)(공격)에 약하다

☐ 1074
be immune from
Part 7

~을 면하다, 면제받다(≒be exempt from) ➕be immune 새는 '(전염병)에 면역이 있다;~에 영향받지 않다'
명 immunity:❶(병에 대한) 면역 (성)(against[to]~ ❷(의무의) 면제 , 면책 (from~)

☐ 1075
be adept at [in]
Part 5, 6

~가 수월하다, ~에 숙달[숙련]하다(≒be good at)
명 adept:(~의)달인, 명인(at[in]~)

☐ 1076
be skeptical about [of]
Part 5, 6

~을 고집하다, ~에 회의적이다
명 skeptic:회의론자, 회의 깊은 사람
명 skepticism:회의적인 태도

☐ 1077
be dissatisfied with
Part 5, 6

~에 만족하지 않다, 불만이다(⇔be satisfied with)
명 dissatisfaction:(~에 대한)불만, 불평(with~)

☐ 1078
be devoted to
Part 5, 6

~에 헌신[전념]하다(≒be dedicated to, be committed to)
명 devotion:(~에)헌신, 전념(to~)
동 devote:❶(devote A to B로)A(시간)을 B에게 바치다 ❷(devote oneself to로)~에 전념하다

☐ 1079
be accountable for
Part 7

~에 대한 (설명할) 책임이 있다(≒be responsible for)
명 accountability:설명책임
동 account:(account for로)❶(어떤 비율)을 차지하다 ❷~(의 이유·원인)을 설명하다

☐ 1080
be adaptable to
Part 7

~에 적합[적응, 순응]할 수 있다
명 adaptation:(~에)적합, 적응(to~)
동 adapt:❶(adapt A to B로)A를 B에 적합[적응, 순응]시키다 ❷(adapt to로)(환경)에 적응[순응]하다

continued
▼

Check 2　Phrase

☐ **be vulnerable to temptation** (유혹에 약하다)

☐ **a position vulnerable to attack** (공격에 약한 장소)

☐ **be immune from taxation** (세금을 면제받다)

☐ **be adept at sewing** (재봉을 잘하다)

☐ **be skeptical about the credibility of** ~ (~의 신빙성을 의심하다)

☐ **be dissatisfied with one's job** (일에 만족하지 않다)

☐ **be devoted to one's study** (학업에 전념하다)

☐ **be accountable for errors** (과실에 대한 설명책임이 있다)

☐ **be adaptable to change** (변화에 적응할 수 없다)

Check 3　Sentence

☐ **She is vulnerable to pressure.** (그녀는 압박에 약하다)

☐ **The officer will be immune from prosecution.** (그 임원은 기소를 면할 것이다)

☐ **She is very adept at English.** (그녀는 영어가 매우 능숙하다)

☐ **Some economists are skeptical about the feasibility of the government's economic plan.** (정부의 경제계획의 실현성을 의문시하는 경제학자도 있다)

☐ **According to the survey, more than a third of respondents are dissatisfied with their salaries.** (그 조사에 의하면 응답자의 3분의 1 이상이 급료에 만족하지 않는다)

☐ **She is devoted to helping the poor.** (그녀는 가난한 사람을 돕는 데 헌신하고 있다)

☐ **Management must be accountable for their decisions and actions.** (경영진은 그들의 결정과 행동에 책임을 지지 않으면 안 된다)

☐ **The workout is adaptable to all fitness levels** (그 트레이닝은 모든 수준에 적합하다)

continued
▼

Check 1   Listen 》

☐ **1081**
be reconciled with
Part 5, 6

~와 화해하다
명reconciliation:(~사이의)화해, 조화(between~/with…)

☐ **1082**
be appreciative of
Part 4

~에 감사하다(≒be grateful for, be thankful for)
명appreciation:❶감사 ❷(~의)옳은 이해(of~) ❸(자산의)가치상승
동appreciate:❶~을 감사하다 ❷~을 정당하게 평가하다 ❸가격[시세]가 오르다

☐ **1083**
be equipped with
Part 4

~가 갖춰지다
명equipment:(집합적으로)장비, 기구류

☐ **1084**
be identical to [with]
Part 7

~와 완전히 같다 ➕ be similar to는 '~와 (참) 닮아 있다'

☐ **1085**
be attentive to
Part 5, 6

❶~에 주의 깊다 ❷~에 배려가 있다, 마음 쓰다
명attention:❶(~에)주의(to~) ❷(~에)배려(to~)

☐ **1086**
be infected with
Part 2, 3

~에 감염되다
명infection:❶전염병, 감염증 ❷전염, 감염
형infectious:감염성의, 전염병의

☐ **1087**
be allergic to
Part 2, 3

❶~에 알레르기가 있다 ❷~가 너무 싫다
명allergy:(~에 대한)알레르기(to~)

☐ **1088**
be enthusiastic about
Part 2, 3

~에 열중하다, 열중해 있다
명enthusiasm:(~에 대한)열의, 열광, 강한 흥미(for~)
명enthusiast:열중한 사람

Day 67 》
Quick Review
답은 오른쪽 페이지 아래

☐ ~의 자격이 있다
☐ ~으로 감사하다
☐ ~에 대하여 법적 책임이 있다
☐ ~에 상응하다

☐ ~을 면제받다
☐ ~의 계열 아래에 있다
☐ ~에 불만을 가지다
☐ ~에 질리다

☐ ~와 동등하다
☐ ~보다 낫다
☐ ~을 싫어하다
☐ ~여하에 달리다

☐ ~와 양립하지 않다
☐ ~으로 가득하다
☐ ~에 남겨져 있다
☐ ~에 적응할 수 있다

- □ be **reconciled with** one's former enemy (이전의 적과 화해하다)
- □ be **appreciative of** her kindness (그녀의 친절에 감사하다)
- □ be **equipped with** furniture (가구가 갖춰져 있다)
- □ be nearly [almost] **identical to** ~ (~와 거의 같다)
- □ be **attentive to** what is being said (이야기를 주의 깊게 듣다)
- □ be **attentive to** guests (고객에게 마음을 쓰다)
- □ be **infected with** tuberculosis (결핵에 감염되다)
- □ be **allergic to** milk (우유에 대한 알레르기가 있다)
- □ be **allergic to** math (수학이 너무 싫다)
- □ be **enthusiastic about** golf (골프에 열중하다)

- □ He wants to be **reconciled with** his girlfriend. (그는 여자친구와 화해하고 싶다고 생각한다)
- □ I am truly **appreciative of** your support and understanding. (당신의 지원과 이해에 진심으로 감사하다)
- □ All hotel rooms are **equipped with** satellite TV, telephone, and Internet connection. (호텔의 모든 방에는 위성텔레비전, 전화, 그리고 인터넷접속이 갖춰져 있다)
- □ My car is **identical to** his. (내 자동차는 그의 것과 같다)
- □ You should be more **attentive to** your health. (당신은 건강에 좀 더 주의를 기울이는 것이 좋다)
- □ About one in five Americans is **infected with** influenza every year. (매년 미국인의 약 5명 중 1명이 인플루엔자에 감염된다)
- □ I'm **allergic to** cedar pollen. (나는 삼나무 꽃가루 알레르기가 있다)
- □ My child is **enthusiastic about** going to school every day. (내 아이는 매일 학교에 가는 데 열중하고 있다)

Day 67))
Quick Review
답은 왼쪽 페이지 아래

□ be eligible for	□ be exempt from	□ be comparable to	□ be incompatible with
□ be grateful for	□ be affiliated with	□ be preferable to	□ be crammed with
□ be liable for	□ be frustrated with	□ be averse to	□ be stranded at
□ be commensurate with	□ be fed up with	□ be contingent on	□ be applicable to

Chapter 8 Review

왼쪽 페이지의 (1)~(20) 의 숙어의 동의숙어 · 유의숙어 (또는 동의어 · 유의어)(≒), 반의숙어 · 반대숙어 (⇔) 를 오른쪽 페이지의 A~T 에서 선택하여 괄호 안에 답을 적는다 . 의미를 모를 때는 색인 번호를 참조하고 복습하자 .(답은 오른쪽 아래)

- [ ] (1) **conform to** (0980) ≒ 은? (　　　)
- [ ] (2) **hand out** (0987) ≒ 은? (　　　)
- [ ] (3) **go with** (0989) ≒ 은? (　　　)
- [ ] (4) **culminate in** (0996) ≒ 은? (　　　)
- [ ] (5) **bargain with** (1000) ≒ 은? (　　　)
- [ ] (6) **fill in for** (1006) ≒ 은? (　　　)
- [ ] (7) **wrap up** (1012) ≒ 은? (　　　)
- [ ] (8) **pull together** (1013) ≒ 은? (　　　)
- [ ] (9) **call off** (1014) ≒ 은? (　　　)
- [ ] (10) **notify A of B** (1025) ≒ 은? (　　　)
- [ ] (11) **subtract A from B** (1030) ⇔ 은? (　　　)
- [ ] (12) **integrate A with B** (1033) ≒ 은? (　　　)
- [ ] (13) **levy A on B** (1041) ≒ 은? (　　　)
- [ ] (14) **allocate A to B** (1044) ≒ 은? (　　　)
- [ ] (15) **reprimand A for B** (1055) ≒ 은? (　　　)
- [ ] (16) **be liable for** (1059) ≒ 은? (　　　)
- [ ] (17) **be fed up with** (1064) ≒ 은? (　　　)
- [ ] (18) **be contingent on** (1068) ≒ 은? (　　　)
- [ ] (19) **be adept at** (1075) ≒ 은? (　　　)
- [ ] (20) **be dissatisfied with** (1077) ⇔ 은? (　　　)

A. combine A with B

B. suit

C. cancel

D. be responsible for

E. end in

F. be satisfied with

G. inform A of B

H. distribute

I. cooperate

J. blame A for B

K. impose A on B

L. negotiate with

M. be dependent on

N. finish

O. be tired of

P. obey

Q. add A to B

R. assign A to B

S. be good at

T. substitute for

【해답】 (1) P　(2) H　(3) B　(4) E　(5) L　(6) T　(7) N　(8) I　(9) C　(10) G
(11) Q　(12) A　(13) K　(14) R　(15) J　(16) D　(17) O　(18) M　(19) S　(20) F

CHAPTER 9

형용사구 · 부사구

Chapter 9에서는 여러 단어가 한 덩어리로 형용사 · 부사로 쓰이는 숙어에 대하여 공부한다. 한 덩어리로 암기하는 것이 중요하다. 이 책도 앞으로 이틀이 남았다. 목표점을 향해서 마지막 힘을 내보자.

TOEIC식 격언

Check 1　　Listen 》

□ 1089
in demand
비즈니스문제

수요가 있다
명demand:❶(〜의)수요(for〜) ❷(〜을)요구(for〜)
동demand:〜을 (…에게) 요구하다(of[from]…)
형demanding:❶(일이)힘들다 ❷(사람이)요구가 까다로운

□ 1090
in the meantime
Part 4

그 사이에, 그때까지는(≒meanwhile, in the meanwhile)
➕for the meantime 는 '지금은'

□ 1091
at any rate
Part 2, 3

여하튼(≒anyway)

□ 1092
from scratch
Part 2, 3

제로부터, 처음부터
명scratch:긁힌 상처, 찰과상

□ 1093
in the long run
Part 4

장기적으로 보면, 결국은(≒eventually, in the end)(⇔in the short run:단기적으로 보면)

□ 1094
at stake
Part 5, 6

❶위기에 놓인(≒at risk) ❷성패가 달린
명 stake: 내기

□ 1095
on hand
Part 2, 3

❶수중에 있는, 손에 든 ❷출석하여, 근처에 앉아 ➕at hand 는 '(공간 · 시간적으로)가까이에[의]'

□ 1096
across the board
비즈니스문제

일률적으로, 전면적으로
형across-the-board:일률의, 전면적인

continued
▼

Check 2　Phrase & Sentence

☐ **be in great demand** (매우 수요가 많다)

☐ **goods in demand** (수요가 있는 상품)

☐ **He will be here soon, so in the meantime, please wait here.** (그는 곧 올 것이기 때문에 그때까지 여기서 기다려주세요)

☐ **That's what he said, at any rate.** (여하튼 그것이 그가 말한 것이다)

☐ **start from scratch** (제로에서 출발하다)

☐ **restart from scratch** (처음부터 다시 시작하다)

☐ **Hard work will pay off in the long run.** (길게 보면 근면은 결국엔 보상받는다)

☐ **The company's survival is at stake.** (그 회사의 존속이 위기에 놓여 있다)

☐ **I have enough cash on hand to buy a new car.** (나는 신차를 사기 위한 충분한 현금을 갖고 있다)

☐ **cut spending across the board** (지출을 일률적으로 삭감하다)

Check 3　Sentence

☐ **Healthcare jobs are always in demand.** (의료직은 늘 수요가 있다)

☐ **In the meantime, take care of yourself.** (그때까지 잘 지내) ➕작별인사

☐ **At any rate, we must leave right now.** (여하튼 우리들은 지금 곧 출발하지 않으면 안 된다)

☐ **He built the business from scratch and became very successful.** (그는 제로에서 사업을 설립하고 큰 성공을 거두었다)

☐ **In the long run, the economy will return to its normal state.** (길게 보면, 경제는 평소 상태로 돌아갈 것이다)

☐ **My future is at stake here.** (지금 나의 미래가 걸려 있다)

☐ **A doctor and a nurse will be on hand in case of emergency.** (의사와 간호사 1명씩이 긴급사태에 대비하여 출석할 예정이다)

☐ **The automaker cut salaries across the board by 10 percent.** (그 자동차회사는 급료를 일률적으로 10퍼센트 내렸다)

continued
▼

Check 1　　Listen))

□ 1097
all told
Part 7

합계[통계]**로**, 전부에

□ 1098
among other things
Part 5, 6

여하튼, 특히(≒among others, above all, in particular)

□ 1099
as it is
Part 2, 3

현 상황에서는

□ 1100
at a stretch
Part 5, 6

연속하여(≒continuously)
몡stretch:한동안 이어지는 시간

□ 1101
at this rate
Part 2, 3

이 상태로(는)
몡rate:속도

□ 1102
first thing
Part 2, 3

무엇보다 앞서

□ 1103
on offer
비즈니스문제

할인 판매 중인(≒on sale, on the market)
몡offer:판매

□ 1104
in question
Part 7

문제가 되다, 당해(≒at issue)
몡question:문제

Day 68))
Quick Review
답은 오른쪽 페이지 아래

□ ~약점이 있다
□ ~을 면하다
□ ~가 수월하다
□ ~을 고집하다

□ ~에 만족하지 않다
□ ~에 헌신하다
□ ~에 대한 책임이 있다
□ ~에 적합할 수 있다

□ ~와 화해하다
□ ~에 감사하다
□ ~가 갖춰지다
□ ~와 완전히 같다

□ ~에 주의 깊다
□ ~에 감염되다
□ ~에 알레르기가 있다
□ ~에 열중하다

□ **All told**, 32 people died in the earthquake. (합계 32명이 그 지진으로 사망했다)

□ **They discussed**, among other things, the future of the automobile industry. (그들은 특히 자동차 산업의 미래에 대하여 이야기했다)

□ leave ~ as it is (~을 있는 대로 두다)
□ take ~ as it is (~을 있는 그대로 받아들이다)

□ **for three days** at a stretch (3일간 연속하다)

□ **At this rate** I will never get to work on time. (그 상태로는 절대 제시간에 직장에 도착할 수 없을 것이다)

□ **I'll call you** first thing tomorrow morning. (내일 아침 제일 먼저 당신에게 전화를 하겠습니다)

□ the house on offer (매물로 나온 집)

□ the person in question (문제의 인물, 당사자)

□ **There were 40 participants**, all told. (모두 40명의 출석자가 있었다)

□ **I like sports and I like skiing** among other things. (나는 스포츠를 좋아하지만, 특히 스키가 좋다)

□ **Your essay is well organized** as it is. (당신의 소논문은 그 자체로 잘 구성되어 있다)

□ **She worked for 40 hours** at a stretch without sleep. (그녀는 40시간 자지 않고 내내 일했다)

□ **If the population increases** at this rate, it will cause many problems for society. (인구가 이대로 증가한다면 사회에 많은 문제를 일으킬 것이다)

□ **I will go to the bank** first thing on Monday morning. (나는 월요일 아침 일찍 은행에 갈 작정이다)

□ **A wide range of famous brands are** on offer at reduced prices. (여러 가지 유명 브랜드상품이 할인되어 팔리고 있다)

□ **The mayor didn't comment on the development project** in question. (시장은 문제가 된 개발계획에 대하여 말하지 않았다)

CHAPTER 1
CHAPTER 2
CHAPTER 3
CHAPTER 4
CHAPTER 5
CHAPTER 6
CHAPTER 7
CHAPTER 8
CHAPTER 9

Day 68))
Quick Review
답은 왼쪽 페이지 아래

□ be vulnerable to
□ be immune from
□ be adept at
□ be skeptical about

□ be dissatisfied with
□ be devoted to
□ be accountable for
□ be adaptable to

□ be reconciled with
□ be appreciative of
□ be equipped with
□ be identical to

□ be attentive to
□ be infected with
□ be allergic to
□ be enthusiastic about

Day 70 형용사구 · 부사구2

Check 1　Listen 》

□ 1105
in the doldrums
비즈니스문제

(차가) **정체상태에서**
명doldrums:(the~) 정체상태

□ 1106
in the first place
Part 4

가장 먼저(≒ first, firstly)

□ 1107
in writing
비즈니스문제

문서로, 서면으로 ➕ '구두로'는 orally

□ 1108
in droves
Part 7

떼지어, 무리를 이뤄
명drove:(~s) 군중

□ 1109
on one's hands and knees
Part 1

기어서
명knee: 무릎

□ 1110
on request
Part 7

신청[청구]**하는 대로**
명request: 요청

□ 1111
on the road
Part 2, 3

여행[출장] **중으로**

□ 1112
out of service
Part 1

사용[운전] **중지가 되어**(⇔in service)

continued ▼

☐ 듣기 모드　Check 1
☐ 확인 모드　Check 1 ▸ 2
☐ 완벽 모드　Check 1 ▸ 2 ▸ 3

Check 2　Phrase & Sentence

☐ **The global economy is in the doldrums.** (세계경제는 정체해 있다)

☐ **In the first place, I would like to express my sincere appreciation to you.** (가장 먼저 당신에게 마음으로부터 감사의 뜻을 표하고 싶다)

☐ **put ~ in writing** (~을 문서화하다)
☐ **get an agreement in writing** (서면으로 승낙을 얻다)

☐ **gather in droves** (떼지어 모이다)

☐ **crawl on one's hands and knees** (네 발로 기다, [아기가] 기다)

☐ **A laundry and dry cleaning service is available on request.** (신청을 통해, 세탁과 드라이클리닝 서비스를 이용할 수 있다)

☐ **He has been on the road for nearly a month.** (그는 한 달 가까이 여행을 떠난 채다)

☐ **be currently out of service** (현재 사용 중지에 있다)

Check 3　Sentence

☐ **The housing market remains in the doldrums.** (주택시장은 여전히 정체된 상태다)

☐ **You shouldn't have said that to her in the first place.** (원래 당신은 그것을 그녀에게 말해서는 안 되었다)

☐ **An employment contract must be concluded in writing.** (고용계약은 문서로 체결하지 않으면 안 된다)

☐ **The spectators arrived in droves to watch the race.** (그 레이스를 보려고 고객들이 대거 도착했다)

☐ **The woman is on her hands and knees.** (여자는 기고 있다)

☐ **An application form will be sent on request.** (청구하는 대로 신청서를 보내겠다)

☐ **I used to be on the road at least 10 days a month for my old job.** (나는 이전에 일할 때는 1개월에 적어도 10일은 출장을 갔다)

☐ **The escalator is out of service.** (그 에스컬레이터는 사용 불가 상태이다)

continued
▼

Check 1　　Listen 》

□ 1113
around the clock
Part 7

24시간 내내
(형)around-the-clock:24시간 연속[영업]의

□ 1114
behind [at] the wheel
Part 1

차를 운전하여
(명)wheel:(차의)핸들

□ 1115
at fault
Part 5, 6

(~의)**책임이**[죄가]**있다**(for[in]~)
(명)fault:(과실의)책임

□ 1116
at no time
Part 5, 6

결코 ~아니다[하지 않다] ⊕ in no time은 '곧'

□ 1117
beyond one's control
Part 5, 6

어찌할 바를 모르다, 버겁다
(명)control:제어

□ 1118
on the market
비즈니스문제

할인하여 파는(≒on sale, on offer)

□ 1119
out of commission
Part 2, 3

사용불능의
(명)commission:임무

□ 1120
at a moment's notice
Part 7

곧, 즉시, 즉석에
(명)notice:통지

Day 69 》
Quick Review
답은 오른쪽 페이지 아래

□ 수요가 있다
□ 그 사이에
□ 여하튼
□ 제로부터

□ 장기적으로 보면
□ 위기에 놓인
□ 수중에 있는
□ 일률적으로

□ 합계로
□ 여하튼
□ 현 상황에서는
□ 연속하여

□ 이 상태로
□ 무엇보다 앞서
□ 할인 판매 중인
□ 문제가 되다

□ **work** around the clock (24시간 내내 일하다)

▶ □ **The store is open** around the clock. (그 가게는 24시간 영업이다)

□ **the man** behind the wheel (운전수)

▶ □ **The woman is** behind the wheel. (여성은 차를 운전하다)

□ **be** at fault **for the accident** (그 사고의 책임이 있다)

▶ □ **The court found the defendant** at fault **for infringing on copyright laws.** (법원은 피고에게 저작권 침해의 죄가 있다고 판결내렸다)

□ At no time **have I ever said such a thing.** (나는 그런 일은 결코 말하지 않는다) ➕ at no time가 문장 앞에 오면 의문문의 어순이 도치된다

▶ □ At no time **was he told about the danger of asbestos.** (석면의 위기에 대하여 그는 결코 알지 못했다)

□ **circumstances** beyond her control (그녀의 손을 벗어난 상황)

▶ □ **The global economic situation is** beyond the government's control. (세계의 경제정세는 정부가 감당할 수 없다)

□ **put** ~ on the market (~을 할인하여 팔다)
□ **come** on the market (시중에 나오다)

▶ □ **We will put our house** on the market. (우리는 집을 내놓을 예정이다)

□ **put** ~ out of commission (~을 사용불능으로 만들다)

▶ □ **My car is currently** out of commission. (나의 차는 현재 사용할 수 없다)

□ **be ready to leave** at a moment's notice (곧 출발할 준비가 되어 있다)

▶ □ **We are prepared to respond to emergency situations** at a moment's notice. (우리들은 긴급사태에 즉시 대응할 준비가 되어 있다)

Day 69))
Quick Review
답은 왼쪽 페이지 아래

□ in demand	□ in the long run	□ all told	□ at this rate
□ in the meantime	□ at stake	□ among other things	□ first thing
□ at any rate	□ on hand	□ as it is	□ on offer
□ from scratch	□ across the board	□ at a stretch	□ in question

Chapter 9 Review

왼쪽 페이지의 (1)~(10) 의 숙어의 동의숙어 · 유의숙어 (또는 동의어 · 유의어)(≒), 반의숙어 · 반대숙어 (⇔) 를 오른쪽 페이지의 A~J 에서 선택하여 괄호 안에 답을 적는다 . 의미를 모를 때는 색인 번호를 참조하고 복습하자 .(답은 오른쪽 아래)

☐ (1) **in the meantime** (1090) ≒ 은? (　　　)

☐ (2) **at any rate** (1091) ≒ 은? (　　　)

☐ (3) **in the long run** (1093) ≒ 은? (　　　)

☐ (4) **at stake** (1094) ≒ 은? (　　　)

☐ (5) **among other things** (1098) ≒ 은? (　　　)

☐ (6) **at a stretch** (1100) ≒ 은? (　　　)

☐ (7) **on offer** (1103) ≒ 은? (　　　)

☐ (8) **in question** (1104) ≒ 은? (　　　)

☐ (9) **in the first place** (1106) ≒ 은? (　　　)

☐ (10) **out of service** (1112) ⇔ 은? (　　　)

☐ 정체상태에서　☐ 기어서　　　　☐ 24시간 내내　☐ 어찌할 바를 모르다
☐ 가장 먼저　　☐ 신청하는 대로　☐ 차를 운전하여　☐ 할인하여 파는
☐ 문서로　　　☐ 여행 중으로　　☐ 책임이 있다　☐ 사용불능의
☐ 떼지어　　　☐ 사용 중지가 되어　☐ 결코 ~아니다　☐ 곧

A. above all

B. continuously

C. anyway

D. at issue

E. firstly

F. eventually

G. in service

H. at risk

I. meanwhile

J. on the market

【해답】 (1) I (2) C (3) F (4) H (5) A (6) B (7) J (8) D (9) E (10) G

Day 70))
Quick Review
답은 왼쪽 페이지 아래

☐ in the doldrums
☐ in the first place
☐ in writing
☐ in droves
☐ on one's hands and knees
☐ on request
☐ on the road
☐ out of service
☐ around the clock
☐ behind the wheel
☐ at fault
☐ at no time
☐ beyond one's control
☐ on the market
☐ out of commission
☐ at a moment's notice

Index

*앞에서 학습한 단어 · 숙어는 빨간색, 이 이외
의 것은 검은색으로 표시하였다 . 각각의 단어 ·
숙어의 오른쪽에 있는 숫자는 공부했던 단어 ·
숙어의 번호를 나타낸다 . 빨간색 번호는 단어
나 숙어가 등장하는 번호다 .

체크한 것은 몇 개? 1 ☐ 2 ☐

체크한 것은 몇 개?　1　　2

체크한 것은 몇 개 ?　1 ☐　2 ☐

☐ denunciation	0343	
☐ deny	0729	
☐ department	0896	
☐ depend	0453	
☐ depend on	0453	
☐ dependable	0453	
☐ dependence	0453	
☐ depict	0776	
☐ depiction	0776	
☐ depose	0784	
☐ deposition	0784	
☐ depot	0600	
☐ depress	0855	
☐ depressed	0855	
☐ depression	0855	
☐ depth	0569	
☐ deregulate	0316	
☐ derogatory	0829	
☐ descend	0622	
☐ descent	0622	
☐ describe	0776	
☐ designate A as B	1027	
☐ designate A for B	1027	
☐ designation	1027	
☐ destiny	0685	
☐ destroy	0330	
☐ destructive	0462	
☐ detach	0804	
☐ detached	0804	
☐ detachment	0804	
☐ detain	0297	
☐ detect	0653	
☐ detection	0653	
☐ detective	0653	
☐ detector	0653	
☐ detention	0297	
☐ deter	0310, 0319	
☐ deter A from doing	0310	
☐ deteriorate	0258	
☐ deterioration	0258	
☐ determine	0334	
☐ deterrent	0310	
☐ detour	0016, 0582	
☐ develop	0708	
☐ devote	1078	

☐ devote A to B	1078	
☐ devote oneself to	1078	
☐ devotion	0060, 1078	
☐ diabetes	0501	
☐ diabetic	0501	
☐ diagnose	0165	
☐ diagnose A as B	0165, 1034	
☐ diagnose A with B	1034, 0165	
☐ diagnoses	0165	
☐ diagnosis	0165, 1034	
☐ dictate	0334	
☐ dictation	0334	
☐ difference	0465	
☐ different	0400	
☐ differentiate	0770	
☐ differentiation	0770	
☐ dig	0809	
☐ digit	0224	
☐ digital	0224	
☐ dignify	0545	
☐ dignitary	0658	
☐ dignity	0545	
☐ diligence	0535	
☐ diligent	0535, 0901	
☐ diligently	0535	
☐ dilute	0734	
☐ dilution	0734	
☐ dimension	0471	
☐ dine	0286, 0568	
☐ diner	0568, 0286	
☐ dinner	0286, 0568	
☐ dip	0317, 0327	
☐ diploma	0146	
☐ diplomacy	0579	
☐ diplomat	0579	
☐ diplomatic	0579	
☐ directory	0074	
☐ discard	0273	
☐ disclose	0480, 0768	
☐ disclosure	0480	
☐ disconnect	0706	
☐ discontinuation	0264	
☐ discontinue	0264	

☐ discourage	0613, 0892	
☐ discourage A from doing	0613, 0892	
☐ discouragement	0613, 0892	
☐ discouraging	0892, 0613	
☐ discreet	0380, 0048	
☐ discrepancy	0465	
☐ discretion	0048, 0380	
☐ discriminate	0295	
☐ discriminate against	1002, 0295	
☐ discrimination	0295, 1002	
☐ disease	0103	
☐ dismiss	0175	
☐ dismiss A as B	0175	
☐ dismissal	0175	
☐ disobey	0268	
☐ disorder	0103	
☐ disordered	0103	
☐ disorderly	0103	
☐ dispatch	0304	
☐ dispel	0793	
☐ dispense A to B	1040	
☐ dispenser	1040	
☐ disperse	0249	
☐ disposable	0150	
☐ disposal	0150	
☐ dispose	0150	
☐ dispose of	0150	
☐ disregard	0339	
☐ disrupt	0325, 0874	
☐ disruption	0325, 0874	
☐ disruptive	0874, 0325	
☐ dissatisfaction	1077	
☐ disseminate	0748	
☐ distinct	0400	
☐ distinction	0400	
☐ distinguish	0295, 0400, 0770	
☐ distinguish A from B	0400	
☐ distinguished	0426, 0818	
☐ distract	0349, 0513	
☐ distracting	0349, 0513	

체크한 것은 몇 개? 1 ☐ 2 ☐

체크한 것은 몇 개? 1 ☐ 2 ☐

fragile	0364
frail	0364
fraud	0147, 0863
fraudulent	0863, 0147
free	0354
freight	0115
friction	0117
from scratch	1092
frustrate	1063
frustrating	1063
frustration	1063
function	0914
functional	0914
fund	0584
funding	0584
fund-raise	0694
fund-raiser	0694
fund-raising	0694

G

gadget	0133
gage	0183
gala	0679
gateway	0632
gather	0484
gathering	0484, 0160
gauge	0183
gear	0516
gene	0593
generic	0458
genetic	0411
genetically	0411
genetics	0411
genuine	0386
get rid of	0273
get together	0160
get-together	0160, 0484
gifted	0461
gigantic	0916
given	0869
given that	0869
glimmer	0648
go in for	1001
go on	0826

go with	0989
goods	0013
goodwill	0702
gourmet	0449
government	0585
graduate	0111
grain	0561
grand	0531
grandeur	0531
gratefully	1058
gratuity	0618
gross	0430
guarantee	0015
gym	0565
gymnasium	0565

H

habitat	0238
habitual	0427
hallway	0509
hamper	0717, 0724
hand out	0987, 0506, 1021
hand over	1010
handout	0506, 0987
hands-on	0444, 0879
hardly	0940
hardworking	0901
hassle	0687
hassle A to do	0687
hasten	0245, 0347, 0803
hatch	0812
hazard	0064, 0360
hazardous	0360, 0064
health	0125
hectic	0417
helm	0643
hemisphere	0181
hereditary	0593
heredity	0593
hesitant	0201
hesitate	0201
hesitate to do	0201
hesitation	0201
highlight	0270, 0352

hinder	0724, 0717
hindrance	0724
hint	0583
home loan	0058
honest	0399
honesty	0072
hook	1031
hook up A to B	1031
horizontal	0399, 0424
housekeeper	0555
housekeeping	0555
hub	0571
humid	0448, 0177
humidity	0177, 0448
hustle	0687
hygiene	0635, 0849
hygienic	0849, 0635, 0843
hypotheses	0534
hypothesis	0534
hypothetical	0534

I

idle	0901
ignore	0339
illness	0103
imagine	0786
immature	0342
immerse A in B	1049
immersion	1049
immigrant	0127
immigrate	0127
immigration	0127, 0686
imminence	0852
imminent	0852, 0818, 0891
immunity	1074
impassable	0927
impending	0891, 0852
imperative	0834
implement	0520
implementation	0520
implication	0169
imply	0169
impolite	0397

☐ interfere in		0475
☐ interfere with		0475
☐ interference		0475
☐ interim		0854, 0831
☐ intermission		0131
☐ intern		0218, 0149
☐ internship		0218
☐ interpret		0752
☐ interpret A as B		1036, 0752
☐ interpretation		0752, 1036
☐ interpreter		0752, 1036
☐ interrupt		0888
☐ interruption		0208
☐ intersect		0020
☐ intersection		0020
☐ interval		0131
☐ introduce		0824
☐ introduction		0824
☐ introductory		0824
☐ intuition		0156
☐ invaluable		0837
☐ inventory		0006
☐ investigate		0498, 1007
☐ investigation		0498
☐ investigator		0498
☐ investor		0619
☐ invoice		0008
☐ ironic		0825
☐ ironically		0825
☐ irony		0825
☐ irrational		0415
☐ irregular		0844, 0858
☐ irregularity		0844
☐ irregularly		0844
☐ irrelevant		0442, 0875
☐ item		0766
☐ itemize		0766
☐ itinerary		0003

J

☐ jeopardize		0298
☐ jeopardy		0298
☐ job		0557
☐ join		1001

☐ junction		0020

K

☐ keynote		0664
☐ knee		1109

L

☐ labor force		0494
☐ lag		0581
☐ landlord		0682, 0522
☐ landmark		0030
☐ lane		0546
☐ lapse		0636
☐ lasting		0384
☐ latitude		0669
☐ latter		0842
☐ lawful		0401
☐ lawsuit		0059, 0627
☐ lawyer		0157
☐ lay out		0214
☐ layoff		0692
☐ layout		0214
☐ lazy		0901
☐ leaflet		0179, 0226
☐ lecture		0608
☐ lecturer		0608
☐ legal		0401
☐ legend		0884
☐ legendary		0884
☐ legitimacy		0401
☐ legitimate		0401
☐ length		0569, 0911
☐ lengthen		0911
☐ lengthy		0911
☐ less		0781
☐ lessee		0522
☐ lessen		0781
☐ lesser		0781
☐ levy		1041
☐ levy A on B		1041
☐ liability		0037, 1059
☐ liable		0037
☐ liaison		0512
☐ lie		0696
☐ lie in		1023

☐ limit		0261, 0307, 0496
☐ limitation		0496, 0499
☐ liquidate		0691
☐ liquidation		0691
☐ literacy		0567
☐ literate		0567
☐ litigate		0627
☐ litigation		0627
☐ live in		1003
☐ local		0933
☐ locally		0933
☐ logistic		0197
☐ logistical		0197
☐ logistics		0197
☐ longitude		0669
☐ look into		1007
☐ love		0089
☐ lower		0315, 0328
☐ lucrative		0373
☐ lumber		0152
☐ luxurious		0377
☐ luxury		0377

M

☐ magazine		0204
☐ magnificence		0531
☐ make efforts		0337
☐ make up		0303
☐ make up for		0712
☐ malfunction		0040
☐ mandate		0523, 0356
☐ mandatory		0356, 0404, 0523
☐ manifest		0870
☐ manifestation		0870
☐ manifesto		0870
☐ mansion		0076
☐ many		0432
☐ margin		0894
☐ marginal		0894
☐ mark down		0984
☐ market		0456
☐ marketable		0456
☐ marriage		0123
☐ master		0612

체크한 것은 몇 개?　　1 ☐　2 ☐

☐ obtain	0772	
☐ obvious	0870, 0941	
☐ obviously	0941	
☐ occupancy	0649, 0821	
☐ occupant	0649, 0821	
☐ occupation	0557, 0835	
☐ occupational	0835, 0876	
☐ occupied	0821	
☐ occupy	0649, 0821	
☐ occur	0482	
☐ occur to	0482	
☐ occurrence	0482, 0553	
☐ odd	0971	
☐ oddly	0971	
☐ oddly enough	0971	
☐ offender	0644	
☐ offer	1103	
☐ offset	0712	
☐ offshore	0851	
☐ oil	0466	
☐ omnipresent	0883	
☐ on hand	1095	
☐ on offer	1103, 1118	
☐ on one's hands and knees	1109	
☐ on purpose	0972	
☐ on request	1110	
☐ on sale	1103, 1118	
☐ on the market	1118, 1103	
☐ on the road	1111	
☐ one-way	0381	
☐ ongoing	0826	
☐ only	0960	
☐ on-the-job	0879, 0444	
☐ opening	0142	
☐ operate	0846	
☐ operation	0846	
☐ operational	0846	
☐ opponent	0604, 0651	
☐ optimal	0887	
☐ optimism	0502	
☐ optimist	0502	
☐ optimistic	0502	
☐ optimize	0887	
☐ optimum	0887	
☐ oral	0419	
☐ orally	1107	
☐ order	0523	
☐ ordinance	0236	
☐ organization	0867	
☐ organizational	0867	
☐ organize	0867	
☐ organized	0867	
☐ orient	0227	
☐ orient oneself to	0227	
☐ orient oneself toward	0227	
☐ orientation	0227	
☐ origin	1009	
☐ original	1009	
☐ originally	1009	
☐ originate from	1009	
☐ originate in	1009	
☐ out of commission	1119	
☐ out of service	1112	
☐ outfit	0105, 0135, 0187	
☐ outing	0472	
☐ outlay	0697	
☐ outlet	0085, 0240	
☐ outline	0318	
☐ outnumber	0807	
☐ out-of-date	0405	
☐ outrage	0431	
☐ outraged	0431	
☐ outrageous	0431	
☐ outsource	0771	
☐ outsourcing	0771	
☐ overcharge	0285	
☐ overdue	0368	
☐ overestimate	0763, 0806	
☐ overhaul	0728	
☐ overprice	0860	
☐ overpriced	0860	
☐ oversee	0335, 0277	
☐ overshadow	0797	
☐ oversight	0667	
☐ overstaffed	0904	
☐ overture	0683	
☐ overview	0640	
☐ owner	0674	

P

☐ pack	0813	
☐ pamphlet	0005	
☐ pandemic	0096	
☐ part	0185, 0969	
☐ partial	0969	
☐ partially	0969	
☐ participate in	1001	
☐ particularly	0976	
☐ partition	0148	
☐ partly	0969	
☐ pass	0927	
☐ pass out	1021, 0987	
☐ passable	0927	
☐ paternity	0838	
☐ path	0546	
☐ pathway	0546	
☐ patron	0573, 0112	
☐ patronage	0112, 0573	
☐ pause	0131	
☐ pay	0182	
☐ paycheck	0101	
☐ payoff	0100	
☐ payroll	0067	
☐ pedestrian	0007	
☐ penetrate	0302	
☐ penetration	0302	
☐ pension	0599	
☐ period	0204, 0954	
☐ periodic	0204, 0954	
☐ periodical	0204, 0954	
☐ periodically	0954, 0204	
☐ perk	0596	
☐ permission	0061	
☐ perquisite	0596	
☐ perspective	0474	
☐ pertinent	0875	
☐ pessimism	0502	
☐ petition	0050	
☐ petroleum	0466	

체크한 것은 몇 개?　1 ☐　2 ☐

346 ▶ 347

체크한 것은 몇 개? 1 ☐ 2 ☐

체크한 것은 몇 개?　1 ☐　2 ☐

체크한 것은 몇 개?　1 ☐　2 ☐

도전! 토익 990 만들기

TOEIC Test Score 990

발　행　2015년 8월 10일

발행인　이재명
발행처　삼지사
등록번호　제406-2011-000021호
주　소　경기도 파주시 산남로 47-10
　TEL　031-948-4502, 948-4564　FAX 031-948-4508
홈페이지　www.samjisa.com

ISBN　978-89-7358-482-6　18740

책값은 뒤표지에 있습니다.

잘못된 책은 구입하신 서점에서 바꾸어 드립니다.

이 도서의 국립중앙도서관 출판시도서목록(CIP)은 서지정보유통지원시스템 홈페이지
(http://seoji.nl.go.kr)와 국가자료공동목록시스템 (http://www.nl.go.kr/kolisnet) 에서
이용하실 수 있습니다. (CIP제어번호: CIP2013027370)